BCBG

BCBG [bécébégé] *adj.* et *n. invar.* • Sigle de *bon chic bon genre*, signifie ce qui est de bon ton. C'est en réalité, en fonction de normes très complexes, tout ce qui différencie ceux qui savent de ceux qui ne savent pas, l'aristocratie et la vieille bourgeoisie des autres, les nouveaux riches des anciens (surtout ceux qui sont maintenant fauchés, ce qui n'a qu'une importance relative puisqu'ils sont BCBG) • *dérivés* : **NAP** [napp] appellation parisienne qui signifie « Neuilly-Auteuil-Passy » et qualifie la jeunesse dorée qui s'habille avec la panoplie BCBG. — **CPCH** [cépécéhache] appellation usitée pour les jeunes filles de 18 ans qui reçoivent en cadeau d'anniversaire leur premier *collier de perles* et leur premier *carré Hermès*. • *A l'étranger :* **SLOANE RANGER** [slonne-reinegeure] BCBG 'anglais. - **PREPPY** [prrépie] BCBG américain.

THIERRY MANTOUX

BCBG

LE GUIDE DU BON CHIC BON GENRE

Hermé

Collection « *Les guides Hermé* »
dirigée par Marie Garagnoux

Photographies de Laurent Herail
Dessins de « Ya », Pascale
Desmazières et Stéphanie Morel

Direction éditoriale :
Jean-Jacques Brisebarre
Fabrication : William Baguet
Maquette : Daniel Leprince

3, rue du Regard, 75006 Paris
ISBN : 2-86665-003-4

A Marie-Laure

SOMMAIRE

« Quelques fous se sont dit à table :
Il n'y a que nous qui soyons bonne compagnie ;
et on les croit. »

Vauvenargues

CE QUI EST VRAIMENT IMPORTANT

Le passé ne se conquiert pas

On devient riche mais on est BCBG.

Les BCBG connaissent et possèdent tout ce qui est important. Si les nouveaux riches sont du style CQFD (ce qu'il fallait démontrer), les BCBG n'ont rien à démontrer puisqu'ils possèdent — en un sens au moins — l'aisance qui les en dispense. Ils sont comme il faut être, ils ont le look ; jamais mal coiffés mais naturels, jamais en retard à un dîner — ni pire encore en avance — car c'est à leur heure que les autres se mettent, jamais déplacés s'ils disent merde — c'est leur arrière-arrière-grand-oncle du côté maternel qui l'a dit pour la première fois.

Le vrai BCBG ne se distingue peut-être en rien de son imitation sauf que son imitation, elle, est reconnaissable.

Les BCBG savent CQEI : Ce qui est important et non CQFD. Ce qui est important c'est d'abord :

Le passé

Le passé ne s'invente pas, ne se conquiert pas. Les BCBG ne disent pas :

— J'ai acheté ce château il y a dix ans mais :

— Cette maison est dans la famille depuis longtemps.

D'ailleurs, si un BCBG rencontre un congénère, il est important qu'il marque son territoire Famille/Maison/Grande École/Profession/Relations/Distractions.

— Ah, vous montez à l'Étrier ! Mais vous devez connaître les Dubois.

— Comme c'est amusant, ce sont des intimes et nos familles se connaissent depuis le Canal de Suez.

Le passé ce sont aussi des atavismes : les familles de grands chasseurs, de grands cardiaques, de grands officiers, de grands commis de l'État ou de grands amants font leur délectation.

Les hauts faits des grands-pères alimentent les conversations avec les amis ou les proches et sont distillés à petite dose avec une mine gourmande.

Le passé ce sont aussi bien les vieilles familles, les vieilles maisons, les vieux serviteurs, les vieux meubles, les vieilles fortunes, les vieilles traditions familiales, et tout ce qui — avec la patine du temps — donne cette nostalgie XVIIe et XVIIIe du meilleur goût et dont chacun s'accorde à dire qu'elle n'est plus ce qu'elle était.

La vie idéale du BCBG se serait écoulée au XVIIIe siècle.

La famille

Que l'entourage n'est-il entièrement constitué d'aristocrates !

Et chacun de se raccrocher aux branches : Les Dubois sont De la Banque, ou Du Sucre ou plus rarement Des Forges. Mais qui n'a pas une fille mariée au comte de Saint-Cloud, une nièce maintenant baronne d'Évry ou tout simplement épouse d'Aymar de Longchamps ou de Gunther Von Schnitzel und Schnitzel.

En fait, tout BCBG devrait être aristocrate — ils sont si simples et si vrais — ou rêve

La famille idéale

d'en épouser un, un authentique qui remonte aux croisades avec un château ou un manoir de famille.

La maison

La maison est à la campagne ; les BCBG adorent la campagne. Il est entendu qu'ils travaillent à Paris, y vivent même, mais ils sont à la campagne. Ils font partie du village, possèdent un pavillon de chasse, un presbytère ou une gare désaffectée mais possèdent, avec quelques hectares et un étang. Il faut bien chasser et sortir les chevaux. Là encore, ils n'ont pas acheté la maison : elle EST dans la

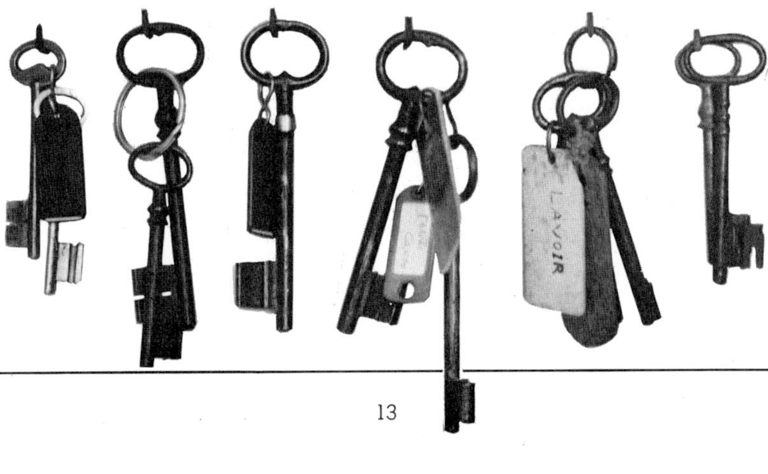

famille depuis toujours et ils sont maires du village. Que feraient sans eux, on se le demande, les 683 habitants de Pierredon sur Suippe puisqu'ils organisent même la kermesse paroissiale dans la propriété.

L'argent ayant, comme chacun le sait, changé de mains, la taille de la maison n'a guère d'importance, d'autant que frères, sœurs mariées aux alentours et cousins habitent à proximité, l'un d'eux possédant la « grande maison » (avant 68 on disait le Château...) où l'on se retrouve pour déjeuner le dimanche après la messe de 11 heures et impérativement avec les pièces rapportées à Noël, pour les 70 ans de Père, le baptême de Gaspard ou le conseil de famille qui décidera du sort de tante Pauline qui perd la tête.

Le look s'éprouve

Les manières

Les BCBG se distinguent des autres par leur langage et leur ton : « Chaire Haamie, Komment aallez-vous ? Cela fait un temps fouou... » est l'un de leurs cris de ralliement généralement entendu à la sortie de la messe de 11 heures tant à Saint-Honoré d'Eylau qu'à Pierredon sur Suippe, prononcé par des créatures vêtues de lodens verts tombants à mi-mollets, s'inclinant les unes devant les autres.

Le look

Le look BCBG s'éprouve mais ne se prouve pas; il est anti-existentialiste. Il ne suffit pas de posséder une panoplie vestimentaire complète, de fréquenter Ladurée, de fumer des havanes au volant de sa Golf GTI noire, il faut aussi et surtout avoir cette chose impalpable qui compte plus que tout ce que l'on possède : le look. Sans lui, l'on peut avoir l'apparence du BCBG, les goûts (mais sans doute pas le goût) du BCBG, mais ce ne sera pas du BCBG. L'on accordera aux intéressés les épithètes élogieuses de minet, de nouveau riche — c'est-à-dire de plouc.

Le look BCBG c'est, au-delà de tous les comportements repérables, l'essence même du BCBGisme ; on l'a ou on ne l'a pas. Les présentateurs du journal de 20 heures d'Antenne 2 l'ont, ceux des chaînes voisines ne l'ont pas.

Le BCBG ne porte ni médaille ni chaîne ou autres gris-gris, il se tient droit, s'il jure comme un charretier (que les charretiers nous pardonnent) c'est toujours avec ce ton caractéristique que l'on dit « XVIIe » ; s'il enfile un vieux jean élimé, il sera toujours bien coupé ; son élégance naturelle alliée à son sens de la circonstance fera dire qu'il peut porter n'importe quoi, puisque ce sera toujours bien porté.

L'entourage

L'entourage existe, il ne se conquiert pas ; chaque famille, de par son histoire et son activité connaît des « gens » dans le gouvernement (c'est lamentable quand on sait d'où ils viennent), dans l'opposition (c'est quand même mieux porté), dans le clergé (il faut un oncle ou un proche bénédictin, chanoine ou évêque), dans les affaires, le vin, l'édition, la diplomatie, les cours royales européennes ou ce qu'il en reste, l'Académie Française. Il s'y ajoute un chef d'état africain (Charles-Henri était avec lui à Sciences-Po ; si l'on avait su à l'époque...) ; la Société d'encouragement (les chevaux, toujours les chevaux) mais on ne connaît personne dans le show business (sauf Charlotte de Turckheim), la boucherie (même en gros), les voitures d'occasion, les jeans ou les Beurre Œufs Fromages (les fameux BOF).

Ceux qui ont une particule, une vraie et non un titre de baron belge des années 50 (1950), sont cousins par alliance de tous les autres ou presque. Chaque famille se doit, à chaque génération d'avoir en son sein un bottin mondain vivant que l'on consultera lors de fiançailles, mariages et autres alliances. Par sa connaissance des liens tissés par les générations précédentes, cet expert donnera son approbation pour tel ou fera part de sa réprobation pour tel autre. Après quoi la famille estimera qu'il s'agit d'un « bon » ou d'un « mauvais » mariage.

La distinction

Les BCBG assurent être distingués.

Si faire « bon genre » est à la portée de tous en s'équipant de la panoplie appropriée, être « bon chic, bon genre » relève d'origines lointaines, de répétitions qui perpétuent une différence. Et cette différence est naturelle. Les autres ne sont pas BCBG et sont observés comme le Figaro Magazine observe les Pygmées en couleurs et en touristes ! Les autres ce sont les nouveaux riches, ceux que le hasard de la vie moderne et professionnelle mettent sur la route des BCBG. Ceux du métro-boulot-dodo qui ignorent totalement les BCBG, qui à leur tour s'en moquent ; ils n'ont pas besoin d'être reconnus.

Baiser la main pour l'un, faire la révérence pour l'autre s'enseignent dès les 2 ou 3 ans. Viennent ensuite les bonnes manières à table (se tenir droit, ne pas mettre les coudes sur la table, fermer sa bouche en mangeant, tenir son couteau), puis les usages vestimentaires et corporels (cheveux propres et peignés, mains et ongles faits, vêtements impeccables, chaussures cirées).

Fumer une cigarette : un art

Et cette classe, ce style, cette allure typique des BCBG viennent de loin. Un savant (parisien et BCBG naturellement) aurait découvert un gène BCBG ; il prédisposerait aux jambes arquées, à un tressautement pathologique du buste chez les hommes (encore appelé baise-main) et à la goutte.

Outre le BCBGisme héréditaire qui rend les BCBG distincts, ceux-ci doivent aussi, au cours de leur vie, apprendre les gestes de base de la survie mondaine que n'enseignent pas les cours de secourisme de la Croix-Rouge.

Les bonnes manières de marcher, de tousser, de sortir son mouchoir, de sourire — mais pas de pleurer — d'allumer cigarette ou cigare et de les tenir négligemment, mais savamment, entre deux doigts, s'apprennent en avançant en âge et se différencient selon les sexes d'une façon beaucoup plus complexe qu'aucun guide de savoir-vivre ne pourra jamais l'expliquer.

La modulation de la voix dès l'adolescence, les mimiques, le port de tête, le vocabulaire et la façon de s'exprimer s'harmonisent et s'affinent au contact des BCBG, du cercle

Ce qui est BCBG :

- faire le baisemain
- vouvoyer ses parents
- l'understatement
- le loden vert
- le foulard Hermès
- le stylo Mont Blanc
- le carnet Hermès
- avoir une voiture française
- le carnet du jour du Figaro
- les rallyes
- le bridge
- écrire des lettres et répondre à toutes celles que l'on reçoit
- dire « à la maison », même si l'on a un château ou un appartement
- parler anglais avec l'accent d'Oxbridge
- la soie, le coton, le lin, la laine, le tweed
- les cravates club ou à motif cachemire
- aller à la chasse
- jouer au golf, au tennis
- ne pas être à la mode
- s'habiller sobrement
- ne jamais parler de ses origines
- dire les « la Tour »
- avoir un prêtre dans sa famille ou parmi ses amis
- recevoir ses amis avec suffisamment de grandeur pour qu'ils apprécient votre simplicité
- parler à tous simplement
- ne jamais montrer ses sentiments en public
- préférer le bon goût au confort

de famille. Il n'est pas jusqu'à l'écriture, la présentation d'une enveloppe, les formules de politesse des lettres qui ne s'apprennent. C'est un classicisme immuable.

Les vêtements aussi — jamais à la pointe de la mode — ne connaissent ni look rétro, ni look du courageux courrègiste. Ce bon genre est rose, bleu marine, gris, vert bouteille ou vert loden, en tweed, soie, coton, cachemire, lin ou laine. L'orange, le vert électrique, le nylon sont tabous. Les pantalons ont un revers, ils ne sont ni trop larges, ni trop étroits, les jupes ni mini ni maxi sont seyantes et

Ce qui n'est pas BCBG :

- être vu sur les Champs-Elysées pendant le week-end
- aller au coiffeur, au docteur
- parler l'américain
- rouler en Ford granada bleu pâle neuve
- aller à la chasse et dire que c'est en Sologne
- dire les « de la Tour »
- en mettre plein la vue à ses amis
- arriver à l'heure à une réception
- passer ses vacances dans un club ou une caravane
- jouer au tiercé
- regarder la télévision le samedi soir
- parler d'argent, de ses problèmes personnels
- porter des couleurs voyantes (orange, vert pomme)
- habiter dans un pavillon banlieue Nord
- faire des courses en « jogging » (pour ne pas dire survêtement)
- être anticlérical et antimilitariste.

s'adaptent à quelques millimètres près au physique des unes et des autres; les coiffures se portent nuque dégagée et cheveux courts pour les hommes, cheveux retenus par un chignon, un bandeau ou un catogan pour les femmes.

Les accessoires : foulard Hermès, pour ne citer que le plus typique, sont répertoriés. Les bijoux sont toujours discrets mais suivent une escalade raffinée de la tenue jupe-chemisier à la robe du soir des grandes réunions mondaines qui sont au BCBGisme ce que la clef de voûte est à l'architecture gothique !

Le style de la réception tient en trois mots : simple mais chic. Pas de présentation agressive, d'exhibitionnisme déplacé : nous sommes à Paris et non à Miami ou à Los Angeles.

– On se tutoie ?
– Si vous voulez !

Le passage du vous au tu, est l'une des clefs de voûte de la civilisation BCBG, si ce n'est de la civilisation française tout court.

En dehors de circonstances très rares, le tutoiement n'est jamais utilisé d'entrée. Comment reconnaître l'instant privilégié ? Lorsque l'autre répond à « si on se tutoyait ? » par : « j'allais te le proposer », tout va bien ! Mais s'il répond : « si vous voulez », c'est l'échec, l'affront, la gaffe, le rejet, la honte. Votre passerelle de fortune s'écroule entre le quai des convenances bourgeoises et le yacht élégant des comportements BCBGiques.

Vous avez raté votre examen de passage, votre front se couvre de honte, vos mains sont moites, vous vous êtes trop précipité.

Deux solutions :
- vous vous sentez BCBG jusqu'au bout des ongles, et vous raconterez en ville qu'untel est un snob ridicule ;
- si vous n'êtes pas sûr de vos arrières, c'est lui qui dira « Tu ne connais pas la dernière de X ? Tout d'un coup il s'est mis à me tutoyer. »

Le tutoiement n'est donc pas simple. Certains couples se vouvoient, mais tutoient leurs amis ; on tutoie ses amis d'enfance, ses amis proches et les jeunes générations se tutoient facilement.

Les mœurs, il est vrai se relâchent, mais tous les BCBG vouvoient leurs parents. Non ? Alors leurs grands-parents ? Non plus ? Très certainement leurs arrières-grands-parents ! Ah ! ils ne les ont pas connus ! Qu'importe. Du moins ils les vouvoieraient, ou les voussoyeraient, s'ils étaient encore de ce monde ; et tant pis s'ils utilisent le tutoiement, seul point d'infériorité par rapport à la langue anglaise.

Les ploucs ne passeront pas

Ce n'est pas possible : ils ne passeront pas. Qui ça : Ils ? L'ennemi, les autres, ceux qui ne connaissent pas les règles ou pire encore ne les respectent pas : pelouse interdite, E'pericoloso sporgesi, c'est clair non ? Clair ? Pas si sûr :

— On ne peut pas mettre des mocassins blancs avec un costume bleu, c'est pourtant simple. Et on ne roule pas en Cadillac.

— Elle s'habille chez Céline. — Mais justement, c'est trop !

— Je sais; son fils le petit Rouveau-Niche est au collège avec les garçons et en plus il s'appelle Freddy. Eh bien il le voit toute l'année ça suffit ! Et la piscine municipale est très bien. A une époque d'économies d'énergie, avoir sa propre piscine chauffée en hiver, quel gachis !

— Bon, mais juste pour un weekend alors !

— Ah, ils ont aussi un chalet à Megève ! Et ils nous invitent ? Avec les enfants ? Ah c'est la nurse qui s'en occupera !

— Comment cela, peut-être aussi cet été au cap d'Antibes ? En plus ils doivent louer cela un prix dingue, non ? C'est à eux !

— C'est pas possible ! le père de Freddy a racheté la société. Et toi alors ? Ah tu restes président-directeur général ! Bien sûr tu l'étais déjà ! Ah oui tu le *restes* pour le moment. Quand on pense qu'elle était dans la famille depuis deux siècles l'an prochain. Enfin, c'est vrai il y a pire. Parce qu'au moins les Rouveau-Niche ils ont le cœur sur la main.

Ils tenteront d'accréditer que « vous » est le seul vocable usité dans leur famille, car le BCBG s'accroche au vouvoiement comme la moule à son rocher.

Portraits

Tante Marguerite

Il n'est pas toujours possible d'avoir une tante religieuse missionnaire chez les Papous d'abord parce que les religieuses sont rares, les religieuses missionnaires encore plus rares, et les Papous en Papouasie.

A défaut de cette tante si convoitée, il existe dans les bonnes familles une tante Marguerite, la cinquantaine bien tassée, sœur aînée de la mère de famille, qui travaille (un peu, mais d'une façon floue) ou vit de ses rentes ou soigne une vieille parente.

C'est elle qui connaît les futures naissances, mariages, divorces, les amours orageuses ou les passions tranquilles, le pédigree des uns et des autres, les liens de parentés et corrige d'une remarque vengeresse les particules d'un Bottin Mondain avantageux. C'est elle qui encourage, dissuade, câline ou tance, bref tient LA FAMILLE à bout de bras. Elle fait partie des meubles et va toujours si bien que personne ne s'inquiète pour elle. « Tante Marguerite s'en sort toujours, je ne sais pas comment elle fait ! » En fait elle s'en sort tant bien que mal, est souvent seule malgré le vieil amant qu'elle cache bien inutilement puisque tout le monde en connaît l'existence.

PD BCBG

Oui, cela arrive, et dans les meilleures familles. Ils ne sont pas tous antiquaires ou coiffeurs.

Très attachés à Mère, qu'ils emmènent en vacances chaque année dans les Alpes pour le bon air, et qu'ils sont souvent les seuls à trouver adorable alors qu'elle vieillit mal, ils ont un appartement (petit), une voiture (petite) et un (petit) ami avec lequel ils partent aussi en vacances, à Rome cette fois, mais sans Mère. Ils l'appellent « un de mes amis » et c'est toujours le même. Chacun dans la famille sait qu'ils sont PD BCBG, mais on n'en parle pas. Ils restent discrets et seuls leur goût raffiné, leur horreur de la chasse, des chiens et des enfants les trahit. Célibataires, plutôt jeunes et élégants, on ne les voit jamais en compagnie d'une personne du beau sexe dans les réunions familiales ; mais BCBG parmi les BCBG, ils semblent passer inaperçus.

La noblesse

L'être ou ne pas l'être : telle est la question.

A une époque où des Princes authentiques vendent du lait en boîte, où les Duchesses travaillent (c'est fou !), ou le cognac est Prince Hubert de Polignac (1), la Noblesse exerce par média et par marques interposés une fascination jamais égalée. Il n'y a pratiquement plus de Royaume, de Duché, de Comté, moins encore d'Empire, mais jamais Vogue, le Figaro Magazine, Harpers, W, Point de Vue et Town & Country n'ont autant montré d'ex-souverains et de puissants d'opérette dont le titre sert à la fois de diplôme, de capital, de laissez-passer, de fonds de commerce et de dernier rempart contre la roture.

Malgré cela, l'un des fantasmes BCBG reste la parenté avec une grande famille, de celles qui se sont illustrées dès les croisades. Comme chacun le sait, elles sont fort rares et

(1) Il est vrai que le démocratique camembert n'est que « Président »...

Ils vivent avec leurs livres

leurs descendants connus des plus BCBG.

Rarement les annuaires divers ont autant vu de Dupont de La Tour plus « Dupont » que « La Tour » et qu'importe si la République ignore superbement titres ou particules, jamais les héraldistes et les généalogistes n'ont eu tant à faire. L'on riait jadis des habitants d'outre-Atlantique cherchant à se créer une généalogie européenne plus reluisante que celle de la plupart de leurs ancêtres émigrés, mais quel BCBG ne connaît pas un brave Delatour devenu subitement de La Tour « comme cela se prononce mais en trois mots », avec armoiries et chevalière.

Restent les parentés lointaines, habilement suggérées au détour d'une conversation et les soupirs nostalgiques accompagnant des remarques telles que : « et la Révolution nous a ruinés », ou : « mon arrière-arrière-grand-père — qui était très riche — a perdu son château et ses biens au jeu ». Enfin il est entendu que, tous les ancêtres des BCBG sont nobles depuis la nuit des temps, avaient un château (au moins un !), des ancêtres et des cousins bien nés, une grosse fortune, de belles autos, des rivières de diamants et des domestiques en livrée. Quant aux 200 familles, il s'agit d'une énorme erreur statistique car à les en croire il s'agit plutôt des 200000 familles (mais nos lecteurs auront rectifié d'eux-mêmes).

Les BCBG/BF

Certains BCBG ont craint que le label de qualité BCBG ne fut employé à tort et à travers, voire détourné de sa signification initiale et que l'on confondît les BCBG et ceux qui n'en ont que la panoplie, comme l'on confondrait les poulets de ferme élevés au grain et les poulets élevés en batterie.

Chaque BCBG en uniforme souhaiterait, l'habit ne faisant pas le moine, que l'on reconnût son origine en le jugeant sur sa bonne mine, sur ses attitudes et non à la marque de ses chaussures. Les poulets ont une étiquette, les BCBG respectent la leur mais eux n'en portent pas ! C'est pourquoi les BCBG authentiques auxquels ne suffisaient pas le CPCH (Collier de perles, Carré Hermès) se sont trouvé un label de garantie : les BCBG/BF ou BCBG de Bonne Famille. Usagers du 63 et du 52 réjouissez-vous le BCBGisme ne succombera pas à la désinformation.

Les BCBG N.

Si l'on ne distingue plus, de nos jours, la noblesse d'épée, de robe, titrée ou présentée,

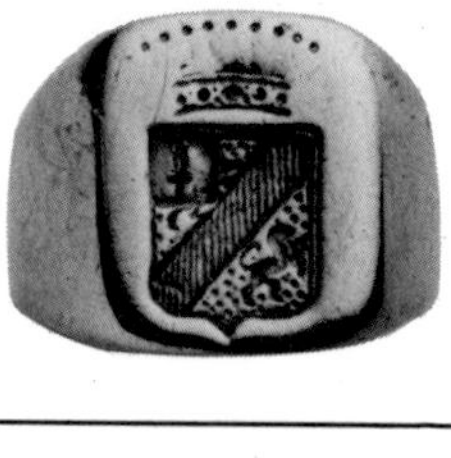

« De »

Parfaitement BCBG, vous n'avez pas, hélas pour vous, de particule. Consolez-vous en sachant au moins manier élégamment celles des autres. Voici la recette infaillible.
En règle générale la particule ne s'emploie que précédée du titre ou du prénom :

- Le duc de Saint-Simon (mais on dit Saint-Simon)
- Thierry de La Tour (mais on dit La Tour)

Cependant, on dit le livre de De Brie (c'est un nom d'une seule syllabe), le château de De Palle (c'est un nom terminé par un e muet et qui se prononce comme un nom d'une seule syllabe) et la chasse de D'Harcourt (c'est un nom commençant par un h muet).
Enfin sachez que Monsieur Leprince-Ringuet est le nom d'un brillant académicien et que l'on dit « à M. Leprince-Ringuet » et non « au Prince-Ringuet », ce qui serait un cuir !

chacun sait reconnaître une particule. L'on ne parle plus de privilèges, mais de traditions à défendre et la transmission du nom devient une obsession.

La naissance est annoncée, sans oublier de citer le nom de jeune fille de l'épouse.

Le baptême a lieu en la chapelle familiale, le parrain et la marraine sont un oncle et une tante de l'enfant car l'on se défie des amis, si changeants et qui risquent de divorcer.

Dès l'enfance, le BCBG N. connaît l'importance de son nom et le rallye qu'il fréquentera aura pour but de lui permettre de se marier sans déroger.

A 18 ans, collier de perles de rigueur et chevalière sont les traditionnels cadeaux des parents, ce qui ne manque pas de surprendre les petits camarades de classe qui sentent pour la première fois le fossé qui sépare les BCBG N. des BCBG, même BF.

Comme le collier de perles, la chevalière peut venir de chez le bijoutier en chambre de la famille ou d'Agry ou Benneton, graveurs. Certaines familles ont pour tradition une gravure sur lapis-lazuli ou autre pierre dure. La chevalière est réalisée sans couronne, les armes dans un écusson pour les jeunes filles et avec couronne pour les hommes. Il est important de savoir reconnaître les différentes couronnes...

Ce n'est pas tout d'avoir une chevalière, encore faut-il savoir la porter ; les armes sont tournées vers le bout des doigts avant le mariage et vers le dos de la main lorsque l'on est marié ! Pour les femmes, un double écusson se porte sous la couronne de son époux, si elle-même avait des armes, ce qui jadis était toujours le cas.

Mais les mésalliances sont maintenant fréquentes, du sang neuf ayant été apporté à toutes les familles de sang bleu à un moment ou à un

Héraldistes et graveurs

Les maisons citées sont sérieuses. Elles peuvent également créer sur demandes votre blason « sur mesure » :

AGRY
14, rue de Castiglione,
75001 PARIS
(1) 260.65.10.

BENNETON
75, boulevard Malesherbes,
75008 PARIS
(1) 387.57.39.

DE LA BARRE DE RAILLICOURT
5, square Charles-Dickens,
75016 PARIS
(1) 224.48.75

LA GRAVURE HERALDIQUE
31, rue des Gravilliers,
75003 PARIS
(1) 277.59.81

Si vous voulez allez plus loin dans vos recherches :

ASSOCIATION D'ENTRAIDE DE LA NOBLESSE FRANÇAISE
9, rue Richepanse, 75008 PARIS
(1) 260.15.06.
Président de la Commission des Preuves : le baron Durye.

autre, ce qui leur permet de ne pas terminer « en fin de race ». Pour savoir qui est qui dans ce joli monde, consultez le Bottin Mondain et conservez précieusement les anciennes éditions qui permettront au moment des cours de danse ou des rallyes de vous livrer à la généalogie. Quant aux autres annuaires, il vaut mieux figurer dans le « Dictionnaire de la Noblesse » que dans l'« Annuaire des Vanités » qui cite ceux qui ont acheté une particule mais sont obligés de garder leur encombrant nom patronymique qu'ils oublient vite pour se présenter sous leur nom noble. Pour les reconnaître, Louis XVIII s'était amusé à donner aux solliciteurs d'anoblissement des noms pleins d'humour. Certains existent toujours.

Si vous êtes vraiment BCBG N. vous serez admis à l'ANF (Association de la Noblesse Française) en passant devant sa commission des preuves et au Jockey-Club, où les quartiers de noblesse sont le seul critère; l'argent et la célébrité ne peuvent rien.

Très BCBG n'est-ce pas ?

ERSATZ

CONSEIL D'ÉTAT
Place du Palais Royal,
75001 PARIS
(1) 261.52.29.

Pour introduire une demande de modification de nom par voie gracieuse : Delatour peut ainsi devenir De La Tour (liste des avocats au Conseil d'État sur demande).

TITRE : faites-le vous-même ; à condition de ne pas l'inclure dans votre état-civil, vous avez toute liberté pour faire imprimer vos bristols avec celui de votre choix. La République est bonne fille mais attention à ne pas utiliser un titre existant !

LA NAISSANCE

L'enfant est-il BCBG dès sa conception ?

Les plus hautes autorités religieuses, morales et civiques, récemment réunies en congrès semblent le penser : l'enfant est BCBG dès sa conception car conçu par un couple légitime dans des draps Porthault, après que Charles-Henri eut enlevé son pyjama Charvet et Isabelle sa chemise de nuit des Folies d'Élodie.

Une myriade de BCBG, ses aînés, virevoltera sans cesse autour de son berceau, fêtant sa naissance au sein de la famille. La naissance est une fête même si c'est une fille... surtout après 3 garçons, car les familles BCBG sont nombreuses. Le Carnet du Jour officialisera au plus vite cette glorieuse addition à la tribu BCBG et permettra ainsi l'invasion de la clinique.

Un bébé dans les bras avec à ses côtés une jeune femme radieuse sont nécessaires à l'image du jeune cadre dynamique : surtout s'il s'agit d'un héritier. Au XXe siècle il est encore tout à fait d'actualité ce fameux « choix du Roi ». Souvenez-vous : un garçon, une fille, un garçon. Les familles de filles ne sont-elles pas regardées d'un tout autre œil que les familles de garçons : on vous plaint si vous n'avez que des filles, mais on vous admire si vous n'avez que des

Boutiques chics pour femmes enceintes

De nombreuses boutiques, toutes aussi jolies les unes que les autres, proposent des robes et modèles aux couleurs chatoyantes pour les femmes enceintes, nous en avons sélectionné quelques-unes :

BALLOON
58, rue Bonaparte, 75006 PARIS
(1) 326.89.53.

BLEU PALE
83, rue des Saint-Pères,
75007 PARIS
(1) 548.66.95.

BONPOINT
67, rue de l'Université, 75007 PARIS
(1) 748.05.45.

LAURA ASHLEY
95, avenue Raymond Poincarré,
75116 PARIS
(1) 501.24.73.

TARTINE ET CHOCOLAT
89, rue du Faubourg-Saint-Honoré, 75008 PARIS
(1) 266.36.39.

garçons. Comment voulez-vous que le féminisme fonctionne ? Même à notre époque !

Étape importante dans la vie du jeune ménage BCBG, la future naissance est d'abord annoncée à la famille : un délai de trois mois est normalement à respecter et le Carnet du Jour du Figaro n'a pas prévu cette rubrique. Dommage !

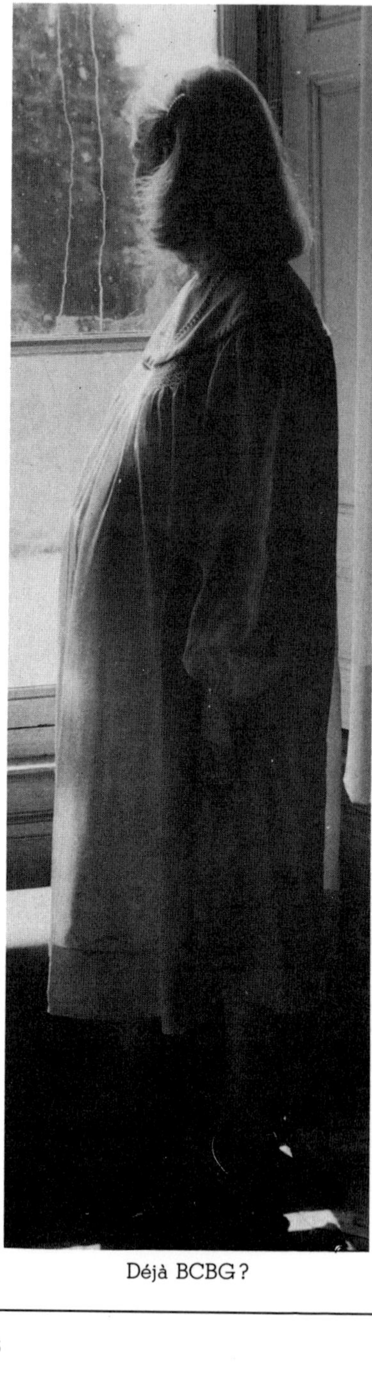

Déjà BCBG ?

Mais la famille avertie à l'avance se chargera de répandre la bonne nouvelle par le téléphone arabe. Les amis ne seront pas oubliés car ils sont toujours flattés d'apprendre la nouvelle de la bouche même de la future mère, ce qui lui vaudra des conseils amicaux et contradictoires sur les gynécologues, maternités, prénoms et des récits d'accouchements soit terrifiants soit féeriques.

Clinique ou hôpital

Il est tout à fait admis, maintenant, de choisir l'hôpital pour accoucher. Mais il faut avoir une chambre seule avec le téléphone car le ban et l'arrière-ban défileront à toute heure — heures de visite connais pas — avec bruits, cadeaux et fleurs, et même en fin d'après-midi avec des bouteilles de champagne à l'heure du mari et de ses amis. Les amis intimes seront, après les parents, les premiers à venir admirer le nouveau-né car ils auront été prévenus par téléphone.

Cliniques

CLINIQUE DU BELVEDERE
18, rue Belvédère,
92100 BOULOGNE
(1) 604.91.82.

CLINIQUE MARIGNAN
3, rue Marignan, 75008 PARIS
(1) 720.60.09.

CLINIQUE DE LA MUETTE
46, rue Nicolo, 75016 PARIS
(1) 504.01.02.

MATERNITE SAINTE-FELICITE
37, rue Saint-Lambert,
75015 PARIS
(1) 532.72.83.

Les hôpitaux les plus courus de Paris

HÔPITAL AMERICAIN DE PARIS
63, boulevard Victor-Hugo,
92200 NEUILLY-SUR-SEINE
(1) 747.53.00.

HÔPITAL BAUDELOCQUE PORT-ROYAL
27, rue du Faubourg-Saint-Jacques, 75014 PARIS
(1) 234.12.12.

HÔPITAL FOCH
40, rue Worth, 92150 SURESNES
(1) 772.91.91.

HÔPITAL LARIBOISIERE
2, rue Ambroise Paré,
75010 PARIS
(1) 280.62.33.

HÔPITAL NOTRE-DAME-DU-BON-SECOURS
66, rue des Plantes, 75014 PARIS
(1) 539.22.61.

HÔPITAL SAINT-ANTOINE
184, rue du Faubourg-Saint-Antoine, 75012 PARIS
(1) 344.33.33.

HÔPITAL SAINT-VINCENT-DE-PAUL
74, avenue Denfert-Rochereau,
75014 PARIS
(1) 320.14.74.

Etre chic à la clinique

CHARLEY
14, rue du Faubourg-Saint-Honoré, 75008 PARIS
(1) 874.15.31.

CHEZ PERRETTE
15 bis, rue de Marignan,
75008 PARIS
(1) 359.56.90.

LES FOLIES D'ELODIE
56, avenue Paul Doumer,
75016 PARIS
(1) 504.93.57.

PENELOPE
19, avenue Victor-Hugo,
75116 PARIS
(1) 500.90.90.

Le prénom

Choisirez-vous de maintenir la tradition familiale, à savoir donner à votre fils aîné le prénom de son arrière-grand-père, grand-père et père comme celà s'est toujours fait dans votre famille ou choisirez-vous un prénom plus à votre goût qui restera la marque de votre génération ? Le cycle des prénoms est différent d'une génération à l'autre : actuellement la vogue est aux prénoms médiévaux : Grégoire, Clément, Timothée pour les garçons, et pour les filles aux prénoms originaux : Capucine, Gersende, Anaïs, ou aux prénoms fin XIXe : Pauline, Émilie, Lorraine. Le prénom est choisi : ce sera Guillaume pour un garçon et Constance pour une fille ; le second prénom sera forcément celui d'un grand-père ou d'une grand-mère. Il serait souhaitable que le troisième fût toujours Marie. C'est une question de tradition et on ne sait jamais...

L'on pourra pour le prénom usuel choisir pour des raisons sentimentales, patriotiques ou politiques des prénoms tels que : Michel, Georges, Philippe ou Valéry même si certains de ces prénoms ne sont pas particulièrement BCBG.

L'annonce de la naissance est publiée dans le Carnet du Jour du Figaro, le bulletin des

Les prénoms masculins

RECOMMANDÉS :

Adrien
Albéric
Alexandre
Alexis
Amaury
Ambroise
Antoine
Augustin
Axel
Aymar
Aymeric
Baudouin
Benoît
Clément
Charles
Charles-Henri
Cyril
Edouard
Enguerrand
François
François-Xavier
Gaétan
Gaspard
Gautier
Gontran
Gonzague
Grégoire
Guillaume
Henri
Hubert
Hugues
Jacques
Jean
Louis
Mathieu
Maxime
Nicolas
Olivier
Paul
Philippe
Pierre
Quentin
Renaud
Stanislas
Tanguy
Thierry
Thibaut
Thomas
Timothée
Tristan
Victor
Wenceslas
Xavier
Yves

Ainsi que les prénoms doubles formés d'après cette liste.

A ÉVITER :

Albert
Alfred
Anthony
Bienvenue
Boniface
Boris
César
David
Désiré
Edmond
Félix
Fernand
Florian
Gilbert
Ignace
Johnny
Jonathan
Lionel
Ludovic
Manuel
Marcel
Mathias
Parfait
Raymond
René
Robert
Sylvain
Yannick

Les prénoms féminins

RECOMMANDÉS :

Agathe	Bérangère	Florence	Mathilde
Albane	Blandine	Géraldine	Pauline
Alix	Camille	Gersende	Philippine
Amélie	Capucine	Hélène	Ségolène
Anaïs	Caroline	Hortense	Servane
Anne	Charlotte	Isabelle	Stéphanie
Ariane	Clémence	Laure	Soline
Armelle	Constance	Louise	Tiphaine
Aude	Delphine	Lorraine	Valentine
Béatrice	Diane	Marie	Véronique
	Emilie	Marine	

Ainsi que les prénoms doubles formés d'après cette liste.

A ÉVITER :

Aimée	Céline	Eliane	Maryvonne
Alberte	Chloé	Estelle	Myriam
Aline	Christiane	Fernande	Nancy
Annie	Claudine	Georgette	Odette
Arlette	Colette	Gisèle	Paulette
Armande	Corinne	Irène	Roseline
Barbara	Danièle	Jeanine	Sabrina
Berthe	Déborah	Joëlle	Solange
Blanche	Denise	Judith	Yvonne
Carole	Edwige	Magali	Zoé

anciens du collège pour le père et celui du Sacré-Cœur pour la mère. Cela permet en même temps de prendre date pour les inscriptions dans lesdites écoles et de se rappeler au bon souvenir de Père Préfet ou de la Mère Supérieure qui, eux, ne vous rappellent pas toujours de bons souvenirs. A tous les autres, amis lointains, parents que l'on ne veut pas voir se pencher sur le berceau, on adresse un faire-part classiquement orné d'un ruban bleu pour un garçon et d'un rose pour une fille : les faire-part amusants le sont souvent effectivement, mais déplaisent en général à leurs destinataires, souvent dépourvus d'humour !

Le baptême

Le baptême est une fête familiale et surtout religieuse. Organiser une sauterie au lieu d'un déjeuner ou d'un goûter est de mauvais goût (il est d'ailleurs délicat d'inviter un prêtre à danser, ce qui n'est prévu ni par le droit canon, ni par les manuels de savoir-vivre). L'enfant BCBG est baptisé avant 3 mois pour des raisons religieuses certes, mais surtout parce qu'au-delà de cet âge, il n'entrerait plus dans la robe de baptême de votre aïeul. Cette tradition BCBGique que d'aucuns prennent pour un signe de foi profonde n'est, tout bien réfléchi, qu'une précipitation qu'expliquaient des motifs bien prosaïques.

Le jour du baptême, l'enfant reçoit de ses parrains et marraines médaille et chaîne, mais surtout pas de gourmette gravée à son nom. Le parrain offre aussi les dragées (roses, bleues, blanches) que la mère de l'enfant mettra dans des sachets en liberty de sa confection, à moins que les boîtes ne viennent de chez Martial.

Pour le baptême

Médailles :

BECKER BRASIER
72, rue des Archives,
75003 PARIS
(1) 278.09.06.

ARTHUS-BERTRAND
6, place Saint-Germain-des-Prés,
75006 PARIS
(1) 222.19.20.

LA MONNAIE
11, quai de Conti, 75006 PARIS
(1) 329.12.48.

Dragées :

MARTIAL
79, avenue des Champs-Elysées,
75008 PARIS
(1) 723.75.95.
(et plusieurs autres boutiques)

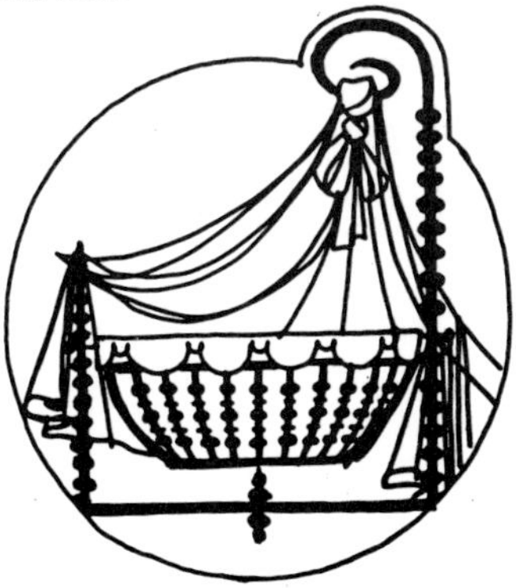

LES VERTES ANNÉES OU AVOIR DE BONNES BASES

La chambre d'enfant

Bien avant la naissance, pour le premier enfant en particulier, on prépare une chambre tapissée avec un papier peint dans les tons pastels (genre Laura Ashley). Pour la meubler, on aura recours aux greniers des futurs grands-parents ; peut-être y trouvera-t-on un berceau ancien et ses voiles ou l'empruntera-t-on dans la famille. Le berceau, comme la robe de baptême, ne s'achète pas, mais se transmet ; à défaut, le bébé BCBG brûlera les étapes et ira directement dans un lit à barreaux.

Munis d'un pinceau et de pots de peinture, les parents du futur BCBG transformeront une vieille commode sans prétention en meuble pimpant avec un décor peint (nuages, arc-en-ciel, animaux) par une amie ou copié dans 100 Idées ou la Maison de Marie-Claire. Au cas ou leurs recherches seraient infructueuses ou leur habileté trop incertaine les meubles viendront des grands magasins, Ikéa, Bon Point ou Bonnichon en choisissant toujours des modèles simples. La chambre et les meubles évolueront progressivement, les meubles en pin (Good Morning, British Import) remplaçant les meubles laqués avec coffre à jouets et bureau.

Que Charles-Henri soit bricoleur ou non, il devra, dans ces circonstances, faire un effort particulier et il ne restera plus à Isabelle qu'à poser rideaux et abat-jour assortis pour faire visiter la chambre à ses amies lors d'un thé « impromptu » qu'elle organisera dès les travaux terminés.

Cela leur permettra de savoir quels cadeaux de naissance offrir : cadres, mobiles, boîtes à musique, couffins, sacs et accessoires divers (Polochon, Tartine et Chocolat) pour compléter cet univers douillet.

Mais les années passent vite et les enfants se multipliant, il faut refaire la chambre pour un nouvel arrivé sans avoir le temps de déménager. Après une période où, dans un berceau, il partagera son temps entre la chambre de ses parents et le salon (la nuit), viendra le moment de l'installer dans la « chambre des enfants ».

L'ambiance douillette du premier né est bien loin ; après la période du lit à barreaux, viendra l'époque des lits gigognes ou superposés, des bureaux sur tréteaux, des casiers à jouets et des posters sur les murs. Dans un coin, une pile de listings informatiques récupérés au bureau attendent d'être transformés en œuvres d'art.

Les chambres de garçons, à la grande tristesse de leur mère, perdront vite cette élégance et ce raffinement car le punching-ball, les maquettes d'avion inachevées et les crosses de hockey n'ont jamais été très décoratifs.

Cultivez votre jardin d'enfants

Dès que possible, entre 2 et 3 ans de préférence, le petit BCBG commencera son apprentissage de la vie sociale au jardin d'enfants choisi avec soin par ses parents. Une école privée aura la préférence, à la rigueur une classe maternelle

Et si l'on piétinait les plates-bandes ?

dans une école publique « pilote ».

— C'est une petite école de quartier, mais elle est re-mar-qua-ble, dira la mère pour s'excuser de ne pas les avoir mis à Saint-Gontran ou à l'Immaculée Conception.

L'école est aussi importante pour la mère qui considère la sortie des classes comme une occasion mondaine. Vêtue de son uniforme, garée en double file avant l'heure pour papoter avec les autres mères, elle commente les exploits scolaires, les dernières boutiques, les soldes, l'accueil des « nouvelles » et vérifie leurs références BCBGiques. C'est, pour les nouvelles en question, l'occasion de montrer qu'elles sont dans le ton, de la voiture au manteau de leurs rejetons, et qu'elles n'en font ni trop (nouveaux riches), ni trop peu (genre guidouille), ce qui les reléguerait dans les catégories des « pas possibles » ou des « pas marrantes ». Ce sont celles qu'on salue poliment, avec lesquelles on bavarde éventuellement, mais qu'on ne voit pas, ni à dîner, ni les week-ends. Chacune vérifie que ses enfants sont bien « comme il faut », ce qui constitue la plus sûre garantie pour les invitations et les goûters d'anniversaire.

Sur les rails

Les enfants « doivent » avoir des activités, sortir et pratiquer un sport. Une fois de plus, ils ne le font qu'avec d'autres enfants BCBG dans des endroits BCBG.

Les promenades dominicales ont lieu dans les endroits suivants : Ranelagh, Luxembourg (le Luco), Parc Monceau, Bagatelle, Jardin d'Acclimatation, Parc de Versailles, Parc de Saint-Cloud. Parents et enfants ont une certitude, celle d'y retrouver d'autres familles BCBG, avec poussettes, tricycles, bicyclettes, comme eux abandonnés par la jeune fille au pair.

Les mercredis et samedis après-midi, les enfants ont leurs activités : artistiques — s'ils ont des dons ou si les parents souhaitent qu'ils en aient (leçon de musique, de danse, de dessin) — ou sportives (tennis, hockey, poney, natation, danse rythmique). La pression BCBGique exercée à travers les parents empêchera les enfants d'abandonner ces distractions souvent dispendieuses pour un goûter d'anniversaire ou une séance de Guignol malencontreusement promise par Granny pour ce jour-là.

Afin d'éviter toute perméabilité aux influences extérieures, le scoutisme mettra la touche finale à l'éducation des BCBG ; c'est en quelque sorte le boulon qui fixe les rails du BCBGisme sur les traverses de la bonne éducation. Le rempart efficace contre les dessins animés, les jeans, le chewing-gum, la télévision, les mauvaises manières et le laisser-aller qui mènent à l'oisiveté, mère de tous les vices ! Point d'américanophobie dans tout cela mais un sain conservatisme assaisonné de bon sens et des traditions de la bonne société française. Dès 8 ans, les enfants sont louveteaux ou louvettes (ou encore jeannettes) puis vers 12 ans deviennent scouts ou guides. C'est aux parents de choisir selon le quartier entre les scouts de France, les scouts unitaires ou les scouts d'Europe et les autres ; un véritable jeu de piste ! Mais pour former un homme débrouillard, franc, loyal et sociable, rien ne vaut le scoutisme.

Toujours prêts !

Quant aux filles, cette activité utile ne doit pas être poursuivie trop longtemps car avoir l'air « guidouille » n'est pas un compliment. Il désigne en général une grassouillette jeune fille à chignon, couverte d'acné, vêtue d'un pantalon sans forme, d'un chandail bleu marine et d'un chemisier blanc, travaillant bien en classe, mais hélas, peu à l'aise dans un rallye.

Des petits fours de chez Lenôtre

Les goûters

Dès l'âge de quatre ans, il est obligatoire d'offrir pour ses enfants un goûter (d'anniversaire si possible) durant l'année scolaire. Avant cet âge, les mères, perdues dans leurs problèmes de couches-culottes, n'ont guère le temps.

Les charmants bambins, prévenus par une invitation (pas de carton gravé, mais de délicieuses cartes de chez Smith) s'y rendent habillés comme des princes, accompagnés par l'au pair ou la nurse. Les petits garçons en culottes anglaises ou ensemble Bonpoint, chaussures Derby bleu marine à lacets, les petites filles en robes à smocks (la Châtelaine) et chaussures à barrettes.

Ainsi parés, ils passent une après-midi très mondaine avec un goûter somptueux, où leur place est décorée d'un carton peint à leur nom, rien n'est trop beau ni trop bon pour eux (Lenotre, Coquelin, Carrette...), de nombreux jeux, une représentation de Guignol faite par un professionnel engagé pour l'occasion, ou à défaut une séance de cinéma où les Schtroumpfs seront les vedettes.

Ils seront venus avec un cadeau pour leur hôte et repartiront chargés de bonbons et de surprises gagnés tout au long de l'après-midi, sous la houlette de la mère, de la grand-mère et d'une ou deux amies aidées par la bonne en grande tenue et la petite au pair. On sent bien ici le sens de l'économie quasi tribal des BCBG. Les enfants apportent un cadeau et repartent avec de menues surprises. Par ailleurs, la maîtresse de maison n'a qu'une bonne et une au pair et non une bonne et une nurse.

Toute cette jeune classe repartira entre 18 et 19 heures, fatiguée et colérique sous les regards crispés de la maîtresse de maison qui a dû offrir de surcroît le thé à quelques mères qui s'inscrustaient. Les pères vont rarement rechercher leurs enfants, étant entendu qu'ils rentrent tard du bureau.

L'entraînement

Les petits BCBG sous l'autorité de leur mère, de la grand-mère, des institutrices et professeurs de tout poil

Letters for children

Vous voulez que vos enfants sachent l'anglais pour plus tard. Bien avant l'âge des petites anglaises, vous aimeriez leur inculquer plus que les rudiments de la culture britannique que la jeune fille au pair s'efforce de leur transmettre.
Tommy Elf a pensé aux enfants qui adorent recevoir du courrier. Il écrit chaque mois, en anglais, une lettre simple et délicieuse qu'accompagne une surprise destinée aux enfants de 3 à 10 ans. On peut lui répondre — et les chérubins seront soulagés — mais ce n'est pas indispensable. Il fête même les anniversaires.
Envoyer le nom et l'adresse de l'enfant, son âge, sa date de naissance et 15 £ à TOMMY ELF at CHILDRENS' Forest, the grange, Freshford, Bath, Avon, England, BA36ED.

entre les mains desquels ils passent, subissent un entraînement intensif :

L'enfant s'entendra répéter obstinément ces six commandements :

- Dis merci (ou s'il vous plaît) à la maman de Marie-Anne
- Mets tes mains sur la table (ou dans tes poches)
- Ne mets pas tes coudes sur la table
- Dis bonjour (ou au revoir) à la maman de Charles-Henri
- Range tes jouets
- Laisse passer la dame...

Curieusement il s'y retrouve progressivement. A force d'être envoyé au lit pour cause de non obtempération, il devient prudent, ce qui est le commencement de la sagesse et le fondement du savoir-vivre. Apprenant, comme ses parents et ses grands-parents avant lui, l'art d'être à l'aise partout très tôt, il sait qu'il fait tout comme cela doit être fait.

Anglomanie oblige !

Appellations contrôlées

- Grand-Père et Mamie
- Daddy et Granny
- Bon Papa et Bonne Maman

Impossibles

- Pépé et Mémé
- Pépère et Mémère
- et toutes les autres

Maman a dit...

Les bonnes manières sont un code compliqué. Mamie raconte encore l'histoire de sa mère qui, il y a bien longtemps, avait fait venir une petite bonne du fond de sa campagne. Lui montrant la salle de bains lors de son arrivée, et lui suggérant d'en prendre un, elle fait couler l'eau. La soubrette les yeux écarquillés et la mine inquiète lui répondit : « Je boirai pas tout ça ! »

Le BCBG sait qu'on ne boit pas l'eau des rince-doigts, pas plus que celle de la baignoire et connaît des tas d'autres règles stupides que les non BCBG transgressent à longueur de temps à sa grande stupéfaction.

- Téléphone : on n'appelle pas avant 9 heures et plus après 21 h 30.
- Diners : on n'arrive pas avant l'heure, ni une heure après.
- A table : les enfants ne mettent pas les coudes sur la table, mais les mains. L'on se tient droit. Les adultes suivent ce précepte pendant cinq minutes, mais l'abandonnent après le premier verre. La serviette se met sur les genoux et ne se plie après le repas que si l'on séjourne dans la maison.
- L'on ne commence pas un plat avant la maîtresse de maison. La soupe se consomme sans bruit. Les taches sur la nappe ne sont jolies que chez les Chinois.
- On rompt le pain, on ne le coupe pas avec un couteau.
- On ne dit pas « elle » on dit maman, ou la dame, ou tante Marguerite.
- On ne dit pas « bonjour Madame Duglumeau », mais bonjour Madame.
- On dit « ma femme » et non « mon épouse » et encore moins « Madame Duglumeau ».

Le piano : une clé majeure

Vous a-t-on demandé votre avis ? Vous ne le savez plus, car vos débuts se perdent dans les limbes de votre prime enfance. C'est ainsi que se forment, profondément enracinées, les traditions les plus solides. Vos aînés se sont succédés devant le vieux piano hérité d'une grand-mère à peine entrevue, et, sitôt que vous avez commencé à dédaigner vos hochets et votre petit cheval à bascule, on vous a arraché au tapis où vous vous traîniez encore, pour vous jucher sur un tabouret réhaussé par plusieurs annuaires, au risque de vous faire perdre l'équilibre.

Pianos

DANIEL MAGNE
17, avenue Raymond Poincarré,
75016 PARIS
(1) 553.20.60.

HAMM
135-139, rue de Rennes,
75006 PARIS
(1) 544.38.66.

PIANO HALL
178, rue de Courcelles,
75017 PARIS
(1) 227.13.56.

Les temps ont cependant changé. Vous n'avez plus pour professeur ces vieilles demoiselles décharnées et barbues qui tiraient sans pitié sur vos doigts, vous saisissaient brusquement les coudes pour en rectifier la position, soulignaient d'un trait excédé les partitions cornées, déchirées, annotées depuis plusieurs générations, et battaient la mesure avec leur crayon sur le couvercle du piano ou le sommet de votre crâne. Vous ne connaissez pas non plus ces veuves inconsolables, environnées de chats, d'horloges et d'habitudes, confinées dans leur embonpoint et dans une pénombre irrespirable, qui s'endormaient souvent au milieu d'un morceau, louaient au lieu de corriger, et croyaient acheter par des bonbons notre silence et notre fidélité. Aujourd'hui, la mode vous fait préférer les jeunes filles de bonne famille, amies d'amis d'amis — ou, à défaut, des étudiantes plus modestes mais chaudement recommandées qui arrondissent ainsi des fins de mois difficiles et mettent leur enthousiasme à l'épreuve des devoirs de votre monde.

ERSATZ

Location de pianos

Chez HAMM,
PIANO HALL et :

PAUL BEUSCHER CLAVIERS
(vend également)
15-17, boulevard Beaumarchais,
75011 PARIS
(1) 272.05.41.

Chers enfants, n'accablez pas d'injustes reproches les mères attentives qui veillent à vos progrès. Certes, elles sont trop souvent insensibles à l'attrait d'après-midi faits pour les jeux de ballon, la paresse ou le Monopoly ; mais vous avez bien tort de leur obéir en n'écoutant pas aux portes : c'est là seulement que vous pouvez les entendre énumérer vos qualités — et cueillir égoïstement des louanges qu'elles devraient partager avec vous, mais qu'elles vous taisent par sots principes d'éducation.

Vous estimez vous-mêmes ne pas jouer très bien; qu'importe ? On ne vous demandera jamais d'être des virtuoses, mais plutôt de garder ce dilettantisme léger, cet art d'être au courant qui apprivoise et séduit. Et si vous êtes doué, soyez-le sans trop le montrer, presque avec négligence ou lassitude, pour ne pas incommoder vos amis ou vos parents.

Ainsi, ne cédez pas au premier mouvement qui vous fait rejeter votre instrument. Songez que dans ces heures navrantes où l'oreille maternelle montre tant de complaisance à relever les fausses notes, on vous prépare dans l'ombre à la vie des salons, puisque l'on tient cet aimable superflu pour l'essentiel d'une âme bien née et qu'il importe avant tout de savoir plaire avec naturel, danser avec grâce, ouvrir la bouche à propos et laisser entrevoir un esprit vif et cultivé sans prétention. Savoir jouer du piano sera un charme supplémentaire inscrit dans la longueur de vos doigts : on mesurera à leur taille la qualité de l'éducation que vous aurez reçue, et leur finesse ne pourra obtenir meilleure récompense qu'un anneau échangé dans la pompe des orgues. Somme toute, le piano est aux BCBG ce qu'est le poinçon au couvert d'argent...

Mode enfantine

Le bébé BCBG qui vient au monde sera dès la première heure habillé douillettement de couleurs pastels : grenouillière, brassière en pure laine (le synthétique est banni) de préférence de marque Molli, achetées chez Bonpoint, à la Châtelaine ou aux Trois Quartiers. Les grands-mères « tricoteuses » feront le reste de sa première garde-robe avec des laines anglaises (Patton) ou suivront attentivement les modèles « prêts à faire et à tricoter » du Petit Faune. Grâce aux nombreux cadeaux de naissance, ce bébé sera pratiquement habillé des pieds à la tête durant sa première année.

Garde-robe garçon

• La salopette Osh Kosh à rayures bleues et blanches ou unie (Le Nid à l'Écureuil) qui se porte en toutes circonstances ou presque !

• Des bermudas : de préférence gris (avec un chandail gris et une chemise à rayures — ce sera parfait pour les tenues de « gala ») ou écossais de couleur foncée (vert foncé - bleu marine - bordeaux) ou encore en velours fin. L'été le bermuda sera en tissu léger (seersucker - popeline à rayures - piqué de coton) avec pour les plus jeunes une chemine assortie s'attachant au bermuda par des boutons (Cyrillus - Bonpoint - Jacadi).

• Knickers ou culottes de golf (genre Tintin) en velours, très confortables pour user ses fonds de culotte sur les bancs de l'école.

• Chandails à col en V ou gilets assortis aux pantalons (Benetton 012 - Aux Laines Écossaises).

• Chemises col boutonné à rayures en Viyella, en Oxford (comme papa, ils auront les mêmes pendant 80 ans) (Scapa of Scotland - Prisunic - Bonpoint).

• Manteaux anglais (seulement jusqu'à 6-7 ans pour les garçons) en shetland avec col de velours surpiqué, bleu de préférence ou encore marron glacé — bordeaux — vert (Viviane Guire - Bonpoint - Perrette). Le loden bleu marine remplacera fort bien le manteau anglais surtout s'il a la chance de venir de chez Mettez.

• L'indispensable blouson d'aviateur bleu marine avec col de fourrure (synthétique hélas !) de même couleur qui pourra être porté tout l'hiver. Il est quand même plus pratique à porter que le manteau anglais pour aller à l'école ou pour faire du toboggan dans un square.

• La gabardine (de collège anglais) bleu marine pour les jours de pluie.

• Les chaussures seront de préférence bleu marine ou bordeaux, de fabrication anglaise de la marque Start-Rite (Froment-Leroyer, Till...). Les mocassins de marque « Collège » seront aussi très bien portés par cette jeune classe.

De la graine d'amiral

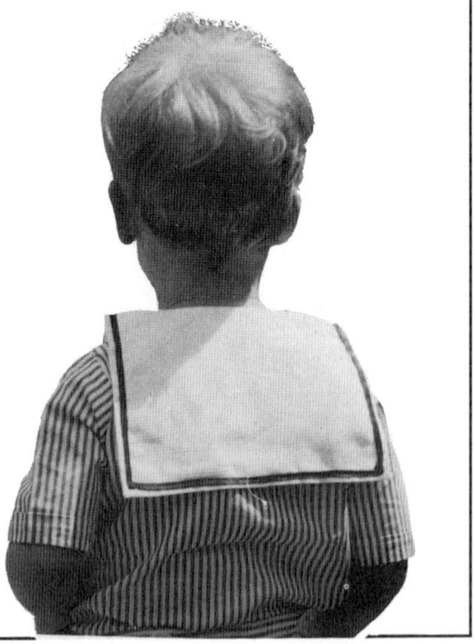

Cousin, cousine

Garde-robe fille

Aucune garde-robe de petite fille n'est digne de ce nom si l'on n'y trouve pas de robes à smocks, faites dans ce célèbre tissu qu'est le Liberty (anglais encore !), en Viyella — en popeline à rayures, le plus souvent à col rond, manches ballon et ceinture nouée dans le dos. L'idéal est de les faire à la maison ou de les faire faire par une grand-mère ou une petite couturière. On en trouvera, si nécessaire, des plus sophistiquées et plus originales chez Bonpoint, Viviane Guire, La Châtelaine. Un kilt écossais ou uni comme maman (Scapa of Scotland, Old England, Burberrys).

- Chemisiers : col rond, ou mieux festonnés et brodés (Bonpoint, Jacadi, Viviane Guire).
- Chandails : gilets boutonnés bleu marine, rose ou bleu pâle pour assortir aux robes à smocks.
- Un manteau anglais comme pour les garçons mais avec col et bords festonnés : bleu - vert - rose framboise.
- Une gabardine (de collège anglais) bleu marine pour les jours de pluie.
- Chaussures anglaises (toujours) à barrettes bleu marine, bordeaux, de marque Start Rite (Froment-Leroyer, Till, Maralex).

Habillement

BONPOINT
• 86, rue de l'Université, 75007 PARIS
(1) 555.63.70.
• 64, avenue Raymond Poincarré, 75116 PARIS
(1) 727.60.81.
• 184, rue de Courcelles, 75017 PARIS
(1) 763.87.49.

CYRILLUS
8, rue Chanez, 75016 PARIS
(1) 651.30.32.
Mais plus connu à travers la France grâce à son catalogue par correspondance :
B.P. 25, 91160 LONGJUMEAU
(6) 909.96.09.

JACADI
(magasins dans toute la France)
• 38, place du Marché-Saint-Honoré, 75001 PARIS
(1) 260.08.10.
• 161, rue de Grenelle, 75007 PARIS
(1) 705.47.17.
• 7, rue Gustave Courbet, 75016 PARIS
(1) 553.33.73.

LA CHATELAINE
170, avenue Victor-Hugo, 75116 PARIS
(1) 727.44.07.

LAINES ECOSSAISES
181, boulevard Saint-Germain, 75007 PARIS
(1) 548.53.41.

OLD ENGLAND
12, boulevard des Capucines, 75009 PARIS
(1) 742.81.99.

SCAPA OF SCOTLAND
71, rue des Saints-Pères, 75006 PARIS
(1) 544.67.52.

VIVIANE GUIRE
63, rue de Boulainvilliers, 75016 PARIS
(1) 224.87.58.

BCBG, mais un peu plus branchés :

AGNES B
2, rue du Jour, 75001 PARIS
(1) 296.66.88.

BENETTON 012
59, rue de Rennes, 75006 PARIS
(1) 548.32.39.

LE NID A L'ÉCUREUIL
(pour les salopettes Osh-Kosh indispensables)
25, rue Bonaparte, 75006 PARIS
(1) 633.98.71.

LE PETIT FAUNE
33, rue Jacob, 75006 PARIS
(1) 260.80.72.

Habillement enfant créé par des personnes âgées ou handicapées. (On peut commander sur mesures : robes à smocks, manteau anglais, robe de baptême, layette, etc.).

ARTISANAT MONASTIQUE
68 bis, avenue Denfert-Rochereau, 75014 PARIS
(1) 633.29.50.

PENELOPE
19, avenue Victor-Hugo,
75116 PARIS
(1) 500.90.30.

PERRETTE
15 bis, rue de Marignan,
75008 PARIS
(1) 359.56.90.

Chaussures

BONPOINT
(voir habillement)

FROMENT LEROYER
50, rue Vital, 75016 PARIS
(1) 224.82.70.

MARALEX
1, rue de la Pompe, 75016 PARIS
(1) 288.92.90.

TILL RANELAGH
54, rue de Passy, 75016 PARIS
(1) 288.11.50.

Pour les mères BCBG habiles de leurs doigts

Patrons et tissus :

IDEE FIXE
59, avenue de Breteuil,
75007 PARIS
(1) 566.40.43.

OUVRAGES PETIT FAUNE
89, rue de Rennes, 75006 PARIS
(1) 222.63.69.

Dans les grands magasins on trouve certains articles, base de la garde-robe des enfants BCBG (sous-vêtements Petit-Bateau, chandail et collant DD etc.). Mais parmi eux LES TROIS QUARTIERS possèdent le rayon enfant le plus BCBG.

ERSATZ

Dépôts-vente :

BABY TROC
16, rue de Magdebourg,
75016 PARIS
(1) 727.37.28.

MAMAN TROC
6 bis, rue Fourcroy, 75017 PARIS
(1) 766.70.20.

Cotillons Petits cadeaux

ARTIFICES
8, rue de l'Exposition,
75007 PARIS
(1) 705.18.08.

LA BOUTIQUE VERTE
83, rue du Ranelagh,
75016 PARIS
(1) 527.35.27.

LA SOURIS VERTE
47, rue de Berri, 75008 PARIS
(1) 563.22.05.

PAIN D'ÉPICE
35-37, passage Jouffroy,
75009 PARIS
(1) 770.82.65.

POCKET MONEY
74, rue du Ranelagh,
75016 PARIS
(1) 527.93.83.

SI TU VEUX
68, Galerie Vivienne,
75002 PARIS
(1) 260.59.97.

Jouets

FARANDOLE
48, avenue Victor-Hugo,
75116 PARIS
(1) 501.71.32.

LA BOUTIQUE DU PALAIS-ROYAL
9, rue du Beaujolais,
75001 PARIS
(1) 260.08.22.

L'AUTOMOBILISTE
4, rue du Bac, 75007 PARIS
(1) 548.82.05.

LE MONDE EN MARCHE
34, rue Dauphine, 75006 PARIS
(1) 326.66.53.

LE NAIN BLEU
408, rue Saint-Honoré,
75008 PARIS
(1) 555.10.85.

MARIA KRISTINA
59, rue de Boulainvilliers,
75016 PARIS
(1) 524.31.14.

Meubles et landaus

AQUARELLE
23, rue du Bac, 75007 PARIS
(1) 261.48.15.

BONNICHON
38, boulevard Saint-Germain,
75005 PARIS
(1) 326.01.22.

BONPOINT MOBILIER
7, rue de Solférino, 75007 PARIS
(1) 555.42.79.

NUAGES
48, rue Vital, 75016 PARIS
(1) 527.65.66.

POLOCHON
24, rue Boissy d'Anglas,
75008 PARIS
(1) 265.40.75.

ROCHE-BOBOIS
92-98, boulevard Sébastopol,
75003 PARIS
(1) 278.10.50.

Tous les grands magasins possèdent des rayons de mobilier pour enfants.

LES COULISSES

Les écoles

Les petits Français vont en classe entre deux et cinq ans, bien avant les petits Anglais ou les petits Américains.

Pour les mères BCBG ce n'est pas assez. Elles essaient par tous les moyens de pousser leurs enfants et de les faire entrer en classe le plus tôt possible, pas tant pour s'en débarrasser que pour leur donner « de l'avance », et expliquer avec délectation à leurs amies que Guillaume vient d'entrer en sixième à Franklin, bien qu'il n'aie pas tout à fait dix ans. Elles pensent aussi tout bas que cela peut aussi faire quelques points de plus pour un concours d'entrée de grande école... plus tard.

Chez les BCBG le Capitole s'appelle Maths Spé ou Prépa et la roche Tarpéienne : enseignement technique; la voie royale est celle des mathématiques et le petit BCBG se l'entendra répéter tout au long de sa scolarité. Dès le jardin d'enfants, sa mère fera en sorte qu'il rencontre « des petits enfants bien élevés ». Ce qui signifie des petits enfants BCBG comme lui. Les goûters du mercredi, les échanges entre mères pour conduire, chercher ou garder les enfants seront les premiers pas de son apprentissage social.

Les parents se débarrasseront des indésirables en expli-

quant que « le petit Julio » n'est pas gentil ou la petite « Sheila » ne fait pas de poney le mercredi, à des enfants plus sensibles aux poches pleines de billes ou de bonbons de leurs petits amis (on ne dit pas copains) qu'à d'autres critères.

Dès le jardin d'enfants, ce sont leçons de piano ou de danse, initiation au tennis, équipe de hockey sur gazon, leçons de poney qui occupent la mère le mercredi. Avez-vous essayé de joindre une mère BCBG un mercredi ? C'est impossible. Transformée en chauffeur de taxi, son emploi du temps est minuté jusqu'au thé de cinq heures pris alternativement chez l'une ou chez l'autre après le goûter des petits.

Très vite, dès l'enseignement primaire, l'importance des études est telle que les activités se réduisent à un sport et à une activité culturelle, l'un ou l'autre se pratiquant avec l'école. C'est là l'une des indiscutables supériorités des bonnes écoles de l'enseignement libre : on est entre soi et les enfants sont pris en main pour leur scolarité, leurs loisirs et leur éducation.

Les BCBG préfèrent souvent l'école libre. C'est là que l'enfant se familiarisera avec ses pairs, mais aussi avec ses supérieurs et qu'il découvrira qu'il a — déjà — des subalternes. Il saura ainsi qu'il fait partie de l'Élite et qu'il concourt même modestement, au fonctionnement de la Grande Machine qu'il sera appelé à diriger un jour ou dont il connaîtra la plupart des dirigeants. C'est là aussi qu'il va acquérir toutes les vertus de ses anciens et l'esprit d'équipe malgré une compétition individuelle toujours présente.

Les parents sont prêts à tous les sacrifices, financiers ou géographiques et passent un temps considérable dans les associations et réunions de parents d'élève, la préparation des kermesses, les réunions de catéchèse, les messes de rentrée, de fin de trimestre, et autres meetings pédagogiques : l'école libre est un système hautement participatif qui implique toute la famille. Adieu, dîners tranquilles et week-end dès le vendredi soir ; l'école veille. C'est la rançon de la gloire.

Si l'autodiscipline est officiellement la doctrine, rares sont les collèges où les aînés la font respecter par les plus jeunes comme en Angleterre où les prep schools, antichambre des Publics Schools, et les Public Schools elles-mêmes, vivent comme un clan, de la prière du matin aux sports de l'après-midi. L'élève BCBG vit en majorité chez lui, y déjeune le plus souvent, ce qui enlève à l'école et au groupe que forment ses condisciples cette cohérence typiquement Sloane Ranger.

Les ravages de la carte scolaire de l'école publique, système inique interdisant à un enfant de fréquenter l'école qu'il voit de sa fenêtre, « parce qu'il faut bien-qu'il-y-ait-une-limite-à-tout », chez les BCBG sont énormes, et ceux-ci vont jusqu'à déménager afin de s'installer dans un périmètre les autorisant à inscrire leurs enfants dans la bonne école ou le bon lycée, car heureusement il en existe. Les bonnes écoles libres, sont, elles, merci-mon-Dieu, situées dans les quartiers BCBG à quelques minutes d'autobus ou de métro. Pour les autres, il reste la possibilité d'être pensionnaires. En parodiant un sophisme célèbre, l'on peut dire que les bonnes écoles sont rares. S'il est facile de s'en faire exclure pour mauvais résultats, indiscipline ou manque « d'esprit-maison », il n'est pas toujours facile d'y entrer, les critères d'admission sont multiples, complexes et secrets.

Quelques conseils : il faut tout d'abord s'inscrire dans les délais. Les démarches pour les connaître sont floues : par des amis, par un professeur, en se rendant à l'école, en écrivant pour demander un dossier, etc.

Le fait d'obtenir un dossier d'inscription est déjà un indice favorable. Il s'obtient de haute lutte car : « ils sont en réimpression », ou encore « ce n'est pas la peine pour cette année, nous sommes complets ».

Il faut attacher beaucoup d'importance au dossier et à la lettre d'accompagnement généralement exigée, expliquant « les motivations pour le choix de Sainte-Gudule ». Trop de lyrisme ou trop de problèmes peuvent nuire. Évitez également les fautes d'orthographe, les recommandations d'un grand-oncle archevêque. En revanche, utilisez le « piston » de vos amis dont les enfants sont déjà dans la place. Membres de l'association de parents d'élèves, res-

ponsables de stands de kermesse vous seront d'une grande utilité et prouveront que l'enfant et ses parents peuvent être jugés dignes de l'école.

Enfin, préparez-vous pour le grand jour, l'entretien des parents avec le Père supérieur, le Préfet des Études ou la Directrice. C'est presque le grand oral de l'ENA. Tenue stricte, couple souriant mais soucieux de l'avenir de son enfant seront vos meilleurs atouts. N'oubliez pas en prenant congé d'affirmer que s'il n'y a pas de place cette année, peut-être est-il possible de s'inscrire sur une liste supplémentaire en cas de désistement... ou pour l'an prochain... Votre détermination risque bien de l'emporter dès cette année...

L'entrée dans une bonne « maison » et le déroulement de l'année scolaire suivent le schéma : messe de rentrée, réunions de parents par classe, assemblée de parents d'élèves, fête de Noël, messe de Noël, autres réunions, préparation de la kermesse, de la vente de charité, messe de Pâques, communions, kermesse, distribution des prix, spectacle de fin d'année, messe de fin d'année. Il est vivement recommandé et parfaitement BCBG pour les parents de s'impliquer. Lors de la kermesse par exemple, le père banquier vendra des frites, la mère conservateur de musées de la porcelaine blanche, la mère de six enfants tiendra la garderie et le grand-père auteur d'une « Encyclopédie de la machine à vapeur » dédicacera son passionnant chef-d'œuvre.

Et samedi soir, vous y allez?

Les meilleures écoles

Pour le jardin d'enfants (certaines écoles sont mixtes et vont jusqu'aux classes terminales) :

COURS VICTOR-HUGO
8, rue Benjamin Godart,
75016 PARIS
(1) 727.58.04.

ECOLE ACTIVE BILINGUE J.M.
(plusieurs établissements)
39, avenue de la Bourdonnais,
75007 PARIS
(1) 551.20.84.

ECOLE ACTIVE BILINGUE (MONCEAU)
6, avenue Van Dyck,
75008 PARIS
(1) 622.14.24.
Plusieurs établissements à Paris.

ECOLE ALSACIENNE
109, rue Notre-Dame-des-Champs, 75006 PARIS
(1) 329.79.50.

Pour les filles :
(certaines écoles sont mixtes dans les petites classes ou dans les classes préparatoires)

ECOLE NOTRE-DAME DES OISEAUX («LES OISEAUX»)
12, rue Michel-Ange,
75016 PARIS
(1) 288.02.52.

INSTITUT DE L'ASSOMPTION
6, rue de Lubeck, 75016 PARIS
(1) 720.86.11.

INSTITUT DE LA TOUR («LA TOUR»)
86, rue de la Tour, 75016 PARIS
(1) 504.73.35.

SAINTE-MARIE DE NEUILLY
• Petit collège :
29, boulevard Victor-Hugo,
92200 NEUILLY-SUR-SEINE
(1) 745.29.30.
• Grand collège :
24, boulevard Victor-Hugo,
92200 NEUILLY-SUR-SEINE
(1) 757.58.58.

Pour les garçons :
(certains sont mixtes dans les petites classes et plus rarement dans le secondaire)

COLLEGE STANISLAS («STAN»)
22, rue Notre-Dame-des-Champs,
75006 PARIS
(1) 222.40.90.

ECOLE LA ROCHEFOUCAULD
9, rue Cler, 75007 PARIS
(1) 705.98.96.

ECOLE SAINT-JEAN DE PASSY
72, rue Raynouard, 75116 PARIS
(1) 647.54.00.

ECOLE SAINT-LOUIS DE GONZAGUE («FRANKLIN»)
• Petit collège :
15, rue Louis David, 75116 PARIS
(1) 222.40.90.
• Grand collège :
12, rue Franklin, 75116 PARIS
(1) 524.42.20.

Les meilleurs résultats au Bac sont obtenus dans l'enseignement libre par : SAINT-LOUIS DE GONZAGUE, LA TOUR, LA ROCHEFOUCAULD, L'ASSOMPTION, STANISLAS ; et dans les lycées par : LOUIS LE GRAND, CARNOT, CHAPTAL, JEAN LURÇAT, MOLIERE, VICTOR DURUY, JEANSON DE SAILLY.

Il ne restera plus à espérer de la progéniture ainsi encadrée par « l'équipe pédagogique » et par sa famille, qu'elle profite de cette somme d'expérience, de culture et d'amour du prochain au cours de ces sept années de bonheur secondaire pour devenir le parfait crâne d'œuf BCBG et passer son baccalauréat. Chaque printemps pendant les 6 ans précédant cette échéance fatidique la famille entrera en transes. Dès les vacances de Pâques s'exercera un contrôle accru sur les sorties, l'heure du coucher, les leçons, les devoirs, le carnet de notes, les résultats des contrôles. Pour les meilleurs, il faudra souhaiter qu'un professeur sectaire ne note pas mal, qu'un sujet hors programme ne piège pas le jeune candidat ou qu'une maladie soudaine ne fausse les résultats de l'examen ; pour les cancres, les tire-au-flanc, les juste-la-moyenne, et les peut-mieux-faire que le jour du bac ne se transforme pas en Saint-Barthélemy.

La compétition ne s'arrête pas là : il faut une mention, un bon carnet et sortir d'une « bonne boîte » pour accéder à une bonne Prépa. La réussite va à la réussite et la sélection est impitoyable. Le piston ? Nenni, sauf avec des résultats mirifiques.

Lycée :

Les études des enfants sont une chose trop sérieuse pour s'embarrasser de principes embarrassants. Partisans de l'école libre, les BCBG sont parfaitement capables de s'ériger en défenseurs de l'enseignement public, lorsque cela les arrange.

Qualité d'abord, ils sont intransigeants. Le palmarès des meilleurs pourcentages de réussite au bac ou les progrès les plus efficaces influencent avant tout leurs décisions. De même qu'ils choisissent une clinique privée pour son confort et l'hôpital pour son équipement, les BCBG choisiront la bonne filière pour leur enfant. Avenir, que de crimes ne commet-on pas en ton nom !

Les grandes écoles

Le but de tout BCBG censé : une grande école d'Ingénieur ou de Commerce. L'élite de l'élite, c'est l'X, Centrale, les Ponts, les Mines, Sup Aéro, Sup Elec, l'ESCP, HEC, l'ESSEC, voire Sciences-Po (Eco Fi) et l'ENA, par le grand concours, naturellement.

Ancien élève de l'École Polytechnique, ou diplômé de l'École supérieure de Commerce de Paris (et non de Plougastel ou de Pithiviers) font tellement bien sur un faire-part de mariage, et quelle garantie d'un avenir brillant, d'un présent serein, bref d'une situation en vue.

Certes, il faudra payer la cotisation souvent élevée de l'Association des anciens élèves, mais quelle joie de tutoyer

Les meilleures « prépas »

Pour les grandes écoles d'ingénieurs : X, Centrale, les Mines, les Ponts, Sup Aéro, Supélec, Télécom, ENS et ENSET.

ECOLE SAINTE-GENEVIEVE
(connue sous le nom de « Ginette »)
2, rue de l'École des Postes,
78000 VERSAILLES
(3) 950.63.91.

LYCEE CONDORCET
8, rue du Havre, 75009 PARIS
(1) 874.25.95.

LYCEE HENRI IV
23, rue Clovis, 75005 PARIS
(1) 354.91.23.

LYCEE HOCHE
73, avenue de Saint-Cloud,
78000 VERSAILLES
(3) 950.58.21.

LYCEE LOUIS-LE-GRAND
123, rue Saint-Jacques,
75005 PARIS
(1) 329.12.06.

LYCEE PASTEUR
21, boulevard Inkermann,
92200 NEUILLY-SUR-SEINE
(1) 624.15.01.

En province les lycées : MASSENA (Nice), LE PARC (Lyon) et KLÉBER (Strasbourg).

Pour les grandes écoles commerciales (H.E.C., E.S.C.P., E.S.S.E.C. sont les trois « majors » parisiennes) :

IPESUP
16-18, rue du Cloître Notre-Dame, 75004 PARIS
(1) 325.63.30.

PREPA SUP
23, rue Cortambert, 75016 PARIS
(1) 325.63.30.

Et LYCEE LOUIS-LE-GRAND, LYCEE PASTEUR (Neuilly), ECOLE SAINTE-GENEVIEVE (Versailles), LYCEE HOCHE (Versailles), LYCEE HENRI-IV.

ses chers camarades (une fois n'est pas coutume) devenus ministres, écrivains ou P.-D.G.

La Fayette, nous voici !

Après les petites Anglaises, les belles Américaines ont pris la relève pour les séjours linguistiques ; la multiplication des tarifs charters sur les U.S.A. et le style de vie américain ont fait le reste. Les U.S.A. arrivent premiers, et de loin, lorsque l'on propose un séjour à l'étranger aux 14-18 ans. L'Angleterre si chère à leurs pères dans les années 60 est reléguée aux oubliettes. Pour ceux dont la première langue est l'allemand, il leur reste toujours l'Allemagne et l'Autriche.

Les prix des voyages ne sont guère différents car si l'on est *paying guest* en Angleterre (les temps sont durs outre-Manche), les Américains,

Séjours linguistiques

(U.S.A., Angleterre, Autriche, Irlande, etc.).

F.S.L. (FOREIGN STUDY IN LIVING)
13, rue de Grenelle, 75007 PARIS
(1) 544.62.20.

NACEL
12, rue du Docteur Herpin,
37000 TOURS
(37) 05.10.48.

eux, reçoivent à bras ouverts et gracieusement. Les parents préfèreraient l'Angleterre (c'est moins loin s'il arrive quelque chose) mais les enfants veulent les U.S.A., Californie en tête pour le soleil et la décontraction, suivie du Texas pour les mordus du cheval et du Connecticut pour la voile. Il y aura beaucoup plus à raconter à la rentrée de septembre qu'après une visite à la Tour de Londres.

Endogène, endogène, est-ce que j'ai une gueule d'endogène ?

Comme le disent les sociologues, les professions libérales ont le plus fort taux de recrutement endogène de toutes les professions. Il n'est qu'à feuilleter le Who's who, un annuaire professionnel ou le bottin administratif, pour retrouver dans la banque, l'industrie et la haute administration des familles entières, véritables dynasties au service d'une même cause.

Ajoutez les liens que créent les grandes écoles et les cousinages à la mode de Bretagne, et bien malin celui qui, sans être BCBG, arrivera à s'emparer d'un des leviers du pouvoir.

La journée de Guillaume

Guillaume prend son « petit déj. » vers 7 heures et demie. Pas facile de se lever tous les matins pour aller au bahut. Dans la cuisine, il règle la radio sur 95.2, que sa mère remettra sur France Musique pour le reste de la journée. Chocolat ou café au lait, selon l'humeur, un dernier coup d'œil à ses notes de chimie et il part en bus (52 ou 63) dans lequel il retrouve ses copains, un vieux cartable en cuir à la main (datant de son grand-père de préférence).

Repérables à vue, les copains : loden vert ou trench mastic, mocassins collège, Burlingtons aux couleurs vives, pantalons de flanelle grise ou jeans, et Lacoste ou chemise à col boutonnée, ouverte, portée sur un chandail en V gris, bleu marine ou vert bouteille.

Certains arrivent en mob (Peugeot 103 ou Yamaha DT), d'autres en Trial, pratique puisque sans permis, pour se balader.

La matinée est sérieuse, cours dès 8 heures et demie : physique chimie, on ne rigole pas, surtout avec un père polytechnicien qui trouve toujours que Guillaume « ne fait rien ». Les seuls cours qu'il sèche sont le français ou la seconde langue ou encore l'heure de cours perdue au milieu d'après-midi qui l'empêcherait d'aller au cinéma. Guillaume après le bac vise une grande école. Enfin ! C'est surtout son père qui... Mais Guillaume sait qu'une mention au bac, une bonne prépa sont importantes pour intégrer l'X ou Centrale ou l'une des trois grandes écoles de gestion parisienne. Restent encore Sciences Po et l'ENA qui tentent quelques-uns de ses amis, plus rarement médecine. Quant à la fac ce n'est pas l'idéal. Dans un rallye à « qu'est-ce que tu fais comme études ? » il vaut mieux répondre « je suis en 2e année à Sup de Co Paris que « je suis en 1re année de licence d'économie à l'unité de recherche décentralisée de Garges-les-Gonesses ». Mais la matinée se termine, et le temps d'attendre les fille de l'école d'à côté on se retrouve au Malakoff, à côté de chez Carette, qui est complet, pour un déjeuner salade.

— Faut surtout pas être amoureux, dit Guillaume ; d'ailleurs j'en connais pas qui soient comme ça. Mais on drague et sérieusement...

Au Malakoff, ils sont une bonne douzaine faisant des plans pour la soirée de samedi : rallye à l'Automobile Club, « c'est un comble, dit un ami, quand on pense qu'on n'a même pas l'âge de passer le permis. Mais sono super, et whisky et champagne jusqu'à 3 heures du matin garantis ».

— C'est mieux que samedi dernier ; 18 h 30 à 0 h 30 indiquait le carton. D'habitude on gueule si ça s'arrête à l'heure, et on nous laisse danser, mais là c'était vraiment ringard. A minuit et demi rien à faire, on a fini la soirée à « la Piscine ».

Mais l'heure des cours arrive, avec promesse de se téléphoner le soir. Le téléphone ça sert à tout : les solutions du devoir de maths, les rendez-vous pour aller au cinéma, la conversation d'une

Chocolats amers

Les thés tristes de la Marquise de Sévigné, du Trianon Palace ou de Rumpelmeyer ont vécu ; les BCBG reprennent le chemin des salons de thé dès le plus jeune âge.
Face au palais du Trocadéro, les vieilles dames dignes ont fui Carette, remplacé par le tout Lübeck, Franklin ou Janson de Sailly arrivé à pied, en mob ou à moto. La faune des cours privés moins reluisants reste à part, et ne se retrouvera pas aux mêmes soirées, anniversaires ou dîners.
Même pour le petit déjeuner, les macarons de Carette font craquer plus d'un cœur de pierre, et c'est souvent à une heure matinale que se nouent ou se dénouent devant un chocolat, amer, les amours passagères.

demi-heure — seulement — avec la petite amie (« bon, j'arrête, mon père rentre et on va dîner, je t'embrasse, à demain à la sortie à cinq heures »).

Dîner familial puis travail scolaire enfermé dans sa chambre, posters de cinéma au mur et de Marc Pajot sur Elf Aquitaine en écoutant du rock sur NRJ sur une mini-chaîne, à moins d'une soirée télévision tranquille pour regarder un film, classique ou d'action.

Les jours se suivent et se ressemblent pour Guillaume.

— On ne fiche pas grand-chose ; un minimum pour être au niveau en classe et avoir un bon carnet. Heureusement, on travaille les cours chez les autres... officiellement, ce qui permet de sortir en bande au cinéma ou en tête-à-tête avec sa petite amie, et les parents sont contents.

Son slogan pourrait être « tranquillo, bistrot, boulot et dodo ou rallye », selon qu'il s'agit de la semaine ou du samedi soir ! Parce que le dimanche matin, c'est la grasse matinée avec réveil en fanfare par les parents pour ne pas manquer la messe de 11 heures. Du moins en principe...

Le dimanche après-midi, on va les uns chez les autres, et si les parents ne sont pas là, on envahit le salon pour prendre le thé, commenter la (ou les) soirée(s) de la veille, et parler de Marie-Caroline qui ne sort plus avec François, en écoutant les derniers disques auxquels le jeune BCBG consacre ainsi qu'aux pots et au Ciné, l'essentiel de son (maigre) argent de poche.

La tenue de Guillaume

- Chemises Arrow ou similaires en coton, col boutonné, à rayures ou unies.
- Quelques nœuds pap fantaisie (les cravates club sont disponibles en cas d'urgence dans l'armoire paternelle).
- Foulards de soie à motif cachemire, vert olive ou bordeaux.
- Lacoste ou les mêmes dégriffées achetées à la braderie de Sciences Po (on recoud les vieux crocodiles).
- Chandails lambswool (Benetton) de couleurs variées ; base : bleu marine, gris.
- Veste en tweed multi-usages pour aller en cours, voir des amis, faire ses courses...
- Un blazer.
- Pantalon de flanelle grise à revers, parfait pour les réunions de famille.
- Pantalon de velours beige clair à pinces.
- Pantalon beige à pinces.
- Le costume en flanelle grise

- Loden vert et casquette pied de poule (par grand froid).
- Imper genre Burberrys ou style militaire kaki (surplus de Neuilly).
- Caleçons rigolos (Arthur) ou plus classiques (Fruit of the loom).
- Chaussures : toujours bien cirées.
- Mocassins Weston (noirs ou marrons).
- Chaussures Church marron (ou genre Church).
- Mocassins américains, style « collège ».
- Docksides (pour l'été).
- Maillot de bain surf tricolore de Rasurel et quelques bermudas.
- Pyjamas en coton, bleu ciel, marine ou bordeaux et robe de chambre écossaise.

Certains font un tennis ou un parcours de golf au Racing ou montent à cheval au « Tir » mais les sports d'équipes « c'est pour les petites classes dit Guillaume, parce que le

de ses 16 ans (pour les premiers rallyes).
- Jean 501 Levi's.
- Dans les poches : agenda et carnet d'adresses.
- Chaussettes jacquard Burlington.

Deux roues

Solex noir. La « Mob » est devenue la Peugeot 103 ou la Yamaha DT (50 cc ou 80 cc) ; la Mobylette, a pratiquement disparu.
Certains fanatiques du tout terrain (très en vogue dans les XVIe, XVIIe, VIe, VIIe et VIIIe arrondissements) ont une trial Yamaha (50 cc ou 80 cc). Le scooter devient un engin très BCBG.
Tous ces engins peuvent être utilisés sans permis. Comme l'autobus 52, ou le 63.

mercredi après-midi et le samedi on a autre chose à faire ».

On parle aussi vacances. Ski en février à Tignes, Val, Courchevel ou Méribel chez des amis ou avec les parents et vacances d'été chez les uns et les autres, moitié campagne et tendres cousines, moitié bord de mer et planche à voile.

Pour le soir :

- Smoking noir, ultra classique à col châle.
- Chemise en piqué blanc à col cassé.

Les adresses où traîner sa mère

Les boutiques doivent plairent aux garçons, ce qui est une chose, mais elles doivent aussi plaire à leur mère : pas trop chics, pas trop branchées et pas trop chères. Le plus souvent, pour régler leurs achats, les fils emmeneront leur mère dans les grands magasins comme LE PRINTEMPS, LES GALERIES LAFAYETTE ou MADELIOS et chez :

SAPPES
106, rue de Longchamp,
75016 PARIS
(1) 553.56.11.

SMUGGLER
93, rue de Longchamp,
75016 PARIS
(1) 704.23.27.

SURPLUS DE NEUILLY
19 bis, rue de Chartres,
92200 NEUILLY-SUR-SEINE
(1) 624.02.80.

Ou encore chez :

ALAIN FIGARET (chemises)
21, rue de la Paix, 75002 PARIS
(1) 265.04.99.

BENETTON
• 82, avenue Victor-Hugo,
75116 PARIS
(1) 727.73.73.
• 75, rue de Passy, 75116 PARIS
(1) 288.54.10.
• 63, rue de Rennes,
75006 PARIS
(1) 548.80.92.
et nombreuses autres boutiques à Paris et en province.

CYRILLUS
• 8, rue Chanez, 75016 PARIS
(1) 651.30.32.
• 11-13, avenue Duquesne,
75007 PARIS
(1) 705.99.19.

14/18
34, rue Vital, 75016 PARIS
(1) 504.96.38.

Chaussures

MANFIELD (Church et Docksides)
110, avenue Victor Hugo,
75116 PARIS
(1) 553.31.87.

WESTON
• 114, avenue des Champs-Elysées, 75008 PARIS
(1) 562.26.47.
• 98, boulevard de Courcelles,
75008 PARIS
(1) 763.18.13.
• 97, avenue Victor-Hugo,
75116 PARIS
(1) 704.23.75

- Weston noires.
- Lunettes noires, utilisées aussi pour le soleil (Ray ban ou Vuarnet).

Boîtes

LA PISCINE
32, rue de Tilsit, 75017 PARIS
(1) 227.31.39.

LE PALACE
8, rue du Faubourg Montmartre,
75009 PARIS
(1) 770.44.37.

Les accessoires :

- Ceintures cuir et toile à motifs (cannes de golf, bateaux, canards).
- Briquet Zippo à essence.
- Rothmans bleues.
- Lunettes rondes (si nécessaire), genre écaille.
- Écharpe en cachemire.
- Gants (en cuir) de septembre à juin quel que soit le temps !

Parfums :

- Paco Rabanne.
- Phileas de Nina Ricci.
- Vetyver de Guerlain.
- Azzaro pour hommes.
- Savon à barbe, déodorant, etc. de Roger et Gallet.

La journée de Constance

La journée de Constance ressemble comme une sœur à celle de Guillaume ; à cette différence près que Constance passe un peu plus de temps devant la glace, noue sa queue de cheval, prévoit quelques minutes pour aider sa petite sœur à s'habiller et à prendre son petit déjeuner, avant de l'emmener en classe. Par chance, elle n'habite pas trop loin et rejoint des amies, guides comme elle, sur le chemin. Quel contraste entre ces jeunes et élégantes demoiselles parisiennes, en bleu marine — uniforme oblige — et les robustes Percheronnes que rien n'effraie, au camp, en Normandie ou en pèlerinage à Lourdes.

Mieux que les garçons qui ne font que rarement les deux à la fois, elles arrivent à être cheftaines de louveteaux le dimanche, après avoir passé la nuit à danser ou flirter dans les salons de l'hôtel de Croÿ.

Cela mis à part, leurs activités ne différent guère de celles des garçons; écoles, rares sorties, rallye bridge, cours de danse puis rallye. Points de détails tout de même : danse classique au lieu de judo, poterie ou piano au lieu d'escrime ou de modélisme. Seule, leur est plus mesurée qu'aux garçons : la liberté.

— C'est un garçon, s'entendra répondre Constance lorsqu'elle évoquera les horaires fantaisistes de son frère Guillaume; son père et sa mère sont là-dessus tout à fait d'accord.

L'habillement aussi causera à Constance de nombreux soucis. « A ton âge, tu n'as pas besoin de soutien-gorge », deviendra vite : « Il n'est pas question que tu sortes de la maison avec un décolleté pareil ! »

Plus limitée dans son champ d'action, Constance se vengera sur le téléphone. Allongée à plat ventre dans le couloir, assise sur la commode de l'entrée, elle occupe la ligne. Dès le matin, elle appelle, avant de partir pour ses cours. Si elle est là pour déjeuner, un deuxième service est nécessaire, son amie de cœur demande conseil pour sa coupe de cheveux ou suggère un film à voir. Est-elle à la maison l'après-midi, une séance de

travail à deux au téléphone permet de dénouer agréablement les énigmes mathématiques ou littéraires. Son père veut-il — une fois n'est pas coutume — passer un bref coup de fil dans la soirée ? Constance, courroucée s'enfermera dans sa chambre, en clamant haut et fort que ce n'était vraiment pas le moment et que les parents ne comprennent rien à rien.

Mais la téléphonite aiguë se calmera lorsqu'elle pourra plus librement rejoindre ses amis, s'échapper pour un déjeuner — officiellement chaperonnée par son frère — ou pour une de ces interminables palabres chez l'une ou l'autre de ses amies.

Dès les premières sorties, sa mère inquiète et son père agacé, devront courtoisement recevoir le jeune gandin venu la chercher — à 20 h 30 précises — et entretenir la conversation, whisky à la main en attendant que Constance « finisse de se préparer » pour son bal costumé.

La tenue de Constance

Révolu le temps où sa mère disait à Constance :

— Demain tu mettras ton kilt et ton chandail bleu marine, ou encore : Aujourd'hui je t'ai acheté un superbe chemisier, je suis sûre qu'il te plaira.

La pauvre mère, toute BCBG qu'elle soit, a de fortes chances de tomber à côté et le chemisier restera dans le placard jusqu'au prochain grand rangement de printemps où il partira pour les pauvres ou

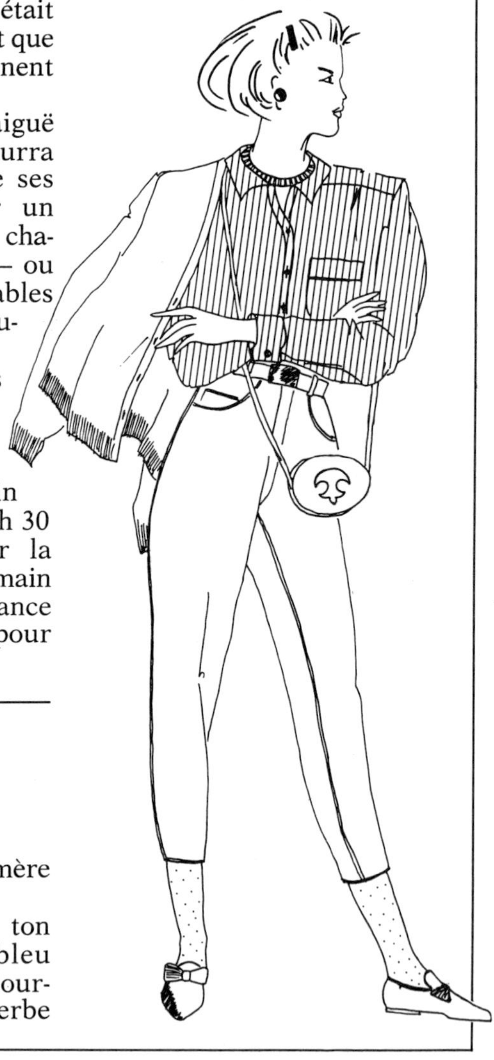

pour la petite sœur plus jeune qui, elle, n'a pas encore voix au chapitre. Bien que... la contagion gagne vite !

Partant du principe qu'un rien les habille (à cet âge-là tout leur va, dit avec envie leur mère), dans leurs placards les filles de 16 à 18 ans ne trouvent « rien » à se mettre pour sortir, pas plus que pour aller à leurs cours. Fort heureusement, Madame Mère a, elle, des armoires bien remplies de chemisiers, chandails, cardigans, jupes et pantalons, sans oublier : collants, bagues, boucles d'oreilles et autres accessoires. Constance aura bien du mal à obtenir, officiellement, l'autorisation d'emprunter, aussi sera-t-elle obligée de dévaliser régulièrement les placards de sa mère, jusqu'à ce que celle-ci, de guerre lasse, la suive dans ses magasins préférés.

Berteil, Old England, Burberrys ou Agnès B seront pour plus tard, à moins qu'une tante, une cousine plus âgée ou une grand-mère ne se laisse attendrir.

Les boutiques de troc, les échanges, les achats « entre amies », les soldes et de multiples combines permettent aux plus ingénieuses d'aborder les marques « comme il faut » sans vider les comptes en banque de leurs parents. La récupération des étiquettes et marques diverses, recousues en bonne place sur une « adaptation » de Prisu, Monoprix ou d'un catalogue de vente par correspondance (La Redoute, Les 3 Suisses) est l'un des ersatz favoris de ces demoiselles.

La combinaison d'un maximum d'éléments bon marché et de quelques accessoires de bonne facture, l'ensemble faisant BCBG, est l'un des principes (économiques) de l'art de s'habiller.

Celles qui manient artistement les machines à coudre sont soudain plus entourées par leurs amies quand vient la saison des soirées : une jolie robe longue pour pas cher (juste le tissu de chez Max) vaut bien un petit effort.

L'idéal pour la jeune BCBG est de ressembler à sa mère ; elle lui empruntera — outre sa garde-robe — ses tics vestimentaires : une prédilection pour le bleu marine (qui va avec tout), une horreur du noir, du mauve, de l'orange et du vert électrique, l'utilisation des vêtements masculins (chemise en Oxford, blazer bleu marine, shetlands), l'art de porter les cols ouverts les pointes en haut, et les poignets relevés, et la faculté de coordonner jupes et hauts, donnant l'air d'avoir des ensembles à peu de frais.

Ces recettes étant données, voici comment s'habillera Constance.

Pendant la semaine :

Elle portera toujours les mêmes ensembles.

- Soit : un kilt écossais (Marks et Spencer) ou une jupe bleu marine à plis avec un chemisier blanc (100 % coton) à col ouvert ou à rayures avec une collerette (Figaret) ; chandail col en V bleu marine, bordeaux ou de couleur pastel en lambswool (Benetton, Caroll).
- Soit : un pantalon de velours, des knickers bleu marine ou écossais (Franck et Fils, Tiffany) ou encore un jean 501 Levi's, s'il est propre et « bien porté ». Une chemise Lacoste (ou sa contrefaçon rapportée de Hong Kong par des amis), un chemisier en Liberty ou un T shirt blanc et l'éternel chandail col en V complèteront cette tenue.

Le foulard Hermès devient rapidement nécessité vitale, mais Constance devra se contenter au début d'un vieux foulard maternel avant d'acheter, le cœur battant, son premier carré lors des soldes. Le premier foulard Hermès est aussi important pour Constance que les premiers mocassins Weston pour Guillaume. C'est leur intronisation dans le monde du luxe superfétatoire et BCBGique.

Ah, qu'il est agréable de porter enfin les marques de sa caste...

Comme pour sa mère, sa grand-mère ou ses cousines, le loden vert ou bleu marine est de rigueur ; pour aller avec une tenue plus habillée une redingote beige ou bleu marine (Franck et Fils) est également nécessaire.

Il faut aussi une veste autrichienne (la Maison du Loden), facile à porter en toutes occasions avec une jupe ou un pantalon, et un imperméable beige genre « Burberrys » ou authentique acheté en solde ou dans un magasin de troc.

Les dessous, que Constance n'a — en principe — pas l'occasion de montrer, sont blancs, simples, mais la broderie anglaise est tolérée pour le soutien-gorge ; quant à la petite culotte, elle va jusqu'au nombril. Surtout pas de porte-jarretelles, mais des collants classiques, noirs à partir de 16 ans. Les chaussettes Burlington se portent avec un pantalon.

Chaussures :

- Mocassins « collège » pour tous les jours, de couleur bordeaux, bleu marine (Maralex, Manfield).
- Chaussures à barrettes bleu marine avec nœud (surplus de Neuilly, Carel).
- Escarpins vernis noirs pour sortir (Carel, André ou Eram). Les imitations de chaussures sont nombreuses, et leurs sources fluctuantes ; les copies, ô chance, apparaissent très vite dans les diverses chaînes de magasins.

— Je n'ai rien à me mettre pour le rallye de samedi, marmonnera Constance.

A ce mal terrible, il n'y a que peu de remèdes. Ou elle aura garni sa bourse grâce au baby sitting et pourra s'offrir une robe ou un bustier et une jupe (chez « 14-18 », Deb's, Laura Ashley, ou une petite boutique en bas de chez elle), ou, fauchée, elle se contentera comme la plupart de ses amies, d'une robe « home made ».

Un joli tissu du marché Saint-Pierre, un coup d'œil à Vogue ou Marie-Claire, et des doigts de fée (ou ceux de sa mère ou d'une amie) feront des miracles. (A éviter surtout : le style « Elle » 1960, ou d'avoir l'air d'avoir utilisé les chutes de tissus des rideaux du salon.) Le collier de perles, quelques bracelets et des boucles d'oreilles fantaisie mettront la touche finale à cette panoplie sophistiquée.

Les accessoires :

Hermès, Gucci et autres restent du domaine du rêve, et les oncles d'Amérique ne sont pas légion.

Les sacs sont de Laffargue (à Saint-Jean-de-Luz) de couleur bordeaux ou bleu marine, de Longchamp ou de Guillois (à Saumur) où l'on trouve aussi tous les bijoux et foulards à motifs équestres.

Constance portera un collier de perles (dès 18 ans) et une chevalière armoriée si c'est la tradition dans sa famille. A défaut, elle portera à la main droite, une copie de bague ancienne et son bracelet assorti (collection du Musée du Louvre). Les boucles d'oreilles sont toujours « fantaisie » (perles et torsades or).

Coiffure :

Les budgets serrés, le manque d'originalité et d'audace limitent les possibilités : cheveux coupés au carré retenus par une barrette, catogan, queue de cheval avec un nœud de velours forment une gamme limitée.

Le maquillage

Tabou avant d'être un efficace outil de séduction, le maquillage est pour la jeune BCBG un long apprentissage au terme duquel elle sera initiée, par sa mère théoriquement, par les plus délurées de ses amies en réalité.

Très tôt, en effet, la douce Sainte Nitouche aime à respirer les arômes profonds de Mitsuko et à caresser les laques noires des tubes de rouge à lèvres Chanel dans la salle de bain maternelle. Mais jusqu'à 14 ans révolus, Madame mère ne lui fera l'aumône que d'un nuage de poudre et d'un vernis à ongles transparent, et lui tendra, exemple familial à l'appui, une brosse en peau de chamois bien plus économique... C'est qu'on aura inculqué à la docile adolescente que la discrétion et le naturel sont les plus belles parures et, qu'avant un certain âge, pour ne pas dire un âge certain, une couche excessive de fard est de mauvais goût. Les difficultés commencent avec le fatal déclenchement du désir de plaire. Sa mère lui enseignera alors à n'user que de quelques produits de qualité et à valoriser ses ressources naturelles. Avant d'ajouter, il convient d'abord de soustraire et l'épilation des sourcils sera une condition préalable au rituel du maquillage. La couverture de l'épiderme sera assurée par une base hydratante teintée, qui offre l'avantage d'être deux fois plus opérationnelle (et deux fois moins coûteuse). La courbe des paupières sera allongée d'un trait d'eye-liner de même couleur que l'iris car le regard doit illuminer sans allumer, induire plutôt que séduire...

Le point délicat restera évidemment la bouche. La jeune BCBG préférera les tons pastels et les camaïeux à l'éclat de la tulipe ou du coquelicot ; les pulpeuses stars hollywoodiennes se regardent mais ne s'imitent en aucun cas.

Les rallyes seront l'occasion tant attendue de réhausser ses artifices. Ainsi, la jeune fille « timide », dénudant pour quelques heures ses épaules, se dessinera avec art un œil de biche, ne lésinera pas sur le blush et assortira audacieusement du même carmin bouche et ongles. Elle bannira cependant sans rémission les vulgaires paillettes dorées ou argentées ainsi que tout contraste de couleur trop prononcé qui l'assimilerait à la sauvage horde des « punks »...

Les boutiques de Constance

BENETTON
75, rue de Passy, 75016 PARIS
(1) 288.54.10.
Chandails...
Et nombreux autres magasins.

CYRILLUS
8, rue Chanez, 75016 PARIS
(1) 651.30.32.
Vestes, jupes, pantalons...

DEB'S
83, rue de Passy, 75016 PARIS
(1) 288.20.29.
Robes habillées...

FIGARET
21, rue de la Paix, 75002 PARIS
(1) 265.04.99.
Chemisiers

FRANCK ET FILS
80, rue de Passy, 75016 PARIS
(1) 647.86.00.
Manteaux, jupes, pantalons...

LAURA ASHLEY
94, rue de Rennes, 75006 PARIS
(1) 548.43.89.
Robes habillées...

MARKS & SPENCER
35, boulevard Haussmann,
75009 PARIS
(1) 742.42.91
Kilt et chandail...

14/18 FILLES
75, rue des Vignes, 75016 PARIS
(1) 288.18.14.
Robes habillées...

SURPLUS DE NEUILLY
19, rue de Chartres,
92200 NEUILLY
(1) 624.02.80.
Toute la panoplie.

TIFFANY
12, rue de Sèvres, 75006 PARIS
(1) 548.50.85.
Robes, jupes, pantalons...

Et parmi les grands magasins : LE BON MARCHE, LES TROIS QUARTIERS, LES GALERIES LAFAYETTE, LE PRINTEMPS.

Accessoires :

GUILLOIS
45, rue Beaurepaire,
49400 SAUMUR
(41) 51.28.83.
Bijoux, accessoires à motifs équestres, et sacs : sans égal à Paris !

LAFFARGUE
25, rue Gambetta,
34500 SAINT-JEAN-DE-LUZ
(59) 26.11.38.
Les fameux sacs qu'on ne trouve nul part ailleurs.

LE MUSEE
89, avenue Victor-Hugo,
75116 PARIS
(1) 501.94.40.
Copies de bijoux du Louvre.

Chaussures :

CAREL
9, avenue Mozart, 75016 PARIS
(1) 260.23.06.

MARALEX
1, rue de la Pompe, 75016 PARIS
(1) 288.92.90.

ERSATZ

— MONOPRIX, PRISUNIC (vêtements)
— Catalogues : LA REDOUTE, LES 3 SUISSES
— ANDRE - ERAM (chaussures)

C'est justement en évitant ces injures à la sobriété que la belle aura trouvé le moyen d'appâter les plus respectables jeunes gens de la fête. Eux aussi savent, par instinct inné du code, qu'un maquillage tapageur est répulsif, alors que les traits discrètement soulignés sont la plus délicieuse des invitations au voyage...

Plus tard, la BCBG après un mariage réussi devra veiller à l'élasticité de son épiderme, et pour ce, recourir à des instituts de beauté spécialisés. Année après année, elle alignera dans un placard secret des crèmes miracles que lui aura conseillées sa « meilleure amie ».

Le permis de (mal se) conduire

Chez les BCBG la majorité à 18 ans n'a que rarement entraîné des révolutions.

— Tu seras majeur quand tu gagneras ta vie, et que tu n'auras plus besoin de moi, disent les pères.

Ils ne savent pas à quel point ils ont raison. Logés, nourris, blanchis, servis et rémunérés, les jeunes BCBG vivent comme des coqs en pâte. Ils sont bien chez eux, et ne passent que rarement et brièvement à l'hôtel des parents, 4 étoiles, catégorie luxe, affection garantie si nécessaire.

A 18 ans, la révolution c'est le permis de conduire, la voiture des parents, R5 ou 505 peu importe, ou la vieille « Deuche » achetée d'occasion après un mois de dur labeur, en stage. (A la même époque, les conversations téléphoniques deviennent plus brèves, au grand étonnement des parents qui envisageaient en dernier ressort l'installation d'une deuxième ligne.)

Qu'il pleuve ou qu'il vente, il suffit de prendre la voiture pour retrouver ses amis au cinéma, aller au tennis, faire un saut pour travailler un devoir de maths, ou aller chercher des skis au Vieux Campeur. Et puis les horaires changent ; on part plus tard le matin, on rentre aussi plus tard le soir. Il faut bien raccompagner ceux qui n'ont pas de voiture... Pas mal non plus pour les petits calins et les jours de pluie, c'est mieux que les portes cochères.

Le plus souvent une voiture a soi veut dire la fin du secondaire et le bac réussi, si ce n'est un concours. Adieu le boulot intensif, le BCBG va maintenant mal conduire et mal se conduire. Exemple : la voiture permet les expéditions à cinq ou six garçons : irruption chez une donzelle qui reçoit ses amies pour un thé un dimanche après-midi, ou squattérisation de deux ou trois soirées un samedi soir.

C'est la fête. Fabuleux, si l'on n'est pas invité, d'entrer par les toits dans la soirée d'un rallye dont on n'est pas membre ! Et encore mieux d'en repartir bruyamment en entraînant les plus délurés finir la nuit dans une boîte ou dans une autre soirée ! Quel plaisir, à deux ou à quatre, d'arriver à Deauville au petit matin pour le petit déjeuner en smoking et robe longue. Si les parents nous voyaient !

Bien mieux encore que la Deuche, la Bentley ou la Traction avant, achetée à plusieurs ; un vrai piège à fric, mais quel piège à fille aussi ! Le problème c'est de l'avoir à soi pour la soirée au Pavillon d'Armenonville : arrivée remarquée garantie. Et la tête des parents avec leur nouvelle R 25 !

Ça ne vaut pas leur tête à l'annonce de la création d'un groupe de rock avec light show et animation de soirée. Syncope assurée pour l'ingénieur en chef ou le directeur financier. Ils auraient préféré un orchestre symphonique ; après plus de dix ans de leçons de musique, jouer de l'orgue électronique, quelle horreur ! C'est vrai, tout le monde ne peut pas chanter dans une chorale, faire des cours de catéchisme ou la lecture aux aveugles, mais quand même !

— Depuis que tu as ta voiture, tu n'es même pas allé voir ta grand-mère à Vaucresson, diront les parents. Il est vrai que ces déjeuners familiaux du dimanche qui n'en finissent pas, avec promenade pour couronner le tout, sont ce qu'il y a de pire. Mieux vaut un dimanche d'été avec méchoui ou pique-nique, promenade en barque, baignade et tournois de tennis. Pendant ce temps-là, la vieille génération fait la sieste ou joue au bridge, on ne sait plus très bien parce que les soirées sont tellement nombreuses qu'on se lève tard pour déjeuner vers 3 heures.

L'été, on ne force pas trop sur les sports pour rester en forme pour les soirées ! Les cartons d'invitation ne sont pas nécessaires, chacun sait bien où l'on se retrouve le lendemain pour la soirée suivante et le plus difficile consiste pour chaque famille à trouver une date pour organiser la sienne. A jours exceptionnels, choses exceptionnelles. En été, tout est pardonnable, les flirts et les gros câlins aussi ; les parents acceptent tout, y compris la soirée qui commence vers 23 heures et se termine par un petit déjeuner, un bain en petite tenue, ou sans tenue du tout, dans la piscine ou dans les douves.

Après un mois de boulot en juillet, dans la banque, la cueillette de fruits ou l'entreprise de père, et trois semaines en Californie (pour parler anglais) la fin août à la française a du bon dans la maison familiale. Vive l'Anjou, la Dordogne, l'Auvergne, la Normandie ou la Sologne. Vive aussi la Baule, Royan, Carnac, Saint-Jean-de-Luz, Cavalaire ou Ré.

Jeux interdits

La vie amoureuse BCBG n'est pas simple, ce qui est normal. Tiraillé entre ses désirs, qui ne s'avouent pas, la vie mondaine, qui — officiellement — ne permet rien, la morale chrétienne, — qui ne permet même pas d'y penser — le BCBG est pétrifié devant l'amour. Papa et maman ne lui ont rien appris, si ce n'est lorsqu'il était tout petit en lui racontant, après les histoires de cigognes et de choux, des histoires d'oiseaux qui pondaient des œufs.

Son premier principe : « jamais d'effusions en public ». Il aura donc pour but de s'éloigner de ses sphères habituelles et de nouer des « relations » (coupables bien sûr) avec des personnes sinon sûres, du moins qu'il est sûr de pouvoir ne pas revoir. Fini les blanchisseuses, les caméristes, les paysannes que l'on culbutait dans le foin pendant les vacances d'été, néanmoins il reste les dactylos, les petites employées, les divorcées affamées, les rencontres en Angleterre ou en Californie et les petites au pair de l'Alliance française.

Fort heureusement, les parents ne surveillent plus tout. Les voitures éloignent rapidement, les voyages créent des occasions et mêmes les BCBG — pilule oblige — ont cessé de considérer la virginité comme un tabou absolu. Après les soirées, les dîners, le théâtre, on en arrive au vif du sujet.

Les petites BCGB, elles, aiment être séduites par un jeune homme bronzé, à particule, qui les emmènera en week-end à Rome à l'hôtel Hassler, à Cannes au Carlton, ou pour quelques jours à l'hôtel Formentor à Majorque, un chauffeur venant les chercher à l'aéroport. Un cadeau acheté sur place, un bouquet de fleurs dans la chambre et un coup de fil le lendemain du retour sont le moindre des remerciements.

Les BCBG ne fréquentent pas tous les hôtels de luxe. Paris fourmille de petits hôtels tranquilles où, pour un après-midi, une demi-nuit ou une nuit entière, quelques fois sous un nom d'emprunt bien qu'il n'y ait plus de fiche de police, ils content fleurette avec une demi-bouteille de Taittinger ou de Moët et Chandon (Chouette et Bandons, ce qui les fait bien rire)...

L'amour en 10 lettres

L'Amour Bon Chic Déluré, Extérieur, Facile, Gratuit, Hygiénique, Instructif, Jouisseur résume la situation avant le mariage.

- Amourette : car cela n'est pas sérieux : on n'aime qu'une fois, pour se marier. Qu'on se le dise.
- Bon Chic : évident mon cher Charles-Henri.
- Déluré : il faut bien s'éclater de temps à autre.
- Extérieur : c'est un principe de base, jamais à la maison avec les domestiques (il n'y en a plus guère) ou dans la vie professionnelle avec le personnel. C'est un principe de père qui a toujours un exemple fâcheux à signaler.
- Facile : le BCBG n'est pas vraiment un dragueur, il recherchera donc la facilité, mais entre la petite vendeuse attirée par un jeune garçon élégant et la fille du préfet à la cuisse légère, il choisira la plus chic.
- Gratuit : selon le principe pourquoi faire mal en payant ce que d'autres vous proposent de faire bien gratuitement, il est plus agréable de payer une note de restaurant ou un hôtel à Deauville à la fille du préfet qui « aime ça » qu'à une amazone de pacotille qui demande un cadeau avant de brancher sa minuterie à quartz.
- Hygiénique : comme l'assurance. Ce n'est cher qu'après l'accident, se méfier des M.S.T. Cela arrive dans les meilleures familles !
- Instructif : why not ?
- Jouisseur : il faudra bien raconter à son meilleur ami, en buvant un verre de Gruaud-Larose 61 avec un bon foie gras à l'Ecluse,

place de la Madeleine, que vraiment elle faisait des trucs terribles, même et surtout, si elle ne voulait rien entendre, (ce qui est vraisemblablement le cas) en dehors de la position du missionnaire. Si Charles-Henri peut raconter, Isabelle ne pourra faire que quelques allusions à sa meilleure amie, en pouffant de rire, à l'heure du thé chez Ladurée.

Ne perdons pas de vue cependant que l'Amour est une chose sérieuse et que le faire à un but : avoir des enfants, du moins pour les BCBG mariés. Aussi, au bout de quelque temps, Isabelle consultera-t-elle son gynécologue si ses efforts et ceux conjugués de Charles-Henri n'ont pas abouti. Il lui recommandera une position plus efficace, qu'avec sérieux et après en avoir

Hôtels de classe

Pour une nuit buissonnière, évitez les palaces hors de prix, les grands hôtels internationaux où l'on rencontre tout le monde, et les hôtels soit-disant discrets.

Des petits hôtels qui donnent l'impression de ne plus être à Paris :

ATALA
10, rue Chateaubriand,
75008 PARIS
(1) 562.01.62.

COLBERT
7, rue de l'Hôtel Colbert,
75005 PARIS
(1) 325.85.65.

FAMILY HOTEL
35, rue Cambon, 75001 PARIS
(1) 261.54.84.

LENOX
9, rue de l'Université,
75007 PARIS
(1) 296.10.95.

LES MARRONNIERS
21, rue Jacob, 75006 PARIS
(1) 325.30.60.

RELAIS CHRISTINE
3, rue Christine, 75006 PARIS
(1) 326.71.80.

REGENT'S GARDEN
6, rue Pierre Demours,
75008 PARIS
(1) 574.07.30.

VARENNE
44, rue de Bourgogne,
75007 PARIS
(1) 551.45.55.

Pour un week-end, le guide Gault-et-Millau, le Bottin Gourmand ou le guide Michelin vous aideront. La Normandie ou les châteaux de la Loire c'est merveilleux. Mais pensez aussi aux auberges de l'est de Paris (par l'autoroute) où vous ne risquez pas de rencontrer tous vos amis. S'il s'agit du « grand jeu », seul un palace en Italie, peut faire l'affaire : l'Hôtel Hassler à Rome ou le Danieli à Venise, par exemple.

parlé à son amie de cœur — heureuse mère depuis déjà plus d'un an — elle appliquera le soir même avec Charles-Henri, puisque le docteur le recommande.

Le rallye ou l'usine à mariage

Si vous attendez le jour de ses 13 ans pour vous apercevoir que la petite fille chérie que vous avez connue n'est plus ce qu'elle était, il est déjà trop tard. Afin de bien maîtriser cette maladie incurable qu'est l'adolescence et à laquelle les BCBG n'échappent pas, il est utile de savoir en détecter les premiers symptômes et d'y faire face; c'est en général à cause de l'école que fréquente le sujet que commence le désespoir des parents :

— On est tellement influençable à cet âge-là ! Elles prennent tout de suite des allures de minettes et quel langage !

Pour certaines, la période d'incubation est plus longue. S'il est bien de rester sage, point trop n'en faut; attention aux trop timides et aux coincées. Mais dans ce cas comme dans l'autre, il existe un remède pour toute mère de famille BCBG soucieuse de l'avenir et des fréquentations de sa fille. Le truc consiste à organiser avec d'autres mères un petit groupe de visites-conférences, grâce auxquelles les jeunes adolescentes pourront se retrouver régulièrement, un samedi par mois. Accompagné de deux adultes et d'une conférencière, le petit groupe parcourera inlassablement les musées pour le plus grand bien de la culture générale des demoiselles, qui n'en retiendront pas grand-chose, si grande est leur impatience de connaître la suite. Pour le moment ce ne sont que les prémices de ce que l'on nommera plus tard rallye et les jeunes filles doivent faire connaissance.

Il convient ensuite que toutes les « jeunes demoiselles », âgées maintenant de 14 ans, se

Si c'est à 8 heures,
on arrive à minuit

Pour les rallyes

Location de salles :

AUTOMOBILE CLUB DE FRANCE
6, place de la Concorde,
75008 PARIS
(1) 265.34.70.

CERCLE DE L'UNION INTERALLIEE
33, rue du Faubourg-Saint-Honoré, 75008 PARIS
(1) 265.96.00.

FRANCE AMÉRIQUE
9, avenue Franklin Roosevelt,
75009 PARIS
(1) 359.45.16.

PAVILLON D'ARMENONVILLE
Allée de Longchamp,
Bois de Boulogne, 75016 PARIS
(1) 747.83.00.

PAVILLON DAUPHINE
Place du Maréchal de Lattre de Tassigny, 75016 PARIS
(1) 500.52.73.

PAVILLON GABRIEL
5, avenue Gabriel, 75008 PARIS
(1) 268.18.18.

Plus campagnards (mais toujours aussi chic) :

JARDIN D'ACCLIMATATION
(Pavillon des oiseaux)
Bois de Boulogne, 75016 PARIS
(1) 722.27.93.

LE POLO DE PARIS
Bois de Boulogne, 75016 PARIS
(1) 506.11.92.

LE PRE CATELAN
Bois de Boulogne, 75016 PARIS
(1) 524.55.58.

LE TIR AUX PIGEONS
(Cercle du Bois de Boulogne)
Route de l'Étoile, Bois de Boulogne, 75116 PARIS
(1) 624.00.26.

Plus dispendieux :

CHATEAU DE BRETEUIL
Choisel, 78460 CHEVREUSE
(3) 052.05.11.

CHATEAU DE MAISONS
CONCIERGERIE
ORANGERIE DE VERSAILLES.
S'adresser à la Caisse nationale des monuments historiques.
62, rue Saint-Antoine,
75004 PARIS
(1) 274.22.22.

CHATEAU DE MAUVIERES
78720 SAINT-FORGET
(3) 052.54.76.

Plus aquatique :

LE NOMADIC
Port Debilly, 75016 PARIS
(1) 720.67.69.

Traiteurs :

BOISSIER
184, avenue Victor-Hugo,
75116 PARIS
(1) 504.24.43.

LENÔTRE
44, rue d'Auteuil, 75016 PARIS
(1) 524.52.52.

POTEL ET CHABOT
3, rue de Chaillot, 75016 PARIS
(1) 720.22.00.

retrouvent dès la rentrée, tous les mois, autour de tables carrées, car pour parfaire leur éducation, il est indispensable de les initier au jeu sacré de tous les BCBG, à savoir le bridge. Une petite réception, chez la première organisatrice du groupe, réunira autour d'une tasse de thé toutes les mères des BCBG inscrites. Là, on fixera l'heure et les jours de celles qui recevront un après-midi les professeurs de bridge (en général un couple) et leurs élèves. Il faudra alors apprendre à répondre aux cartons d'invitation (pour l'instant écrits à la plume), à être régulière (pour donner une première et bonne impression de son éducation) et à remercier poliment la maîtresse de maison de la si bonne après-midi que l'on a passée (la révérence n'est pas exclue). Puis avec un enthousiasme... disons relatif, l'on apprendra à battre les cartes, faire les annonces et l'on devra relire le « guide du parfait bridgeur » tous les soirs pendant 10 minutes avant de s'endormir, afin de devenir une bridgeuse accomplie. En réalité, cette première année d'apprentissage sera quelque peu factice, et ce n'est qu'à la seconde année d'apprentissage — où l'on verra apparaître (enfin !) les garçons, que nos jeunes BCBG comprendront alors tout l'intérêt du jeu.

ERSATZ

On peut toujours convertir la sacro-sainte soirée en buffet dansant, plus décontracté, ou en dîner campagnard plus rousseauiste. Si certaines pièces de l'appartement le permettent, on aura aussi le recours de recevoir chez soi « à la bonne franquette » et d'installer tout bonnement une « sono » dont le disc-jockey sera un ami.
A BCBG vaillant rien d'impossible !

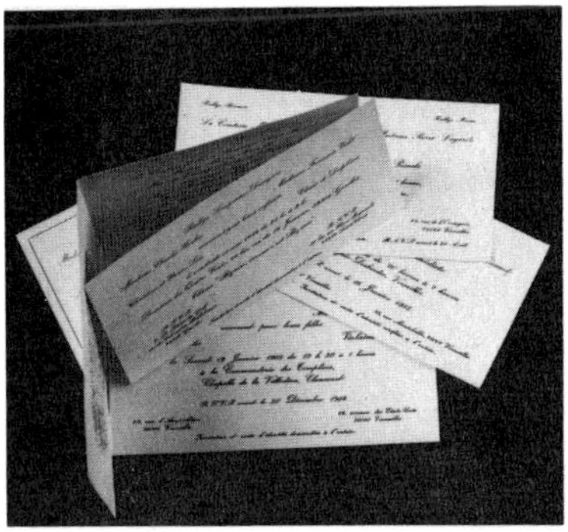

6 invitations valent mieux qu'une

Cette mixité soudaine n'est pas sans engendrer de grands changements. C'est, à titre officiel maintenant, que Madame du Bouchon de la Caraphe est devenue fondatrice et organisatrice du rallye auquel elle a donné son nom. Consciente de son devoir et de ses responsabilités, elle devra alors dresser une « Déclaration des devoirs du citoyen BCBG » inscrit au rallye. Chacun ayant, par poste, reçu chez lui cette loi, se devra d'en suivre les indications, sous peine d'avertissement ou de renvoi.

Article I :

Les garçons auront deux ans de plus que les filles, ils devront se présenter le col boutonné avec cravate ou nœud papillon (les foulards et cols ouverts sont exclus). Blazer bleu marine ou veste de tweed, pantalon de flanelle grise. Jeans strictement prohibés. Pas de chaussettes claires, à la rigueur des Burlingtons. Baise-main de rigueur (les mères adorent cela).

Article II :

Les jeunes filles auront toujours une tenue décente : jupe, sage chemisier blanc, pas de pantalons, knickers ou bermudas.

Article III :

Cigarettes et alcools sont interdits.

Article IV :

Les réponses aux cartons d'invitation devront parvenir au plus tard dix jours avant la date du bridge. Il conviendra de remercier la maîtresse de maison qui veillera à ce que le bridge ne se termine pas en poker (mais cette indication n'ayant pas été officiellement mentionnée comme article V chacun se gardera bien d'avoir compris ou retenu ce sous-entendu...)

La troisième année, le rallye prendra sa tournure véritable. Pour ne pas oublier ses connaissances de bridge, les petits BCBG se retrouveront facultativement de 16 à 17 heures, pour un bridge dont le nombre de tables ira en décroissant rapidement.

A 17 h 30, un professeur de danse officiera devant un parterre blasé pour ceux qui savent déjà danser, et pétrifié pour les timides, les coincés, les rase-murs, les pas doués, les binoclards et les boutonneux dont ce sera pourtant la seule chance — forcée il faut l'admettre — de tenir la main de leur cavalière ou de leur cavalier. Vers 19 heures, au grand soulagement de tous, le professeur de danse s'éclipsera, laissant aux débutants le soin de démêler seuls et tant bien que mal les nœuds créés par ses passes de rock.

Le slow, lui, ne s'apprend pas, n'est pas à proprement parler interdit, mais plutôt déconseillé (il peut leur venir des idées à ces petits !) sauf à respecter une distance entre partenaires d'au moins trente centimètres à laquelle veillera scrupuleusement l'organisatrice du rallye. Il y va — et elle le sait — de son honneur !

Les spots et jeux de lumières sont naturellement prohibés et il est inutile d'espérer un quelconque coin sombre ou un clair de lune romantique épargné par les lampadaires. C'est enfin à 21 h 30 que l'organisatrice très stricte sur la tenue et les horaires, afin de conserver la bonne réputation de son rallye, viendra annon-

Mesdemoiselles, attention !

cer à la sono le disque de fin, toujours le même et qui réjouira tout le monde (ou presque) car avoir vaincu sa timidité et fait connaissance n'est pas une mince affaire et il était temps d'en finir. Il faudra par la suite ruser pour placer 3 ou 4 spots, pour enfermer l'organisatrice pendant le plus de slows possibles et retarder les pendules de la maison et les montres des invités !

Si l'examen de passage s'est bien passé, les véritables mondanités peuvent commencer. Il suffit d'inscrire sa progéniture sur une de ces listes hérissées de noms magiques dont la seule longueur suffit à évoquer la fleur de la distinction. Constance devra prouver, photos à l'appui, sa parenté ou à défaut son voisinage (Paris n'est qu'un village !) avec les Broglie, les Maistre ou les Rohan-Chabot. Une fois accomplies les présentations d'usage entre les mères, il faut, dès dix-sept ans, entrer dans le tourbillon de la mondanité dansante, battre des cils devant la façade d'un château (de préférence XVIIIe), ou les arrangements floraux du Tir aux pigeons ou de Bagatelle, danser furieusement, presser son cœur essoufflé contre le smoking légèrement moite d'un partenaire. Il faut aussi se gaver de saumon fumé ou de fruits déguisés, sans oublier de noter le nom du traiteur si joliment imprimé sur la collerette du gâteau — c'est qu'à son tour, un jour il faudra recevoir... Et sur ce point, le système des rallyes est intraitable : un brillant mariage ne peut couronner qu'un certain investissement dans l'entreprise matrimoniale ; évidemment, un rallye n'est pas exclusif d'un autre et la belle aura tout loisir d'additionner quatre ou cinq inoubliables soirées si la fortune de papa autorise autant de dépenses dans l'année. A moins de... grouper les occasions, réunir les amies — les temps sont durs ! — pour mettre sur pied un bal de plusieurs centaines de personnes, dont le point de mire seront trois ou quatre beautés échelonnées comme des cariatides sur les marches de l'escalier d'honneur. L'aboyeur (chaîne sur le poitrail, voix de stentor et articulation pompeuse de rigueur) aura alors mission d'annoncer à l'assemblée l'identité des invités ; un titre (marquis, duc ou à défaut comte) et en tous cas une particule seront les bienvenus à cette kermesse du luxe. Résignée mais ravie, Constance, assistée de ses parents, devra subir le défilé des coquettes, fin de race et gommeux, tous harnachés de frais, jusqu'à minuit et demie au moins, — le carton indique généralement vingt et une heure, mais les connaisseurs n'arriveront jamais avant une heure du matin — et les éméchés avant deux heures bien sonnées.

Un videur de service (une armoire à glace en costume sombre) empêchera les intrus et les indésirables de déranger tout ce beau monde. Tout s'achèvera à l'heure du laitier dans les relents de fumée et de parfums, révélant un capharnaüm de gâteaux émiettés et de bijoux (en toc) brisés. Lasse d'avoir tant usé ses talons dans de diaboliques rocks, la reine du jour laissera le soin aux serveurs ou à ses parents d'emporter les reliefs des réjouissances et essaiera, non sans peine, de recenser les noms de ses galants. L'orchestre (chevelu) rangera discrètement ses batteries et ses micros ; le faux parquet sera lui aussi enlevé et la béatitude durera jusqu'au dimanche après-midi où, en famille, on réalisera que cet étourdissement était finalement bien coûteux (impression des cartons, plus location de la salle, plus traiteur, plus coiffeur, plus robe, plus orchestre, plus photos). Mais une sonnerie de téléphone dès le lendemain redonnera au mirage le visage de la réalité : bien huilé, le piège se refermera sur lui-même. L'on donnera bientôt dans un autre château en location une nouvelle festivité, pour célébrer, cette fois, les noces des ex-candidats au mariage.

Ite missa est

« Qui danse samedi soir sera dimanche à la messe de 11 heures », est le principe de la jeunesse BCBG. Tenus par leurs parents, enrégimentés par leurs études en semaine, et leur rallye le samedi soir, les jeunes BCBG ne vont pas à la messe de 11 heures pour racheter les péchés commis ensemble dans la nuit du samedi au dimanche, mais pour participer à une activité mondaine. Garçons et filles se retrouvent, somnolents et distraits, souvent derrière quelque pilier pour louer Dieu et prier pour ceux qui ne sont pas BCBG et qui en ont bien besoin. Les quarante cinq minutes passent vite, et les oraisons sont entrecoupées de sourires et de fous rires.

La sortie de la messe permet à la troupe BCBG de se retrouver pour échanger les potins, organiser le prochain dîner ou la sortie théâtre et commenter le rallye de la veille, ceci jusqu'à l'heure du déjeuner.

Pas de fiançailles pour Miss Godiche

Et ta sœur ?

Non, la question n'est jamais aussi abrupte, et pourtant ! Les sœurs de frères d'amis, les cousins et cousines rencontrés au ski ou en week-end à la campagne sont des victimes toutes désignées pour les BCBG en quête d'un ou d'une petite amie dont il ou elle dira : « cette fois, c'est sérieux ». Il est vrai qu'une fois terminés les examens en fac, une fois passée la période des concours, les rallyes paraissent fades, même si l'on y revient avec condescendance ne serait-ce que pour le plaisir d'y être vu.

Qu'importe, Charles-Henri a trouvé l'âme sœur en Isabelle et le moment est venu d'annoncer les fiançailles. Met-on encore des gants beurre-frais pour demander la main de sa fille à son futur beau-père ? Non bien sûr, mais les convenances restent fortes.

Autre temps, autres mœurs, si vous suivez les conseils de votre future femme, vous saurez comment agir vis-à-vis de sa famille ; la

demande en mariage paraît maintenant désuète mais certains apprécieront « votre romantisme » car cela a une autre tenue que l'annonce faite le matin par leur fille directement à Monsieur son père qui se rase et à Madame sa mère qui apporte le petit déjeuner : « Voilà c'est décidé, je suis fiancée avec Charles-Henri, nous nous marions le 3 juillet, vous aurez droit à un dîner de fiançailles officiel uniquement pour vous faire plaisir. »

Invité en week-end par les parents de la future qui savent déjà à quoi s'en tenir, le futur tout pédigree et tous diplômes dehors se verra demander par le beau-père à venir « s'il a des projets avec Isabelle » ; cette perche tendue, Charles-Henri la saisira à deux mains et tentera d'expliquer de son mieux qu'il aime Isabelle et réciproquement, et que, son stage terminé, il se voit destiné au « plus bel avenir pétrolier possible » comme cadre commercial au siège d'ELF, chef de produits chez Procter and Gamble ou jeune entrepreneur à son compte « s'il trouve quelques crédits bancaires ».

Les chers parents n'auront guère le loisir — si ce n'est à postériori — d'étudier le Bottin Mondain ou de demander à leurs amis des renseignements sur la famille ; il serait de mauvais goût de demander un délai de réflexion. Il ne reste plus que l'annonce dans le Figaro dont nombre de lecteurs ne lisent que son célèbre carnet du jour. Selon le degré de votre joie, vous choisirez la formule qui vous semble le mieux convenir, car là aussi réside une subtilité. On saura si vous êtes extrêmement contents ou simplement contents, selon que vous ferez paraître :

Monsieur X et Madame, née Z
sont heureux d'annoncer les fiançailles
de leur fille Isabelle
avec Monsieur Charles-Henri Y
fils de Monsieur Y et Madame, née L

ou

On nous prie d'annoncer les fiançailles
de Mademoiselle Isabelle X,
fille de Monsieur X et de Madame, née Z
avec Monsieur Charles-Henri Y
fils de Monsieur Y et de Madame, née L

Déjeuner ou dîner de fiançailles avec les deux familles, c'est le moment choisi pour offrir une bague, bijou de famille remonté d'une façon plus moderne par Mellerio-Boucheron, Mauboussin, Van Cleef et Arpels, Chaumet ou le nouveau venu Poiray, déjà très classique, ou par le joaillier de la famille travaillant « en chambre ». De même la fiancée offrira-t-elle un porte-cigarettes, un briquet, un portefeuille, etc. des meilleurs fournisseurs Dunhill, Hermés, etc.

Le mariage aura lieu rapidement si Isabelle doit suivre Charles-Henri en coopération à moins qu'il ait fait les E.O.R. et espère un bon régiment de cavalerie.

LA FRANCE OU LA PLANQUE ?

Le BCBG ayant par définition un ou plusieurs militaires dans sa famille proche et parmi ses ancêtres, la question ne se pose guère en ces termes. A moins d'un sévère handicap, il ne se targuera guère d'avoir tenté de se faire réformer et, pire encore d'y être parvenu. Encore qu'il se trouve quelques brebis galeuses préférant un parfait amour au coin du feu à la joie des exercices de nuit ou des marches forcées.

Charles-Henri n'a guère que trois solutions :

- un service militaire « tranquille », avec la conscience d'avoir (même peinardement) fait son devoir.
- un service militaire brillant où il choisira son arme et apprendra à commander (cela servira plus tard).
- la coopération, pour donner libre cours à ses fantasmes tiers-mondistes et tenter quelques expériences professionnelles désastreuses avant son premier job.

Les forces tranquilles

Rassurez-vous, rien de politique ici ; quel que soit le régime, le système est le même.

Grâce à l'intervention d'un

ministre, d'un député, d'un haut fonctionnaire ou d'un officier général ami de son père, le jeune Charles-Henri peut rester à Paris et exercer une activité militaire minimale. Les raisons invoquées sont le plus souvent : la poursuite des études, un mémoire à rédiger, une thèse, un doctorat; cela est quelquefois vrai mais cache le plus souvent une fiancée, la création d'une entreprise ou encore une allergie pour la chose militaire qu'un curriculum vitae ne saurait admettre. Charles-Henri, après avoir « fait ses classes » se retrouvera à la rédaction de TAM (Terre, Air, Mer) le magazine des armées, au ministère, au service cinématographique des armées, à la caserne du boulevard Victor ou chauffeur d'un amiral.

Chacun à sa place

Le BCBG respecte et défend la hiérarchie à laquelle il appartient. Il aime servir sa maison (celle qui le fait vivre) ou son régiment, comme un cheval ou un chien dirait le cousin Sloane. Il est donc naturellement attiré par l'ordre militaire où chacun a sa place. Mieux, c'est grâce à ses traditions que l'armée à ses yeux est respectable et efficace. C'est pourquoi Charles-Henri veut faire les E.O.R. (Elèves Officier de Réserve). Il cherchera dans ce cas, en amoureux de la chose militaire, à obtenir le meilleur rang pour choisir son affectation, généralement dans les armes ou les régiments de tradition. La marine est dans la ligne : le prestige de l'uniforme — l'été en particulier —, la perspective d'un embarquement et d'horizons lointains pourront avec beaucoup de travail et un bon coup de pouce de son amiral d'oncle lui permettre d'orner sa jeune carrière d'un joli fleuron.

Dans l'armée de terre, il faut retenir la cavalerie (A.B.C. : Arme Blindée et Cavalerie) et plus spécialement les régiments légers (hussards, spahis, chasseurs) spécialisés dans la recherche du renseignement. Pour les officiers de réserve, le choix du régiment est encore possible à Saumur, où se trouve l'École de l'Arme; en revanche, bien rares sont les officers d'active qui n'ont pas de « chenilles » (celles des AMX 30) à se reprocher, passé le grade de capitaine.

Enfin, la Légion étrangère accueille un grand nombre d'officiers BCBG ainsi que quelques Sloanes et Preppies parmi ses légionnaires. Les régiments typiquement BCBG de l'armée française sont ceux où les jeunes officiers sont cooptés par leurs anciens, puis fraternellement initiés par eux. Parmi eux, le 8e régiment de Hussards et le 1er régiment étranger de Cavalerie.

La Biffe et toutes les armes de techniciens sont à fuir. A éviter également le parachutiste, qui n'appartient à aucune arme. Sur le terrain l'officier BCBG demeure propre dans sa tenue (un cavalier n'a pas d'uniforme) et élégant dans ses manières. En particulier, il mange avec des couverts et boit dans un verre. Le menu est annoncé par le popotier qui veille aussi à améliorer l'ordinaire. Le champagne est toujours sabré (avec une baïonnette au besoin).

Au quartier, l'officier BCBG porte les gants basane et le gilet d'Armes dont la couleur dépend du régiment. Le képi est enfoncé jusqu'aux sourcils, la visière légèrement déformée vers le ciel. Il semble que le seul Légionnaire soit autorisé à porter le col anglais. Enfin, le bâton de commandement est parfait dans les cérémonies privées, à condition d'avoir un commandement.

Repos, vous pouvez fumer !

Les E.O.R.

A condition d'être volontaire, d'un degré d'études convenable, et physiquement apte, la P.M.S (Préparation Militaire Supérieure) ouvre la voie des Elèves Officiers de Réserve.
Les BCBG répondent bien entendu à ces critères. Pendant la fin de leurs études, ils participent avec joie aux exercices militaires et aux cours de P.M.S. que sanctionne le Brevet de P.M.S., souvent difficile. Ils intègrent ensuite le peloton E.O.R., dans les trois armes, d'où ils sortiront aspirants.
Avec un peu de chance, ils seront, au bout de quelques mois de service, sous-lieutenant (Armée de Terre ou de l'Air), ou lieutenant de vaisseau (Marine).
Dès la fin de leur service militaire, ils seront incorporés dans la réserve. S'ils n'en ont pas assez et s'ils en ont le temps, ils pourront faire des périodes pour monter en grade.
Renseignements : dans les Centres de Recrutement.

Les décorations

Certes, certains chanteurs ont la Légion d'honneur, et certains académiciens ne la portent pas. N'allons pas en déduire qu'on la donne à n'importe qui.
Tous les grands-pères BCBG qui sont — ou ont été — quelqu'un, ont la Légion d'honneur. S'ils la portent, elle vient d'Arthus-Bertrand et s'ils ne la portent pas, ils l'exposent dans le salon, précieusement inclue dans un gobelet en cristal. Ainsi nul n'ignorera que le maître de maison a le ruban rouge, avec ou sans « canapé ».

ARTHUS BERTRAND
6, place Saint-Germain-des-Prés,
75006 PARIS
(1) 222.19.20.
(Médailles)

CRISTALLERIES DE SAINT-LOUIS
30, rue de Paradis, 75010 PARIS
(1) 770.25.70.
(Gobelets, Légion d'honneur ou Ordre national du Mérite)

Champagne dans la réserve

Dans la réserve, l'officier BCBG continue à suivre la vie de son Arme et du ou des régiments dans lesquels il a servi. Il tire fierté de la modernisation des matériels, tout en restant convaincu que c'est le servant de l'arme qui en détermine l'efficacité. Il est informé, par ses camarades en activité, de la qualité des nouvelles promotions d'officiers et de sous-officiers et suit les affectations successives grâce aux bulletins d'école et de régiments. Quant aux dîners d'anciens, ils sont plutôt destinés à échanger des cartes de visite (et à boire du champagne).

Plus généralement, l'officier BCBG se passionne pour les questions internationales : non seulement les politiques de défense et les interventions militaires, mais aussi la recherche de renseignements, l'influence, le négoce d'armements ; grâce à sa connaissance de quelques réseaux et par son expérience professionnelle, il a le sentiment que les affaires du monde ne le dépassent pas totalement : en un mot, il croit au pouvoir de l'information. Il lit avec passion les romans de John Le Carré et Vladimir Volkoff et rêve de publier (dans la Revue des Deux Mondes ?) un essai sur « le rôle social de l'officier dans le monde moderne ».

Bwana Chic Bon Genre

Comme pour Tintin, l'exil en Afrique noire ou aux Caraïbes — on ne va pas ailleurs — ne signifie pas pour Charles-Henri une disparition de ses certitudes quotidiennes. Bien au contraire ! Il part aux îles ou aux colonies et il découvrira outre-mer un monde mystérieux qu'il connaît déjà.

Un lointain ancêtre était avec Galliéni à Madagascar d'où il a rapporté ces statues qui ornent l'entrée de chez Granny. La patate douce ou le manioc trouvés chez Hédiard n'ont plus de secret pour lui et il achète des orchidées à chaque anniversaire de mariage. Et que dire de sa grand-tante, religieuse chez les Papous depuis 40 ans ! La jungle, les coupeurs de têtes, les Pygmées, la Nivaquine, l'empire perdu, la mission civilisatrice, la plage de sable blanc, les cocotiers, le boy, les bons sauvages, les vilains colons sont à la fois un éblouissement et une aventure tropicale du meilleur style boy-scout.

L'Algérie, les pays de l'Est ne sont pas pour lui ; seuls trouvent grâce à ses yeux : l'Afrique, les Caraïbes (à cause du climat) ; ou Londres, Washington, Mexico...

En s'installant, il choisira une vieille maison, et non une résidence pour coopérants (pas de popote avec les « instit »), un boy, une vieille Peugeot ; sur ses cantines, il posera sa bibliothèque, sa chaîne et un bar bien garni. En utilisant les ressources de l'artisanat local il camouflera le Skaï du mobilier fourni et donnera dans le style « Habitat outre-mer ». Habitué aux domestiques, il saura, contrairement aux autres, recruter, se faire aimer de son boy, dont le poulet au coco ou le thon grillé feront les dîners pendant 18 mois, lorsqu'il ne sera pas dans un boui-boui local en train de refaire le pays avec le père jésuite de service et les jeunes collègues locaux de l'université ou du ministère. Il critiquera le côté timoré des autres coopérants qui ne s'aventurent guère hors des villes, économisent (on se demande comment !) pour s'installer en rentrant, se tiennent mal à table, arrivent en maillot de corps, sandales et chaussettes à la plage et prennent congé en disant « au plaisir » ou « bon courage ».

Père et mère profiteront de ce long séjour pour venir passer une ou deux semaines et emmèneront Charles-Henri passer un week-end dans la station balnéaire locale dont sa modeste solde de coopérant lui interdisait l'accès.

Collectionneur, il accumulera les bronzes ou les sculptures sur bois ; volontiers scribouillard, il livrera aux gazettes parisiennes ses impressions sur le jeune cinéma local ou sur l'extrême gauche clandestine. Puis vers la fin du séjour, l'envoi à Paris de quelques dizaines de curriculum vitæ aux « entreprises leader » mettra un terme à ce bel enthousiasme. Le retour à Paris en novembre, sous la pluie, marquera la fin de ces colonies de vacances.

LE MARIAGE OU L'ALLIANCE BREVETÉE BCBG

Peu importe les chemins empruntés pour aller à l'autel — les voies du Seigneur sont impénétrables — mais il faut y aller ne serait-ce qu'une fois dans sa vie. Pour des milliers de raisons : d'abord parce que cela se fait, ensuite parce que Père et Mère y furent avant nous et, enfin et surtout, parce que c'est l'aboutissement, l'apothéose, le feu d'artifice de la vie BCBG.

Des années d'apprentissage, de mimétisme, de ruses de sioux pour connaître des gens « suitables », doivent aboutir au mariage.

Dentelles, jacquettes, robes en Liberty, voitures anciennes, liste de mariage, voyage à Saint-Barth, sont les artifices les plus fréquemment utilisés par les deux familles pour faire croire aux jeunes mariés qu'ils sont importants quand chacun sait que la petite du Bois (de la Banque) épouse le fils (unique) Maubouchon — des célèbres joailliers Van

Met et Maubouchon — ce qui leur permettra de s'implanter en Californie, car ce n'est pas seulement un couple que l'on construit...

Qui épouse-t-on ?

La vie de Charles-Henri et Isabelle consiste, jusqu'à leurs fiançailles, à rencontrer des gens bien, à ne sortir qu'avec quelqu'un de bien pour épouser (ouf !) quelqu'un de trés bien, ce quelqu'un étant le frère d'un ami proche ou la sœur de sa meilleure amie, qui, pendant que l'un s'amusait, restait lui très sérieux.

Un long voyage à l'étranger, un an en coopération, l'auront éloigné et auront inéluctablement entraîné une correspondance abondante (papier G. Lalo, enveloppes doublées, stylo Mont Blanc ou feutre bleu turquoise). Peut-être même quinze jours coupables et idylliques passés à Londres, New York, Dakar ou Bahrain pour perdre (?) officiellement, pour Isabelle s'entend, une virginité à laquelle seule son arrière-grand-mère croit encore.

Le mariage n'est pas une question d'âge : il ne s'agit pas de faire une fin — ce que tante Marguerite, qui avait eu tant de propositions, n'a jamais su faire — mais peut-être... d'atteindre le Nirvana du BCBGisme, cette ataraxie du conformisme, le fait de dire « nous » au lieu de « je ».

Le mariage vu par un dermatologue

Un principe de base : épouser une fille d'un excellent milieu, un cavalier dirait une jument qui a de bons papiers. Il faut éliminer les grandes tarées (tare génétique familiale connue de longue date ; tout se répare, mais mieux vaut partir sur le bon pied !).
Il faut aussi choisir un corps qui a de la classe (dans le maintien : étude des différentes positions soit en mouvement, soit à l'arrêt ; se méfier de la hanche porno, de l'épaule vulgaire, etc.).
Le plus important réside dans le revêtement cutané : car toute votre vie vous aurez cette peau devant vous dans toute sa splendeur ou son horreur et, il faut bien le dire dans tous les coins, recoins et muqueuses...
Méfiez-vous de la cuisse sèche, un peu rapeuse, avec un réseau en mailles un peu rouges et des variations de couleur : ce n'est pas agréable au toucher, cela déchire les collants et cela vieillit mal. Un autre détail capital, c'est l'odeur : s'assurer avant tout que toutes les ouvertures sont bien printanières.
Si vous avez tout vérifié, êtes-vous sûr de réussir votre mariage ? Oui ! Alors comment expliquer tous ces divorces, toutes ces séparations physiques ou morales, toutes ces âmes perdues ou disponibles ? Peut-être en pensant à une belle noire ou à une caressante Eurasienne...

— Nous ne pouvons pas venir avec vous à Val cet été, parce que je reste à Paris avec Antoine qui a un boulot dingue. D'ailleurs Marie-Caroline viendra m'aider quelques jours pour refaire la petite chambre (elle est minuscule et les autres sont très petites) avant la naissance du bébé.

Lorsque j'étais Je

— A Val cet été, bien sûr, je viendrai les dix premiers jours. Mais avec ton cousin Charles-Henri, je ne sais pas si c'est vraiment utile que j'apporte mes skis.

Le passage du JE au NOUS sonne le glas de la fantaisie.

Charles-Henri et Isabelle vont se marier. Les futures belles-mères sont déchaînées ; encore mères mais pas encore belles-mères, les mois fébriles doivent bien se passer.

Parmi la multitude des problèmes futiles à résoudre, il en est d'essentiels :

- Le pédigrée du futur
- L'annonce officielle
- La cérémonie et la réception
- L'appartement.

Le pédigree est, comme pour la gent canine, de la plus haute importance. Un beau nom (comprenez avec une particule) est souhaitable, un beau diplôme aussi. S'il n'est plus de mise — au contraire des cousins « preppies » et « sloanes » — d'exposer ses cadeaux de mariage, il est bon sur le faire-part de pouvoir exhiber quelques Légions d'honneur, médailles militaires ou croix de guerre (au moins pour un grand-père), un titre de noblesse véritable ou serbo-croate, d'amiral ou de général et, bien sûr, le diplôme du futur (et pourquoi pas de la future — si, si, cela se fait maintenant).

Le consentement des époux est bien sûr donné par un prêtre de renom, ou un proche parent des mariés.

Un délai de rigueur d'au moins six mois devra être respecté entre la publication des fiançailles et la cérémonie du mariage. Plus de deux ans d'écart, en revanche, donnerait prise aux interrogations et donc aux ragots.

La course contre la montre

Le nombre d'opérations à mettre en route et de consignes à observer est tel que le temps, avant le mariage du moins, passera vite.

Une fois la liste des invités établie, les faire-part, constitués de deux feuillets de quatre pages chacun, seront envoyés au moins cinq semaines à l'avance.

Le travail des notaires, en matière de contrats de mariage, s'est bien simplifié ces dernières années. Il y a tout d'abord de moins en moins de mariages, et les mariés ont de moins en moins à se partager. La séparation de biens est à préférer — un héritage peut toujours arriver — mais en aucun cas l'on inscrira les quelques fauteuils ou tableaux destinés à meubler le futur nid douillet. Seuls figurent les propriétés ou les œuvres d'art de valeur : quant à la bague de fiançailles, ce serait du dernier mauvais goût.

La robe viendra de chez Riffault, d'un grand couturier (Christian Dior, Balmain ou de chez la petite couturière du coin qui copiera scrupuleusement le modèle de la page arrachée dans Vogue, Mariage ou Point de Vue. Rien d'exubérant, de moderne ou de copié au musée du costume : la photo de mariage qui trônera dans le salon ne doit pas pouvoir être datée. Là encore, le propre du BCBG est d'être IN.DÉ.MO.DA.BLE.

L'ensemble de ces recettes peut aboutir effectivement à la parution dans ledit Point de Vue; les meilleures garanties étant un nom, un château et une assistance constellée de membres du Gotha ou de ses satellites.

L'annonce n'est officielle que dans le Carnet du Jour du Figaro. On évitera pratiquement tous les autres quotidiens sauf, à rajouter, le cas échéant, le Monde, pour des raisons professionnelles, ou le Matin ou le Quotidien pour des raisons politiques. Mais le Figaro est une obligation.

Un beau mariage est aussi une occasion de faire parler de soi sur ses terres. Un faire-part adressé au directeur et rédacteur en chef de la feuille locale et du quotidien régional ainsi qu'une petite annonce dans la rubrique « mariage » garantiront la photo sous le titre « un beau mariage ». Un jeune oncle sous-préfet et le cortège sera précédé de motards, la circulation interrompue pour une traversée triomphale du village en voiture découverte.

Où se marier ?

Dans quelques rares églises, en ville : Saint-Louis des Invalides, Saint-Honoré d'Eylau, Saint-Pierre de Neuilly; dans la chapelle du collège où l'on a fait ses études. Mais surtout, à la campagne chez soi, ou si l'exiguïté des lieux l'impose, chez un proche parent avec château — comme il se doit. Néanmoins, une jolie petite maison de garde-chasse, au milieu des bois, fera l'affaire grâce à une tente à rayures vertes et blanches.

Le traiteur local a l'habitude et sait qu'il est beaucoup moins cher que ses confrères parisiens. Aussi pour éviter une facture trop modeste, l'on s'empressera d'ajouter un kiosque à barbecue, un chariot des quatre saisons avec crudités, une voiture de marchand de glaces et un orchestre — au lieu d'une sono — voire un feu d'artifice sur les bords de l'étang. A défaut, l'on se contentera de torches (Habitat) ou de photophores (faits maison avec des verres à moutarde mis de côté depuis des mois) pour décorer chemins, escaliers ou bordures de fenêtres.

La cérémonie

Elle sera brève et émouvante; on évitera la Marche Nuptiale de Mendelssohn, les grains de riz et les raquettes de tennis pour ne retenir que J.-S. Bach, une sortie digne et une haie de trompes de l'équipage dont fait partie le jeune époux et qui aura sonné pour la messe comme à la Saint-Hubert.

Les félicitations, presque indispensables à Paris, à la sortie de la messe, sont remplacées par une procession plus informelle à l'entrée de la tente ou sur le perron du château : il faut se faire remarquer, sans faire soi-même remarquer que l'on est là et bien là, malgré de nombreuses occupations.

Les cadeaux. Ils sont choisis sur la liste de mariage (Pesle, Christofle, Bagnes, Galeries Lafayette, Printemps) ou pour les retardataires, ou les radins dans leur stock de cadeaux reçus; certains sont ainsi offerts deux ou trois fois avant d'atterrir dans la brocante de la kermesse paroissiale. On cherche toujours le petit cadeau pas cher qui fait de l'effet. Le bimbeloterie en métal argenté, achetée rue de Passy, rue de Sèvres ou chez « le fabricant » dans le Marais, offre un excellent rapport qua-

Cérémonie : brève et émouvante

lité/prix. Certes, mais pour qui ? Pas pour les parents des mariés qui ont au moins dépensé le triple par invité : pensez-y avant que cela ne soit votre tour.

La soirée

Le père de la mariée ouvre le bal avec sa fille (photo obligatoire). Le marié, lui, n'est pas obligé de suivre avec sa mère ou sa belle-mère, ni avec sa précédente petite amie, qu'il a bien sûr invitée. Il dansera avec elle plus tard, elle lui fera promettre de la revoir.

Puis le jeune couple, part en voyage de noces, soit pour une destination lointaine, soit en France dans un château-hôtel ou une propriété amie.

On évitera la première nuit passée dans l'appartement des parents ou des beaux-parents pour économiser 500 francs d'hôtel à Paris. Bien que ce ne soit plus que rarement la « nuit de noces » au sens traditionnel du terme, cette première nuit officielle et homologuée doit se faire avec panache (champagne, fleurs, luxe...).

Comme ses cousins d'outre-Manche, le couple BCBG n'échappera pas aux casseroles attachées au pare-choc de la voiture et autres plaisanteries de jeunes cousins et des pas-encore-vieilles-filles. Il filera à l'anglaise (anglomanie oblige) à l'heure

qui lui convient et sans tenir compte de sa belle-mère qui, dès minuit, poussera le jeune couple à partir pour respecter les convenances.

Le voyage de noces : l'antidote

Le voyage de noces est l'antidote des fastes du mariage. Ce n'est plus la première découverte du couple mais le repos bien gagné des

ERSATZ

- payer le voyage de noces à crédit
- retaper son appartement
- partir en voyage organisé (pour le prix) mais qui n'en a pas l'air.

Ce qu'il ne faut surtout par faire :

- partir pour les Baléares
- aller au Club Méditerranée
- reprendre son job le surlendemain
- rester chez ses parents (ou ses beaux-parents)

marathoniens des convenances : fiançailles, listes de mariage, recherche d'un appartement, dîners de présentation dans la famille de la belle-famille, préparation du jour « J », salamalecs, mâchoires crispées par un sourire permanent, bagarres entre les deux familles pour savoir qui paie quoi, soucis d'argent, va et vient diplomatique pour réunir les divorcés, obligations religieuses.

Alors, STOP. Le voyage de noces est une thérapie. Après une demi-nuit — franchement ce n'est pas ce que vous appelleriez une nuit de noces — départ pour Bali, les Seychelles, St-Barth, Ceylan, les Canaries, ou, plus classique, Venise, Acapulco, ou encore l'un des palaces de la Méditerranée, sur les côtes de l'Italie ou de la Grèce.

Robes de mariée

Les grands couturiers (voir mode féminine) exécutent toutes les robes de mariée sur mesures et en particulier :

NINA RICCI
39, avenue Montaigne,
75008 PARIS
(1) 723.78.88.

Sur mesure mais plus abordable :

AURORE
195, rue du Faubourg-Saint-Honoré, 75008 PARIS
(1) 561.18.16.

FRANCK ET FILS
80, rue de Passy, 75016 PARIS
(1) 647.86.00.

RIFFAULT
32, rue Laborde, 75008 PARIS
(1) 522.31.99.

Des robes plus romantiques :

LAURA ASHLEY
94, rue de Rennes, 75006 PARIS
(1) 548.43.89.

LA VIE EN ROSE
27, rue de l'Abbé Grégoire,
75006 PARIS
(1) 548.85.81.

ERSATZ

La robe faite par la couturière de famille en copiant un modèle de grand couturier trouvé dans Point de vue et Images du monde ou (Vogue, Mariages).

Une robe de mariée à louer pour l'occasion :

PRONUPTIA
18, rue du faubourg Montmartre,
75009 PARIS
(1) 770.23.79.

Coiffures - chapeaux couronnes de mariée

Un voile de dentelle de l'arrière-grand-mère retenu par quelques fleurs fera merveille.
Mais on peut aussi faire exécuter une superbe coiffure par :

DANIEL MASSON
7, rue de la Manutention,
75016 PARIS
(1) 723.51.36.

PAULETTE MODES
63, avenue Franklin Roosevelt,
75008 PARIS
(1) 359.88.79.

Nouvelle et ravissante boutique de chapeaux et coiffures :

VENUS ET NEPTUNE
6 bis, rue de l'Abbaye,
75006 PARIS
(1) 548.63.36.

Couronnes de fleurs artificielles :

GUILLET
99, avenue de la Bourdonnais,
75007 PARIS
(1) 551.32.98.

TROUSSELIER
73, boulevard Haussmann,
75008 PARIS
(1) 265.32.23.

Couronnes de fleurs fraîches :

GUILLON FLEURS
120, boulevard Raspail,
75006 PARIS
(1) 548.96.16.

Pour le marié

La jaquette :

CREED
38, avenue Pierre Ier de Serbie,
75008 PARIS
(1) 720.58.02.

LANVIN
15, rue du Faubourg-Saint-Honoré, 75008 PARIS
(1) 265.14.40.

ERSATZ

AU COR DE CHASSE
40, rue de Buci, 75006 PARIS
(1) 326.51.89.

JEAN-JACQUES
36, rue de Buci, 75006 PARIS
(1) 354.25.56.

LAGONDA
6, rue Franklin, 75016 PARIS
(1) 520.77.18.

Tous les accessoires (chemises, lavallières...) sont aussi en vente dans les magasins ci-dessus.

Cortège

ARTISANAT MONASTIQUE
68 bis, avenue Denfert-Rochereau, 75014 PARIS
(1) 633.29.50.

BABY DIOR
28, avenue Montaigne,
75008 PARIS
(1) 723.54.44.

BONPOINT
67, rue de l'Université,
75007 PARIS
(1) 555.63.70.

LA CHATELAINE
170, avenue Victor-Hugo,
75116 PARIS
(1) 727.44.07.

VIVIANE GUIRE
2, rue Lobineau, 75006 PARIS
(1) 633.49.27.

ERSATZ

Les robes des demoiselles d'honneur faites par les mères des enfants d'honneur ou la couturière de la famille.
Les costumes marins tout faits achetés chez CYRILLUS.

Fleurs

ARENE
5, rue Mesnil, 75116 PARIS
(1) 727.32.19.

CLAUDE QUINQUAUD
11, rue d'Auteuil, 75016 PARIS
(1) 288.13.63.

DECORATION FLORALE - JACQUES BEDAT
90, rue Damrémont, 75018 PARIS
(1) 606.76.91.

LACHAUME
10, rue Royale, 75008 PARIS
(1) 260.57.26.

OREVE
25, rue de la Pompe,
75016 PARIS
(1) 503.13.86.

Plus tous les charmants fleuristes de quartier. On choisira celui chez qui on a l'habitude d'aller pour être bien soigné.

ERSATZ

FLEURS ET PAYSAGE
116, rue du Bac, 75007 PARIS
(1) 544.38.79.

KENTIA
10, rue Rodier, 75009 PARIS
(1) 281.50.36.

A lancer à la sortie si vous y tenez, c'est nettement mieux que les confettis : riz UNCLE BENS ou TAUREAU AILE (grains longs uniquement).

Traiteurs

BOISSIER
184, avenue Victor Hugo,
75116 PARIS
(1) 504.24.43.

DALLOYAU
101, faubourg Saint-Honoré,
75008 PARIS
(1) 359.18.10.

L'ECUREUIL
96, rue de Lévis, 75017 PARIS
(1) 227.28.27.

LENÔTRE
44, rue d'Auteuil, 75016 PARIS
(1) 524.52.52.

POTEL ET CHABOT
3, rue de Chaillot, 75016 PARIS
(1) 720.22.00.
Peut s'occuper de tout organiser.

RAYNIER ET MARCHETTI
7, rue du Louvre, 75001 PARIS
(1) 233.71.27.

SCOTT
49, avenue Kléber, 75116 PARIS
(1) 720.60.36.

Et toujours partout où l'on a besoin d'un service, d'une réception :

LUDERIC
20, rue Pétrarque, 75116 PARIS
(1) 553.93.93.

ERSATZ

Les traiteurs de province : certains étant parfaitement au point pour organiser des mariages à la campagne (avec location de tentes, chaises, tables... marchandes de glaces, de barbe-à-papa, barbecue, etc.)

La réception

Si l'on ne possède pas de château de famille ou même une maison à la campagne et que l'on ne veuille pas se marier à Paris, il est possible de devenir châtelain pour un jour en louant directement à des particuliers leur habitation de rêve ou en s'adressant à :

LA CAISSE NATIONALE DES MONUMENTS HISTORIQUES :
62, rue Saint-Antoine,
75004 PARIS
(1) 274.22.22.

CERCLE MILITAIRE
(Cercle national des armées de terre, de mer et de l'air)
8, place Saint-Augustin,
75008 PARIS
(1) 522.71.50.

Et les cercles dont les pères des mariés sont membres.

Voir également les adresses de la page74.

Liste de mariage

Les grands magasins dont LE BON MARCHE, LE PRINTEMPS, LES GALERIES LAFAYETTE, ont une organisation sur ordinateurs qui est parfaite.

Maintenant tous les grands magasins et magasins de cadeaux pratiquent la liste de mariage, solution astucieuse pour les jeunes mariés. Nous retiendrons les plus connus et les plus classiques :

BAGUES
37, avenue Pierre-Ier-de-Serbie,
75008 PARIS
(1) 720.61.17.

CHRISTOFLE
12, rue Royale, 75008 PARIS
(1) 260.34.07.

CHRISTIAN DIOR
28, avenue Montaigne,
75008 PARIS
(1) 723.54.44.

GEORGE PESLE
18, rue de l'Arcade, 75008 PARIS
(1) 266.52.32.

JANSEN
9, rue Royale, 75008 PARIS
(1) 266.51.52.

ODIOT
7, place de la Madeleine,
75008 PARIS
(1) 265.00.95.

PERRIER
255, rue Saint-Honoré,
75008 PARIS
(1) 260.80.40.

PUIFORCAT BOUTIQUE
131, boulevard Haussmann,
75008 PARIS
(1) 563.10.10.

Faire-part

ARMORIAL
98, rue du Faubourg-Saint-Honoré, 75008 PARIS
(1) 265.08.18.

BENNETON
75, boulevard Malesherbes,
75008 PARIS
(1) 387.57.39.

MAQUET
45, rue Pierre Charon,
75008 PARIS
(1) 720.27.19.

SHAKESPEARE
109, boulevard Haussmann,
75008 PARIS
(1) 265.28.92.

ERSATZ

Des magasins plus modernes et plus amusants :

ARCASA
219, rue Saint-Honoré,
75001 PARIS
(1) 260.46.60.

CULINARION
99, rue de Rennes, 75006 PARIS
(1) 548.94.76.
Nombreux autres magasins

GENEVIEVE LETHU
95, rue de Rennes, 75006 PARIS
(1) 544.40.35.
Et autres magasins à Paris et en province.

HABITAT
35, avenue de Wagram,
75017 PARIS
(1) 766.25.52.
Et autres magasins Habitat et Grand H.

KITCHEN BAZAAR
11, avenue du Maine,
75015 PARIS
(1) 222.91.17.

QUATRE SAISONS
20, boulevard de Grenelle,
75015 PARIS
(1) 577.46.39.

APRÈS LE MARIAGE

BCBglobe

LE BCBglobe est différent du Globe Terrestre que nous connaissons tous, car le BCBG ignore Vasco de Gama, ou Christophe Colomb. Il comporte encore des zones d'ombre que les anciens eussent appelées *terra incognita*. Mais ce qui fait la différence avec les anciens c'est qu'eux cherchaient à découvrir. Le BCBG connaît essentiellement Paris et la campagne, ou mieux sa propriété à la campagne. Peut-être pourra-t-il encore ajouter à ses connaissances géographiques ses villégiatures d'été ou de sports d'hiver et des contrées exotiques, mais guère plus.

C'est à Paris que le BCBG se rencontre le plus souvent, le centralisme monarchique a contribué à cela. Le Pouvoir, l'Art, le Luxe, l'Argent sont à Paris.

Le BCBG le mieux enraciné se rencontre dans le VIIe, le VIIIe, le XVIIe et aussi dans le VIe, le XVIe et le XVe, bref plutôt vers l'ouest de Paris mais déborde bien sûr sur Neuilly, Saint-Cloud, Vaucresson, Versailles, le Vésinet ou Saint-Germain-en-Laye. Les hasards de l'immobilier et la nécessité des finances le poussent parfois à sortir du « camp » ; c'est alors pour occuper un loft, un atelier d'artiste, un ancien entrepôt ou une bicoque en meulière d'une lointaine banlieue, mais « très kitch tu sais... j'ai même conservé les carreaux de faïence sur la façade ! ».

La maison à la campagne peut être n'importe où ; elle sera cependant mieux en Normandie ou en Sologne, mais surtout qu'elle y soit depuis longtemps, et qu'elle ne soit pas une de ces fermettes à poutres apparentes, petits carreaux et rideaux en toile de Jouy des années 50, mais une bonne grosse et grande maison, ou un petit rendez-vous de chasse.

Où déménage-t-on ?

Bien qu'ils ne parlent jamais d'argent, l'un des seuls sujets qu'ils évoquent, chiffres à la clé, est leur appartement. La rue Guynemer, l'avenue Henri-Martin ou la rue de Tournon sont hors de portée,

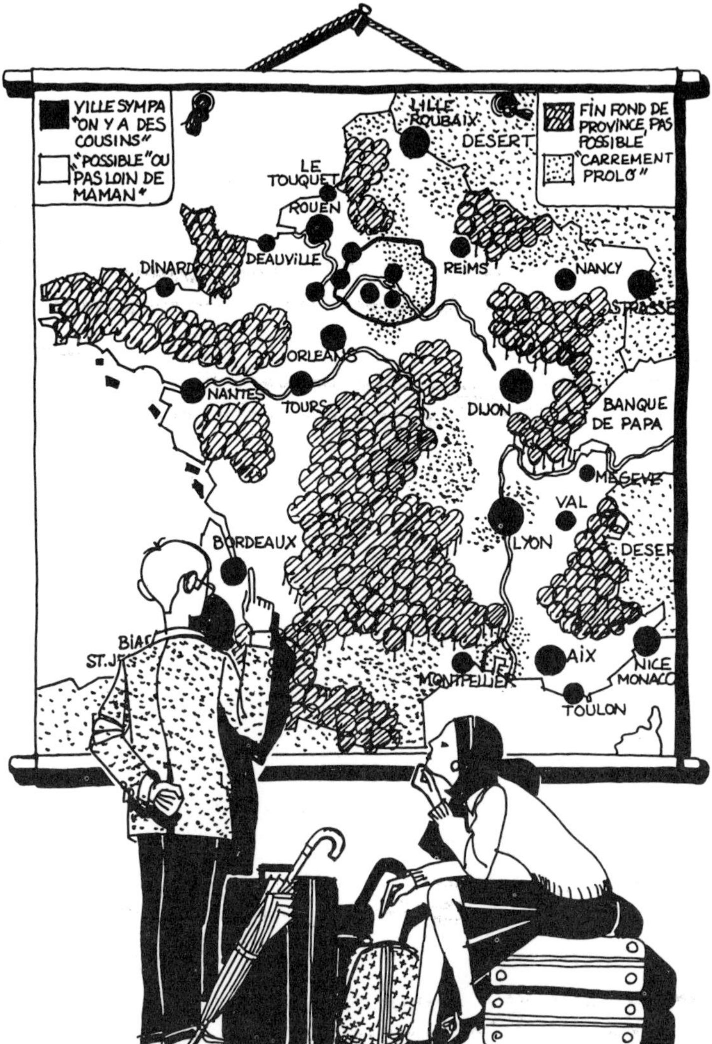

la chambre d'étudiant inconfortable et la banlieue épouvantable. Alors où aller maintenant que les ateliers d'artistes du XIVe sont vraiment réservés aux artistes ? Où ? Dans un loft ! Dans un quoi ! Un loft ? Cette sorte de pseudo-atelier d'artiste installé dans n'importe quel bâtiment industriel...

Aucun BCBG n'aurait eu cette idée tout seul. Mais le coût prohibitif des appartements à New York a conduit quelques Preppies originaux à convertir une usine désaffectée ou un entrepôt en espace habitable. Parés de ce nom de loft, *approved in New York*, les espaces à aménager, comme les appellent les petites annonces, entraînent les BCBG à habiter n'importe où.

Pas question d'habiter un vieux garage dans le XIIe, mais un loft génial à Picpus. Tout est dans le vocabulaire... et dans le budget. Là on s'efforcera de recréer l'univers BCBG : un bureau pour Charles-Henri, une nursery pour les enfants jusqu'à ce que résonne à nouveau l'appel des grands espaces, plaine Monceau ou Luxembourg.

L'adresse ou le style d'habitation sont importants. Sans l'ombre d'un doute, l'adresse prime pour la plupart; seuls quelques modernes tenteront l'aventure — presque une croisade — d'habiter « ailleurs ».

L'instinct grégaire des BCBG les pousse à habiter près les uns des autres. Ainsi, un entrepôt désaffecté du XVe (arrondissement, pas XVe siècle), acheté par un architecte, est devenu il y a quelques années un îlot peuplé par ses amis devenus copropriétaires. Il est vrai que le jeune BCBG chassé par les prix pratiqués sur le territoire traditionnel de ses parents a dû émigrer vers des cieux plus cléments, c'est ainsi que le XVe est graduellement devenu « de mieux en mieux » habité.

Outre l'adresse, où l'arrondissement prime, il y a aussi le « bon » côté; le bon côté du XVIIe par exemple.

Ces châtelains de Paris

Ils ont beau se dire Parisiens de souche, ils gardent toujours sur leur front la mar-

que de leur terroir; nostalgiques des châteaux, des vieilles propriétés familiales et des parcs soustraits aux regards étrangers — qu'à regret ils abandonnent une partie de l'année pour se laisser entraîner dans la fièvre de la capitale — les BCBG ont élu domicile auprès des derniers bosquets parisiens de la capitale. Ainsi, en posant le pied dans un Paris peu à peu envahi par la modernité, l'immigration ouvrière et la pompe républicaine, ils ont hérité les secrets des nymphes et des faunes qui ont à jamais fui le Bois de Boulogne, le Champ-de-Mars, le Parc Monceau, le Luxembourg et les Tuileries. Toutes choses qui se transmettent d'instinct...

Le BCBG ne supporte pas l'idée de devoir un jour franchir l'invisible Styx qui sépare ses Champs-Élysées des terrains vagues où s'agite le commun des mortels, courbé sous le poids d'une naissance obscure, d'un labeur sans gloire et d'une pauvreté héréditaire. Transplanté, il mourrait comme ces fleurs capiteuses qui s'épanouissent dans les terres grasses, humides et ombragées, et dépérissent quand on les arrache à leur milieu pour les exposer à d'autres influences.

Cependant Mère Nature a charitablement préservé cette espèce en voie de disparition, en accordant de part et d'autre des styles de vie différents. Car le BCBG commence à vivre seulement le soir et ne trouve son plein épanouissement qu'au cœur de la nuit, lorsqu'il peut briller sous l'éclat multiplié des lampes. Aussi a-t-il, par délicatesse et bon sens, laissé aux lève-tôt ce côté de Paris que le jour vient frapper en premier, tandis que pour lui s'annonce plus tardif le moment d'ouvrir un œil déjà cerné par des veilles trop nombreuses.

Géographie plane, certes, mais n'oublions pas non plus l'autre dimension, car depuis que la mode exige qu'un teint soit bronzé, les BCBG ont jeté leurs chapeaux aux orties et ont émigré vers les étages élevés des immeubles d'Haussmann, où la lumière ne les effraie plus. Le balcon, ah ! le balcon ! Orgueilleux appendice, noble promontoire, on ne saurait rêver d'un blason plus magnifique sur fond d'azur. Songez que là se résume toute une existence sociale : car le balcon entoure l'immeuble comme un parc entoure une propriété, comme une courtine ceint une tour, rappel insistant de leurs châteaux disséminés aux quatre coins de France. Mais songez aussi à ce redoutable privilège que possède le BCBG de paraître au balcon et qu'il partage seulement avec le pape et la reine d'Angleterre. Dans ce seul geste — serait-ce pour arroser ses fleurs, guetter l'arrivée d'un ami ou prendre la tempé-

AUT, TRO, JAS, ETO, INV, MOL

La demoiselle des PTT à qui il fallait demander comme une faveur de bien vouloir vous passer le 41 à Ploërmel n'est guère regrettée. La peur qu'elle parle dans le village a arrêté plus d'une aventure pourtant prometteuse.
Mais les BCBG avaient une passion pour les numéros de téléphone : AUTeuil, TROcadéro, JASmin, ETOile, INValides, MOLitor qui situaient géographiquement leurs propriétaires sur l'étroit territoire du BCBGisme. Las, l'irréparable outrage du temps ne vous laisse que des chiffres anonymes à composer... avant d'entendre le répondeur automatique gazouiller « Vous êtes bien au 288... ».

rature de l'air — le BCBG s'affirme cousin du pape et petit-neveu de la reine. C'est un destin de prince au cœur même de la République.

Loin de se froisser de la proximité des chambres de service, il y voit un vestige des communs qui jouxtent les grands domaines du passé ; les gagne-petit qui les occupent sont ses gens, et il a un droit de regard supplémentaire sur la vie privée de ses domestiques.

Noble, telle est la première qualité de l'entrée de l'immeuble choisi par le BCBG ; comme on juge à sa taille la noblesse d'un front, de même la noblesse d'un immeuble se mesure à la hauteur de sa porte de façade qui, d'un seul élan, atteint et enveloppe la fenêtre du premier étage dans la courbure de son bois peint en vert et rehaussé de poignées de bronze. Les deux battants, lourdement fermés sur les allers et venues des locataires, s'entrouvent parfois pour offrir au passant, le temps d'un regard, comme une apparition céleste, un porche à colonnes, une cour pavée, parfois un jardin, et la cage d'escalier, majestueuse, rayonnante, ou la rampe monte en faisceaux tourbillonnants le long des degrés feutrés de pourpre ou de saphir.

L'air se raréfiant à Paris, il est bon de le préserver, en choisissant d'habiter sous une hauteur de plafond confortable qui oxygène le cerveau, élève l'âme et par là même insuffle la confiance en soi. D'autant qu'un tableau de maître ou une tapisserie ancienne perdent beaucoup à être accrochés sur un mur bas : ils ont été faits pour de vastes murailles, et c'est leur rendre justice que de leur donner un cadre approprié. Un plafond bas abrutit l'esprit ; pour un peu, on retrouverait l'exiguïté des cavernes préhistoriques ou des cachots du Moyen Age. Un plafond haut, en revanche, rappelle au BCBG sa nature d'élite, sa mission de guide et son devoir de chef.

Il pourrait se croire encore à l'abri de son château si son nom, qu'il voudrait voir réservé aux intimes et qui, autrefois, était susurré à l'oreille d'une matrone grognon, n'était maintenant prostitué aux yeux étrangers sur des plaques qui surmontent parfois un interphone ou une boîte aux lettres ; l'annuaire du téléphone lui aussi offrant ses coordonnées aux entreprises les plus viles.

Ma concierge est BCBG

On ne crie plus « cordon s'il vous plaît » à sa concierge en rentrant tard le soir, mais on appuie sur quelques boutons pour composer un code simple du genre « 41928CQYD 3 » que l'on oublie ou que l'on change dès que vous le savez parce que « tout le monde le sait ! » Ainsi les concierges dorment en paix et les poseurs d'interphones, câbles et autres fils électriques défigurent escaliers et entrées à votre plus grand dam et pour leur plus grand profit. Non, je ne parlerai pas de ces troglodytes du rez-de-chaussée se faisant appeler gardiens, qui ne gardent rien (mais jamais après 18 h) si ce n'est parfois un mouton dans la cave, du piment rouge dans la paella, ou quelques litres de gros rouge au frais. Non, je parle des vrais concierges qui connaissent leur monde.

Eux savent reconnaître au premier coup d'œil, les gens comme il faut — ils ont toujours les chaussures cirées et puis ils ne sont pas fiers. Des générations de Church ou de Weston, de bottes de chasse ou d'équitation salissant l'escalier leur ont appris bien des choses.

Ils ont les clefs de tous les appartements, ont vu grandir les enfants que, dès les premiers poils de barbe, ils appellent Monsieur Bernard, ou les premières rondeurs Mademoiselle Isabelle, et savent à l'occasion rabrouer efficacement et tout faire rentrer dans l'ordre.

Ils ne parlent plus des « maîtres » mais des « propriétaires », à ne pas confondre avec les locataires qui méritent moins de considération, ou pis encore avec ceux du 6e, qui font beaucoup de bruit, rentrent tard la nuit, jettent leurs mégots dans les boîtes à lettres ou dans le jardin du rez-de-chaussée.

Souvent retraités, parfois conjoints de bon fonctionnaire, la respectabilité de l'immeuble est aussi la leur et ils aiment bien que tout soit à sa place, même les poussettes et les bicyclettes des enfants. Ils ne sont pas de ceux qui singent les autres ; pas question de boire du Dom Perignon, mais on sait ce qui est bon. Pas question de faux manteau de fourrure, on sait que le faux ne se fait pas. Il y a de la noblesse dans la simplicité de ces gens-là. On pourrait les penser corrompus par le gâchis dont témoignent les énormes poubelles qu'ils sortent aux aurores chaque matin. Bien au contraire, ils seront indulgents et pensent au danger que court le foie de leurs protégés.

Les concierges sont aux premières loges. Ils savent les turpitudes des BCBG qu'ils protègent, leurs difficultés de fin de mois, leurs problèmes conjugaux ou professionnels, car ils ont le don de sortir de leur loge au mauvais moment. Mais, vers la fin de l'année, le sourire irradie leur visage, le courrier arrive plus tôt, la rampe d'escalier luit et ils sont aux petits soins. Votre petite enveloppe conditionnera les relations pour l'année nouvelle. A la tienne étrennes !

Le monde est petit

Tout le monde connaît tout le monde ; Paris est un village. Les conversations sont ponctuées de : « c'est un ami de ma tante », ou « si son père est diplomate, je vois très bien qui c'est », ou encore « ils sont originaires de Bordeaux, alors j'ai un cousin qui doit les connaître ».

Les nouveaux arrivants dans une ville sont ainsi radiographiés. Ils croyaient ne connaître personne en dehors d'une vague cousine beaucoup plus âgée qu'eux. Erreur ! Par leurs parents ou grands-parents, leur origine géographique, leurs écoles, grandes ou petites, leurs loisirs ou leur carrière, de mille façons, ils ont rencontré des BCBG qu'ils retrouveront tôt ou tard. C'est pourquoi les BCBG n'hésitent pas à aller en province, non sans s'être renseignés auparavant sur les qualités BCBG de leur future résidence.

Bordeaux

Ici pas question de mettre de l'eau dans son vin.

Outre le quai des Chartrons, les allées de Tourny et, entre les deux, le cours Xavier d'Arnozan sont très bien habités; le quartier du Jardin Public possède les plus jolis hôtels particuliers de Bordeaux.

Un autre quartier, celui du Vieux Bordeaux, rénové, devient élégant. Limitant Bordeaux intra muros, les trois « bannières » : Saint-Médard, Judaïque et du Médoc sont habitées très BCBG. A l'ouest, toujours à l'ouest, Bordeaux-Caudéran est un quartier résidentiel constitué essentiellement d'agréables maisons, tout comme la partie du Bouscat qui jouxte Caudéran.

Écoles : Tivoli, le Collège de Jésuites et le Collège Grand Lebrun pour les garçons, une seule école à la hauteur pour les filles : l'Assomption.

Dijon

Les hôtels particuliers de la rue Chabot-Charmy, ou de la rue Pasteur, sont très convoités. A défaut, installez-vous à proximité!

Aux marches de la ville, les quartiers Victor-Hugo, Fontaine-les-Dijon, et Talant ont la meilleure cote. A Talant, méfiez-vous, seul le vieux Talant est habitable, mais pas la ZUP, on s'en serait douté!

Presque tous les établissements scolaires sont mixtes; on cite le plus souvent le lycée Carnot, Notre-Dame, Saint-François ou Sainte-Ursule pour le primaire.

Grenoble

Dans cette ville au pied des Alpes, le quartier Victor-Hugo est, dans le centre ville, l'endroit où habiter.

Les Grenoblois aimant l'espace n'hésitent pas à s'installer dans trois quartiers moins centraux, mais très agréables : Meylan, La Tronche et Corenc.

L'externat Notre-Dame, avenue Marcelin Berthelot, et le Rondeau, à Corenc, reçoivent la fleur de la jeunesse locale.

Lille

Les dynasties bourgeoises du Nord croissent et se multiplient. Lille et sa région sont des terres fertiles en BCBG.

Sauf maison familiale « à reprendre » ou prédilection pour la ville, il est de bon ton de fuir le centre. L'on habite près du parc de Saint-Maur, à Brigode, à Lambersart, à Bondues ou à Marcq-en-Barœul, pour ne citer que les lieux les plus en vue.

Les bonnes écoles ne manquent pas, elles non plus. Pour les filles l'on préférera Blanche de Castille, Notre-Dame de la Treille (rien que pour son nom !) ou Sainte-Thérèse d'Avila ; et pour les garçons, Saint-Paul, le Sacré-Cœur de Bondues, ou le collège de Marcq. Mais la plupart des établissements cités sont mixtes.

Lyon

Lyon est une ville complexe ; le quartier d'Ainay ou le VIe arrondissement, sont les plus convoités. Ainay est plus aristocratique, tandis que le VIe est plus « fric ».

Lyon a le privilège rare d'avoir dans les environs Ecully, Dardilly, Saint-Didier au Mont d'Or, ou Couzon au Mont d'Or, magnifiques quartiers résidentiels où il fait meilleur vivre qu'au centre.

Du centre ou des environs, tous sont d'accord pour envoyer leurs garçons chez les maristes de Fourvières, et leurs filles au collège Chevreuil d'Ainay.

Marseille

Marseille n'est pas à proprement parler une ville BCBG. L'idéal est d'habiter Aix-en-Provence et de travailler à Marseille. Le 8e arrondissement et plus particulièrement la rue Paradis, dans le quartier Saint-Giniez, sont les lieux de prédilection des vieilles familles.

Plus excentré, Saint-Barnabé est le Neuilly marseillais. Il reste encore quelques propriétés entourées de parcs qui ne sont pas, comme la Cadenelle, devenues des résidences et même la résidence de Marseille ; quelques autres immeubles élégants se sont construits sur la corniche.

Les jeunes s'installent dans les rares immeubles rénovés près du vieux port ou au pied de Notre-Dame-de-la-Garde.

Écoles de garçons : Melizan et Provence.

Écoles de filles : Chevreul et Notre-Dame-de-Sion.

Nantes

Royalistes et catholiques, les Nantais ont une prédilection pour les abords très XVIIIe de la place Graslin et du cours Cambronne : rue Racine, place Royale, boulevard Guist'Hau, rue Monselet.

A défaut, il est possible d'habiter les environs en évitant le sud de la Loire. Préférez Orvault, Sucé, Carquefou, et plus généralement les bords de l'Erdre.

Depuis que le très BCBG cours Paviot a disparu, les mères désorientées mettent leurs filles à Blanche de Castille, au Sacré-Cœur ou à Chauvagne. Le lycée Guist' Hau est possible, quoique plus mélangé. Pour les garçons, outre Saint-Stanislas, le Collège de Jésus, il y a aussi le lycée Jules Verne.

Orléans

Orléans est à une heure de train de Paris. On y vient donc une fois par semaine, pour voir une expo, une amie ou faire des courses et en parler en ville pendant le reste de la semaine. Pour être à proximité de la gare, il faut habiter le centre : rue de la Bretonnerie, rue d'Alsace-Lorraine, si l'on est médecin, avocat ou notaire, rue de Patay ou rue Royale.

De l'autre côté de la Loire habitent ceux qui ont le snobisme inverse ; loin du centre et plus encore de Paris, ils vivent « dans les vergers », à Olivet, dans une vieille maison (rare) ou un petit pavillon (moins rare) avec un jardin et quelques arbres fruitiers.

L'école Saint-Vincent a de nombreux adeptes pour le primaire et les parents n'hésitent pas à déménager pour s'installer dans le quartier à proximité du parc Pasteur.

Pour le secondaire, Saint-Charles, de la 6e à la terminale, est une élégante école pour les jeunes filles où les garçons attendent patiemment la sortie des cours de l'autre côté du porche.

Sainte-Croix est théoriquement une école mixte, mais il est bien vu d'y mettre les garçons.

Reims

Reims, capitale du champagne, partage ce privilège avec Epernay, beaucoup plus petite. Situées de part et d'autre de la Montagne de Reims, les deux villes ne se fréquentent guère, et cette « montagnette » est presque aussi efficace que le channel.

Il est cependant de bon ton d'habiter les villages du vignoble, le Massif de Saint-Thierry étant le nec plus ultra.

A l'extérieur, Gueux qui a perdu son circuit automobile mais a gardé son golf, est très bien vu.

Au centre, tout ce qui est ancien est bien, mais ce qui est ancien est rare. La plupart des maisons anciennes n'ont pas survécu aux invasions germaniques, et celles qui restent sont dûment répertoriées et convoitées. On habite les rues qui bordent le boulevard Lundi, le boulevard de la Paix, et le boulevard Pasteur ; les rues Werlé, Coquebert, Piper et des Moissons sont parfaites. L'idéal : un « particulier » (maison plus ou moins grande, du genre d'un hôtel particulier parisien) avec un jardin.

Les garçons vont en classe au collège Saint-Joseph (l'un des meilleurs collèges jésuites de France), et les filles au collège Notre-Dame, ou au collège Jean XXIII.

Tours

Le vieux Tours a maintenant fière allure et la cote de ses maisons moyenâgeuses est remontée en flèche. Très recommandé, si vous aimez les sites historiques et si les

fêtards du samedi soir ne vous incommodent pas.

De très belles maisons proches de Tours : les hauts de St-Cyr et mieux encore les propriétés de famille à quelques kilomètres du centre avec tennis et piscine.

Écoles : mixte Marmoutiers (sœurs du Sacré-Cœur) : blouses bleu pâle et prières de rigueur ; Saint-Grégoire : ré-

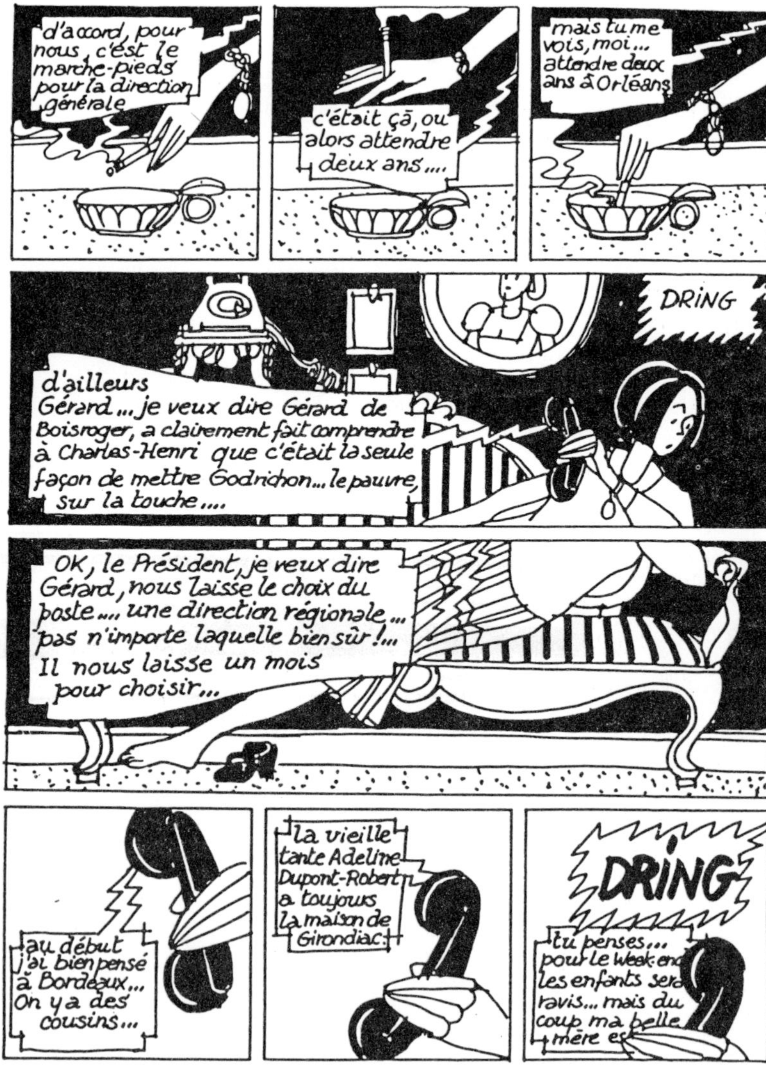

puté pour sa discipline, école mixte à majorité de garçons, depuis la maternelle jusqu'à la terminale; le lycée Balzac: bonnes études, bonne bourgeoisie.

Versailles

Le quartier Rive Gauche, autour de la cathédrale Saint-Louis, et le quartier Rive Droite, entre la place Hoche et

l'église Notre-Dame ne se parlent guère, et ont chacun leurs inconditionnels. Tous deux pourtant sont BCBG.

Existe-t-il vraiment une ville plus BCBG que Versailles ? Son histoire, ses larges avenues rectilignes, sa vie de préfecture et de garnison en font un bastion provincial et traditionnel à quelques kilomètres de Paris.

C'est là son charme.

Il serait injuste d'oublier le quartier de Glatigny, près des écoles et de la gare rive droite.

Le château n'abrite que d'heureux gardiens, tandis que le parc attire les fervents du jogging matinal.

Les bonnes écoles ne manquent pas. Blanche de Castille, Hulst ou le Cours Gufflet pour les jeunes filles, tandis que les

garçons iront chez les eudistes à Saint-Jean-de-Béthune ou au Lycée Hoche, l'un des meilleurs de France. Pour les petites classes, la palme revient aux Marronniers.

L'École Sainte-Geneviève — Ginette pour les intimes — enfin couronne, et de quelle façon, le dispositif scolaire versaillais. C'est la voie royale des grandes écoles.

LA MAISON

Que l'on habite un château, une maison, un appartement ou un studio, le mot « maison » s'utilise précédé de « à la ».

A la maison, l'on doit pouvoir vivre confortablement selon la tradition de la famille, entouré de ses objets préférés, et recevoir ses amis.

La décoration

Il faut décorer sa maison soi-même, sinon l'on court le risque de la faire ressembler à un décor de théâtre, à une mosquée saoudienne ou à un entrepôt de meubles kitch (bonnes raisons pour ne pas faire appel à un décorateur).

Et pourtant ! Que d'intérieurs tristes ou surchargés où se mélangent le méchant moderne et les rogatons des meubles de familles. Combien de baromètres Louis XIV réputés anciens et achetés chez Maillefert avant la guerre, combien de papiers peints « paille japonaise », de guéridons vermoulus ou de portraits d'ancêtres suffisants et mal peints, ne voit-on pas ! Les souvenirs militaires ou des colonies abondent aussi, lampe faite avec des baïonnettes ou une douille d'obus (elle a failli tuer grand-père), masque Baoulé ou sculptures de jade. Tels les caravaniers du désert, le BCBG, où qu'il s'installe, aime à reconstituer son campement familial.

Qu'il soit avenue Henri-Martin, boulevard Maurice Barrès ou dans le XIe en purgatoire, le BCBG a toujours chez lui des signes distinctifs qui permettent au visiteur de savoir dès l'entrée chez qui il est. Même et surtout, s'il n'y a rien de vraiment bien, il n'y a rien de vraiment laid et l'ensemble fait BCBG. Ce sont les quelques meubles anciens qui font le chic et le style est dénué de toute audace, de toute fantaisie, de toute invention.

Dès l'entrée, ou dans le petit couloir qui sert d'entrée, une console surmontée d'une glace ancienne, ou qui se veut telle. Sur la console se trouve un plateau en métal argenté pour le courrier ; y traînent généralement les mailings d'American Express ou du Savour-Club que Charles-Henri n'a le temps de regarder que le week-end. La glace sert accessoirement à se regarder, un peu à élargir la perspective, et beaucoup à apposer les multiples cartes d'invitations à des soirées, des ventes de charité, des réunions de ventes (en appartement) de bijoux, ou autres objets « faits maison ».

Oublions les meubles Renaissance ou Louis XIII ; mais peut-être un joli fauteuil Régence canné, un bureau à dos d'âne à marqueterie de fleurs Louis XV, une table de chevet Louis XVI ou des appliques en bronze Louis XV rehaussent-ils les meubles en bois fruitier (anciens buffets de cuisine montés en grade), commodes Louis-Philippardes et copies de bergères pur Second Empire.

Parmi les pièces les plus recherchées dans un salon : une paire de fauteuils anciens, une belle commode, un secrétaire en marqueterie (style Régency) un tapis (persan),

La maison doit être confortable

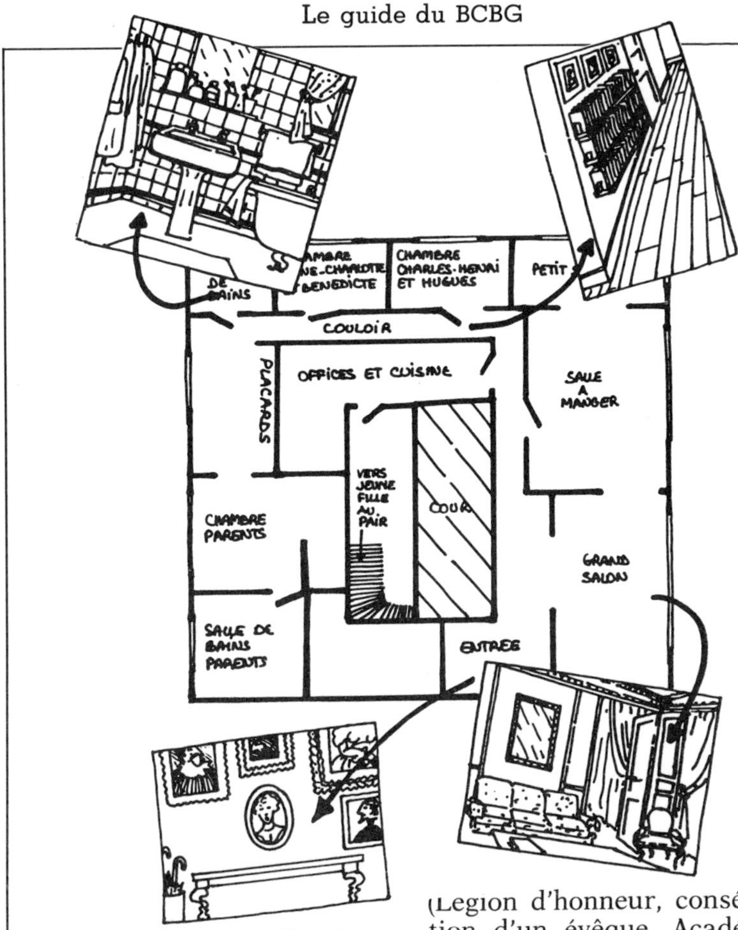

un guéridon, un flambeau-bouillotte monté en lampe, un baromètre Louis XIV (copie).

Les principes

• N° 1

Les traditions de la famille doivent sauter aux yeux sous la forme de tableaux (s'ils n'ont pas atterri par la dure loi des partages chez un autre) ou sinon de photos ou de parchemins. Les hauts faits familiaux (Légion d'honneur, consécration d'un évêque, Académie française) sont particulièrement visibles. Si vous n'avez ni ancêtres brillants ni contemporains en vedette, un pêle-mêle dosant soigneusement les jolis enfants BCBG, vous-mêmes en mariés, les grands-parents et les frères et sœurs des deux côtés fera fort bien l'affaire.

• N° 2

Des objets BCBG dont le but premier n'est pas la décoration parsèment les pièces.

Ils servent à ménager la sensibilité de votre famille. Le canotier de l'oncle Tom, le panier à ouvrage de tante Marguerite, les épaulettes d'un lointain ancêtre officier, la thèse de médecine en 12 volumes — Paris 1897 — de tel autre, les bronzes de votre grand-père, les aquarelles de grand-mère, lorsqu'elle était jeune fille, sont parfaits. Si vous n'avez rien de tout cela, achetez-les aux puces. Méfiez-vous cependant des gravures comme « Le Château de Noizaut — Les Fougères de du Pont — 1827 ». Il se trouvera toujours quelqu'un pour vous demander si vous l'avez encore (le château).

• N° 3

Une partie du mobilier doit être ou avoir l'air d'être ancien. Même avec un ancêtre collectionneur, avec tous les partages, il ne vous reste pas grand-chose pour meubler un salon, une salle à manger et deux chambres.

• N° 4

Les BCBG collectionnent tout. Les objets passent des étagères de la chambre de jeune fille au guéridon du salon; il n'y a qu'un saut à faire. Les œufs en pierre dure ou les petits objets en métal argenté ont fort bonne mine sous la lampe bouillotte à côté du cendrier « genre tastevin » reçu à plusieurs exemplaires lors du mariage. On éliminera dès que possible le métal argenté pour ne collectionner que les objets anciens en argent (timbales, etc.). Occasion unique de cadeaux lorsqu'on manque d'inspiration. Les collections (qu'elles soient de canards ou de boîtes en marqueterie) font partie intégrante du style de vie BCBG.

• N° 5

Quand on parle de culture, montrer sa bibliothèque. A moins de posséder un bureau ou un vaste couloir, la bibliothèque se trouve dans le salon. Les BCBG vivent avec leurs livres. La bibliothèque renferme, outre le petit Larousse et le Quid, quelques livres reliés, quelques livres d'art, de philo, de statistiques ou d'économie, conservés des dernières années d'étude dans le but louable de s'en servir. Le Bottin mondain, l'annuaire de l'X ou de l'ESCP figurent en bonne place.

• N° 6

Vous avez dit canapé, docteur Freud ? Psychanalyse ou non, le canapé est un gros investissement : choisi chez Habitat, David Hicks ou Yves Halard, il est indispensable, pour prendre un verre, recevoir ses amis, fumer un cigare ou lire. Il s'achète si l'on peut au moment du mariage ou un peu plus tard. En aucun cas copie d'ancien, il est sûrement moderne et sans âge, car il risquerait des années après de proclamer par son style trop marqué sa date d'achat. Les couleurs claires ne le restent pas longtemps avec les enfants, et les BCBG toujours pratiques, choisiront des housses amovibles et pendant qu'on y est, lavables. Parsemé de quelques coussins (ceux au crochet sont réservés à l'arrière de la voiture de la concierge) il sera flanqué de chaque côté de petites tables basses et de lampes. Le canapé n'est jamais assorti aux fauteuils.

• N° 7

Pas de canapé sans table basse. C'est une des révolutions de la décoration contemporaine et l'un de ses fléaux; en altuglas fumé, en laque de Chine ou de Hong Kong, en aluminium brossé, avec un plateau de verre ou de marbre, incluant un aquarium ou un bac à fleurs elle date déjà un an après son achat. Peut-être est-ce pour cette raison qu'elle est recouverte de magazines ?

• N° 8

Bien que les appartements modernes ne soient pas propices à la cheminée, les BCBG s'en passent difficilement. Par quoi remplaceraient-ils le verre de cognac au coin du feu qui conclue si agréablement le dîner-bridge ? Bien que la cave soit assez éloignée du 4e étage et qu'il soit prohibitif d'acheter du bois à Paris, rien n'évoque aussi bien la vie à la campagne que le rougeoiment des flammes et le craquement du bois. Les objets sur la cheminée sont placés symétriquement, paire de vases ou de flambeaux épargnés par les partages, devant une glace et quelques babioles dont les couleurs contrastent avec le marbre.

• N° 9

Le revêtement mural : « refaire » le salon est une nécessité. Si la pièce est petite, ou très grande, un panoramique donnera « de l'air ». Autrement les papiers peints (Besson, les Dominotiers) et les tissus (toiles de Mayenne) réchauffent les pièces, en particulier dans les appartements modernes.

• N° 10

Rideaux. Les voilages évitent les regards indiscrets et

les doubles-rideaux en chintz ou percale glacée sont leur complément indispensable.

• N° 11

S'ils ont la chance d'en avoir, les BCBG montrent leurs parquets, preuve que la maison est ancienne, ou bien construite. La moquette, confortable, ne recouvre pas tout et les tapis sont jetés au hasard en faisant fi des styles.

• N° 12

Les BCBG affichent pour la symétrie un goût qui eût enchanté Mansard ou Lenôtre : un fauteuil de chaque côté de la cheminée, une lampe de chaque côté du canapé, six chaises autour de la table de salle à manger. Le symétrique, c'est chic.

• N° 13

Couleurs : attention les yeux. Presque toutes les couleurs sont utilisables, sauf le parme, le noir, l'or, le vert électrique et l'orange vif, les couleurs crues ou les mariages indécents : jaune et marron (genre RATP), noir et or (style bédouin).

Tics et Toc

Les BCBG collectionnent. Charles-Henri et Isabelle n'échappent pas à ce tic, à cet atavisme de classe. Le seul malheur vient du fait que toute collection nécessite ou bien certains moyens ou bien d'en avoir hérité ! Faute de l'un ou de l'autre, débuteront ces collections originales et amusantes de ce qu'il est convenu d'appeler des curiosités pour leurs amateurs et du toc pour leurs détracteurs.

A défaut de collectionner les armures, les Fragonard, les Bugatti, les primitifs italiens ou les chevaux de course, les BCBG s'enthousiasmeront pour les boîtes en bois, les petits vases en verroterie, les canards, le mobilier de poupée ancien, les voitures Dinky Toys, les opalines de foire ou les vieux stylos.

Chaque week-end, les puces ou la brocante du coin, seront le prétexte d'une sortie familiale d'où l'on reviendra avec l'objet qui, une fois marchandé, sera devenu une bonne affaire.

Tissus et papiers peints

Les BCBG ne s'offrent pas les conseils d'un décorateur ; ils iront voir les magasins de décoration vendant tissus et papiers peints, et repartiront avec tous les rouleaux de leur choix afin de faire exécuter les travaux par un peintre « qu'ils connaissent bien », ou passeront quelques week-ends à transformer eux-mêmes leur appartement. Leurs pas les guideront chez :

BESSON
• 18, rue du Vieux Colombier, 75006 PARIS
(1) 548.87.62.
• 46, avenue Marceau, 75008 PARIS
(1) 720.75.35.

DESIGNERS GUILD
55, rue des Saints-Pères, 75006 PARIS
(1) 548.90.88.

ETAMINE
49, quai des Grands Augustins, 75006 PARIS
(1) 634.01.74.

JUSTE MAUVE
29, rue Greuze, 75116 PARIS
(1) 727.82.31.

LAURA ASHLEY
94, rue de Rennes, 75006 PARIS
(1) 548.43.89.

LES DOMINOTIERS
4, avenue du Maine, 75015 PARIS
(1) 548.21.41.

MARTINE NOURISSAT
202, rue Saint-Honoré, 75001 PARIS
(1) 297.50.67.

NATECRU
108, boulevard de Courcelles, 75017 PARIS
(1) 227.13.65.

NOBILIS
38, rue Bonaparte, 75006 PARIS
(1) 329.21.50.

SOULEIADO
78, rue de Seine, 75006 PARIS
(1) 326.74.62.
Nombreux magasins dans toute la France.

Très joli choix aussi pour les boutiques ci-dessous, mais à des prix plus abordables :

ETOFFE ET MAISON
74, rue de Rennes, 75006 PARIS
(1) 548.93.18.

HABITAT
35, avenue de Wagram, 75017 PARIS
(1) 766.25.52.
Autres magasins à Paris et en province.

TOILES DE MAYENNE
74, rue Notre-Dame-des-Champs, 75006 PARIS
(1) 325.23.80.
Et par correspondance.

Les BCBG raffolent du papier japonais, c'est très chic ! Ils en trouveront dans la plupart des magasins ci-dessus, mais aussi moins chers chez :

ARNOUX
40, rue des Poissonniers, 92200 NEUILLY
(1) 745.07.36.

BINEAU MURAL'S
12, boulevard Bineau, 92300 LEVALLOIS-PERRET
(1) 757.16.00.

ERSATZ

Tissus encore moins chers :

LES DEUX PORTES
13, rue de la Ceriseraie,
75004 PARIS
(1) 271.13.02.

MOLINE
1, place Saint-Pierre,
75018 PARIS
(1) 606.14.66.

LA REMISE AUX TISSUS
146, boulevard Voltaire,
75011 PARIS
(1) 372.11.01.

Sans oublier l'irremplaçable :

MARCHE SAINT-PIERRE (Dreyfus)
2, rue Charles-Nodier,
75018 PARIS
(1) 606.92.25.

Show-rooms des grands fabricants de tissu

On vient y prendre des idées et parfois des échantillons, mais on ne peut rien y acheter :

CANOVAS
7, place de Furstenberg,
75006 PARIS
(1) 325.75.98.

CASAL
40, rue des Saints-Pères,
75007 PARIS
(1) 544.78.70.

DESCHEMAKER
22, rue du Mail, 75002 PARIS
(1) 233.35.80.

ETAMINE
2, rue de Furstenberg,
75006 PARIS
(1) 325.70.65.

FARDIS
7, rue Crébillon, 75006 PARIS
(1) 325.73.44.

FREY
47, rue des Petits-Champs,
75001 PARIS
(1) 297.44.00.

LAUER
5, avenue de l'Opéra,
75008 PARIS
(1) 260.61.16.

NOBILIS
38, rue Bonaparte, 75006 PARIS
(1) 329.21.50.

ROMANEX
27, rue du Mail, 75002 PARIS
(1) 233.46.88.

YVES HALARD
45, avenue Duquesne,
75007 PARIS
(1) 567.80.32.

La folie du Louis XVI

S'ils n'ont pas hérité des meubles de l'arrière-grand-mère ou de tante Marguerite qui n'avait pas d'enfants, les BCBG se meubleront avec des meubles anciens en allant fouiner aux Puces (Saint-Ouen, Vanves ou Montreuil). En province, chaque grande ville possède aussi un Marché aux Puces.

A l'occasion d'un week-end à la campagne on ne négligera aucun brocanteur ou antiquaire, et à Paris :

LE LOUVRE DES ANTIQUAIRES
2, place du Palais-Royal,
75001 PARIS
(1) 297.27.00.

Ventes aux enchères : on y fait des affaires à condition d'en être un habitué et d'avoir tout son temps !

HOTEL DROUOT
9, rue Drouot, 75009 PARIS
(1) 246.17.11.

Les dépôts-ventes
C'est très à la mode depuis quelques années car les temps sont durs ! On en trouve partout :

DEPOT-VENTE DE L'ILE DE LA JATTE
17, boulevard Vital Bouhot,
92200 NEUILLY-SUR-SEINE
(1) 637.31.87.

SALLE DES VENTES DU PARTICULIER
63, quai de la Seine, 75019 PARIS
(1) 208.47.25.

RECIPROQUE
123, rue de la Pompe,
75116 PARIS
(1) 727.93.52.

Un certain style nous venant de Grande-Bretagne permet aux jeunes BCBG de s'offrir, à des prix raisonnables : commodes, armoires, secrétaires, bureaux, tables de toilettes et petits meubles en pin.

BRITISH IMPORT
23, boulevard du Parc,
92200 NEUILLY-SUR-SEINE - ILE DE LA JATTE
(1) 637.27.75.

COMPAGNIE ANGLAISE
• 84, avenue Emile Zola,
75015 PARIS
(1) 579.70.74.
• 19, rue Poussin, 75016 PARIS
(1) 525.16.71.
Et autres magasins.

GOOD MORNING
21, avenue de Friedland,
75008 PARIS
(1) 562.31.02.

ERSATZ

ARMEE DU SALUT
12, rue Cantagrel, 75013 PARIS
(1) 583.54.40.

LES CHIFFONNIERS D'EMMAÜS
Ile de la Loge, 78380 BOUGIVAL
(3) 969.12.41.

Chic et choc... et cher

CASTELLI
28, rue de Berri, 75008 PARIS
(1) 359.78.01.

KNOLL
268, boulevard Saint-Germain,
75007 PARIS.
(1) 705.74.65.

MAISON ET JARDIN
242 bis, boulevard Saint-Germain, 75007 PARIS
(1) 222.06.01.

ROCHE-BOBOIS
207, boulevard Saint-Germain,
75007 PARIS
(1) 548.07.61.
Et autres boutiques.

PRINTEMPS (BOUTIQUE PRIMAVERA), GALERIES LAFAYETTE, BON MARCHÉ, BAZAR DE L'HÔTEL DE VILLE.

ERSATZ

HABITAT
Avenue de Wagram, Centre Commercial Montparnasse, Forum des Halles et GRAND H autour de Paris.

IKEA
Z.I. Le Clos aux Rois - EVRY
91100 CORBEIL-ESSONNE
(6) 497.65.65.
Centre Commercial Bobigny 2
93000 BOBIGNY
(1) 832.92.95.

Meubles à monter soi-même pour les bricoleurs :

LA MAISON DU KIT
262, boulevard Jean-Jaurès,
92100 BOULOGNE
(1) 621.04.13.

MATERIC-LUNDIA
20, avenue du Général Michel Bizot, 75012 PARIS.
(1) 341.43.43.

Cheminées et coins sombres

ARCASA
219, rue Saint-Honoré,
75001 PARIS
(1) 260.46.60.

AU VASE ETRUSQUE
11, place de la Madeleine,
75008 PARIS
(1) 265.36.26.

BAGUES
37, avenue Pierre 1er de Serbie,
75008 PARIS
(1) 720.61.17.

DELISLES
4, rue du Parc Royal,
75003 PARIS
(1) 272.21.34.
Luminaires.

JUSTE MAUVE
29, rue Greuze, 75116 PARIS
(1) 727.83.21.

LA MAISON DE MARIE-CLAIRE
63, rue Pierre Charron,
75008 PARIS
(1) 225.04.51.

LAURE WELFING
• 15, rue de la Forge Royale,
75011 PARIS
(1) 356.14.81.
• 30, rue Jacob, 75006 PARIS
(1) 325.17.03.

L'ENTREPOT
50, rue de Passy, 75016 PARIS
(1) 525.64.17.

PIMLICO
88, rue de Rennes, 75006 PARIS
(1) 548.41.38.

SEMAINE
20, rue Nicolo, 75016 PARIS
(1) 520.06.69.

UN JARDIN EN PLUS
224, boulevard Saint-Germain,
75007 PARIS
(1) 222.14.35.
Nombreux magasins en France.

VALENTINO PIU
17, avenue Montaigne,
75008 PARIS
(1) 723.66.07.

Ainsi que tous les magasins cités pour les listes de mariage.

Quelques décorateurs

MARC BARROUX
6, avenue d'Eylau, 75016 PARIS
(1) 504.70.80.

FRANÇOIS CATROUX
20, rue du Faubourg-Saint-Honoré, 75008 PARIS
(1) 266.69.25.

JACQUES GRANGE
32, avenue Raymond Poincarré, 75116 PARIS
(1) 727.17.69.

YVES HALARD
252 bis, boulevard Saint-Germain, 75007 PARIS
(1) 222.60.50.

DAVID HICKS
12, rue de Tournon, 75006 PARIS
(1) 326.00.67

JANSEN
9, rue Royale, 75008 PARIS
(1) 266.51.52.

FREDERIC MECHICHE
182, rue du Faubourg-Saint-Honoré, 75008 PARIS
(1) 563.20.11

PATRICE NOURISSAT
230, rue des Pyrénées,
75020 PARIS
(1) 797.27.47.

ALBERTO PINTO
61, quai d'Orsay, 75008 PARIS
(1) 551.03.33.

PIERRE-YVES ROCHON
10, rue Poussin, 75016 PARIS
(1) 527.22.79

YVES TARALON
10, rue Chabanais, 75002 PARIS
(1) 297.56.55.

Monsieur BCBG

Suivre la règle

Les vêtements BCBG masculins sont un uniforme. Ils ne reflètent pas la personnalité de celui qui les porte et ne suivent pas la mode : c'est la règle.

Charles-Henri est toujours habillé comme il faut : au bureau, en costume prince de Galles, le soir à un dîner en costume (à motif caviar), à la campagne en pantalon de velours et bottes genre garde-chasse ou bien encore en « pingouin » pour le mariage de son frère, en chasseur ou en tennisman.

Il est toujours à l'aise et donne l'impression d'être naturel et élégant. Avec cette pointe de désordre, d'ancien ou d'usé qui montre que sa tenue n'est pas neuve mais venant du bon faiseur, n'est pas tirée à quatre épingles car il n'est pas à la mode, mais classique. Le style ainsi défini, l'on comprendra mieux que les poches aux genoux des pantalons sont naturelles (on ne tire pas sur le pli de son pantalon en s'asseyant), qu'on entre dans une pièce avec un bouton de sa veste fermé et qu'on ne l'ouvre qu'ensuite, que si l'on porte une pochette ce n'est pas un mouchoir.

Le look anglais, plus british que les Sloanes Rangers eux-mêmes, lui permet d'extravagantes libertés. Le vendredi, il ira au bureau en veste de tweed, pantalon de velours et chaussures à épaisses semelles de crêpe ; il sera ainsi clair qu'il se prépare à partir en week-end et qu'il ne compte pas rester jusqu'à 20 heures. Le lundi matin, au retour, plus près de 10 heures que de 9 heures, sa secrétaire saura en le voyant s'il est ou non de bonne humeur selon qu'il prolonge ou non le style campagnard.

Le BCBG se refuse à toute recherche vestimentaire :

— Lorsque je vois des gens, ce n'est pas à ma pochette, à ma cravate ou à mes chaussures qu'ils s'intéressent. Ils m'invitent pour ce que je suis, dit Charles-Henri.

La panoplie de Charles-Henri

Vestes et costumes

Un bon costume n'a pas d'âge. Croisé ou droit, mais toujours avec une boutonnière au revers (pour la Légion d'honneur sans doute !), quatre boutonnières aux manches (ça ne sert à rien, mais c'est comme ça) une ou deux fentes dans le dos (deux sont plus pratiques pour mettre les mains dans les poches), la veste permettra de se mouvoir à l'aise. Le pantalon à pinces, avec revers, sera classique, ni trop étroit ni à pattes d'éléphant. Le gilet tend à disparaître pour les plus jeunes générations et se porte essentiellement avec un costume droit. Les doublures mauve ou rouge vif sont l'apanage des Anglais, on ne les leur ravira surtout pas.

Le choix d'un costume est difficile, on en trouve à tous les prix et avec toutes les marques possibles, voici quelques conseils :

- Le costume gris (voir plus haut) pour toutes les occasions. Peut se porter fripé.

- Le costume bleu marine à fines rayures. Mieux qu'un costume bleu marine uni qui vous donnerait l'air d'un premier communiant ou d'un appariteur de ministère. Les fines rayures donnent « le bon chic ». Attention à bien choisir le tissu et le tailleur pour éviter que les rayures ne se croisent, si le costume, lui, est croisé ! Utilisable pour les cocktails, dîners habillés, cérémonies, enterrements, etc.

- Le costume gris anthracite à rayures tennis. Variante du costume bleu marine, a un air plus jeune et se porte souvent droit avec un gilet, une chemise à col anglais (boutonnage sous patte) et une cravate club. C'est la tenue de prédilection du banquier, de l'agent de change ou du dirigeant à la jeune quarantaine.

- Le prince de Galles. Le chic est une fois de plus dans le tissu. Passe partout, il sera plus gai avec une fine rayure bleue ou rouge. Moins guindé, que le précédent, excellent pour les cocktails « en sortant du bureau » ou pour un déjeuner professionnel. Chemise unie ou à fines rayures, cravate à motifs cachemire ou Hermès.

- Le costume de tweed. Clef de voûte de l'anglomanie, le costume de tweed doit avoir l'air vieux et, compte tenu de son prix d'achat, il l'est le plus souvent ! En Harris tweed bien rèche et bien épais, il se porte en toutes circonstances. Les couleurs les plus usitées sont à base de marron, de vert, de gris ou de bleu. Veste droite, à deux fentes, pantalon avec poches arrière à rabats. Les coudes en cuir ne sont admis que s'ils sont vraiment nécessaires pour masquer un trou.

• Le costume d'été. Choisissez la couleur pourvu qu'elle soit beige ou kaki. Même coupe stricte que pour les autres costumes. On laissera les costumes blancs à rayures noires (avec chemise noire, cravate à pois, œillet à la boutonnière, etc.) à leurs utilisateurs naturels. Seule tolérance pour les plus jeunes, les costumes en lin qui peuvent être bleu pâle ou jaune paille.

• Le blazer. Il joue avec le style de chacun, avec les moments de la journée, mais se joue des modes. Droit ou croisé, à boutons or ou argent, surtout pas à revers piqués et à boutons à initiales de couturier (à éviter aussi les sigles : RATP, SNCF, etc. malgré une louable tendance à la récupération). Se porte de préférence en été ou en demi-saison, avec une pochette (Charvet, Christian Dior Monsieur). Chemise et cravate, chemise col ouvert et foulard, ou Lacoste l'accompagnent. Pas d'écusson à moins de vraiment faire partie du club en question.

• La veste en seersucker. Fines rayures bleues et blanches de rigueur. Très léger, à porter avec un pantalon léger de serge grise. Il n'est pas indispensable de la porter avec un canotier si vous n'êtes pas étudiant anglais.

• La veste en tweed. Comme le costume de la même matière, achetez-la de bonne qualité pour la porter longtemps, jusqu'à user plusieurs paires de coudes en cuir. Aussi indispensable l'hiver que le blazer l'été, elle doit être épaisse et se porter agréablement, lorsque la froidure arrive, avec un chandail sans manches.

• Le smoking. Particulièrement usité chez les BCBG/BF qui ont tous le leur, il se repasse souvent de génération en génération. Les teinturiers curieux ou les retoucheurs le savent bien, on a récemment trouvé un « Maison Cumberland » 3, rue Scribe, n° 1100, 31 mars 1928, qui porte allègrement ses 57 ans. Croisé avec revers de soie et gilet, ou droit, il est noir, sans fantaisie et JAMAIS d'une autre couleur, ou en velours de Gènes frappé (sauf dans les « parties » d'outre-Atlantique); le spencer blanc ne se porte que l'été.

• Les pantalons. Ils ne dévoilent pas votre anatomie. Même un jean n'est pas un collant de scène. Un jean 501, des pantalons de velours (pinces et revers) — et non des jeans en velours —, un pantalon à motif écossais (cette mode revient périodiquement) constituent l'essentiel de la garde-robe décontractée. Des pantalons kaki ou beige, en coton ou en whipcord (bien connu des cavaliers), complèteront, avec de stricts pantalons gris (anthracite foncé, ou plus clair) en flanelle et en serge, les uniformes d'été et d'hiver dont il ne faut pas oublier que ce sont des uniformes.

Manteaux et pardessus

• Le loden. Vert de préférence, bleu marine ou beige, le loden autrichien fait fureur. A la ville comme à la campagne,

L'élégance discrète des Burberrys

pour aller au bureau, à la messe ou à la chasse, c'est l'un des rares vêtements polyvalents. Si l'on n'a qu'un manteau, c'est un loden.

• Le pardessus. Bleu marine, poil de chameau, il est classique, droit ou croisé, en laine, cashmere et laine, ou comble du luxe tout en cachemire. On laissera les houppelandes au Père Noël et les gandouras aux bédouins. Un covert coat anglais (sans col de velours) ou un manteau ample à chevrons gris sont considérés comme originaux.

• L'imperméable. Si vous ne comptez pas porter de Burberrys, installez-vous à Tahiti. Le Burberrys est le seul imperméable que l'on porte pour sa doublure. Trench ou raglan, il est beige ou quelque chose d'approchant. Le Burberrys protège également efficacement contre la pluie. Les cavaliers portent souvent en ville un imperméable d'équitation ; non-cavaliers s'abstenir. Les imperméables d'uniformes militaires, souvent achetés d'occasion, ne manquent pas d'allure.

• Blousons. La mode du blouson, du parka ou de la veste de toile de style reporter a atteint les BCBG. Ces tenues sont particulièrement apparentes le week-end du côté du jardin du Luxembourg ou de la place Saint-Sulpice. Plus la tenue est juvénile, plus la calvitie de son propriétaire est accentuée. Le port du blouson s'accompagne généralement de celui d'une écharpe (en cachemire jaune, rouge vif, bleu marine ou vert loden) et de lunettes à monture écaille. La panoplie n'est complète qu'avec un pantalon de velours, des Weston à semelles « sport » et un air préoccupé. Les blousons de cuir style aviateurs à col de fourrure (Mac Douglas) ou de daim à doublure écossaise (Good Life) sont tout à fait admis. Le blouson de ski ne se porte, comme son nom l'indique, qu'au ski.

Les chemises

C'est le point crucial de la garde-robe BCBG masculine. C'est la pièce essentielle. La chemise c'est l'homme !

Point trop cintrée, ni flottante non plus, en coton ou en popeline et jamais en synthétique, son col sera à l'italienne, aux pointes courtes, à col boutonné venu des U.S.A. ou boutonné sous patte de style anglais (mais introuvable en Angleterre), unie, bleu clair, ou blanche (mais le moins possible) et rose pâle. Fil à fil, Oxford sont des variantes indispensables. Les rayures apportent un peu de fantaisie. Les initiales, brodées à gauche sous la poitrine, sont discrètes et cachées par la veste. Poignets mousquetaires pour collectionner les boutons de manchettes.

En week-end, les chemises écossaises, ou à carreaux en Viyella (que les Sloanes Rangers appellent Tattersalls checks), les chemises Oxford à cols boutonnés, manches longues ou courtes suivant la saison, sont de rigueur. Les Lacoste (crocodile), Fred Perry

(couronne de lauriers) ou Ralph Lauren (joueur de polo) sont aisément reconnaissables. Si vous n'aimez pas les sigles et ne portez que vos initiales sur vos chemises, offrez-vous les nombreuses imitations de ces chemisettes à manches courtes sans marque.

La chemise de smoking ou d'habit est blanche, à col cassé pour ce dernier ; le plastron sera simple, sans frous-frous, en piqué ou avec des plissés. Les boutons auront appartenu à votre arrière-grand-père.

• Les chemises à Londres. Jermyn Street est la rue de Londres pour les chemises sur mesures. Ce sera la seule solution si vous voulez un col anglais (avec patte) que les Anglais ne portent plus guère. Prix 50 £ environ (initiales incluses). Délai 6 semaines minimum. Les meilleures maisons sont Harvie and Hudson, Turnbull and Asser, New and Lingwood (également à Eton et à Cambridge). Londres, c'est chic et cher.

• Les chemises à Hong Kong. Des milliers de boutiques vous couperont des chemises sur mesures en coton, en 24 ou 48 heures, pour 150 à 200 francs maximum, initiales incluses. Regardez les chemises de vos amis avant de noter leurs bonnes adresses et apportez vous-même vos modèles qui seront parfaitement copiés. Veillez à ce que Wang Chin ne vous refile pas du synthétique et n'hésitez pas à acheter le tissu chez l'un pour faire faire les chemises chez l'autre (pour la soie en particulier).

Hong Kong, c'est très chic, pas cher, mais un peu loin. Si vous êtes satisfait vous pouvez recommander par correspondance (à condition d'avoir pris des échantillons sur place).

En grandes pompes

La rue du même nom étant particulièrement BCBG, les BCBG font attention à leurs chaussures. A leur simple vue, ils peuvent déceler le goût et l'origine sociale de leur propriétaire. Nos cousins Sloane ont, à ce propos, une autre explication plus historique : jadis, du temps des preux chevaliers et des paysans, seuls les chevaliers étaient proprement chaussés ; il est donc naturel que, conservant ce privilège, les BCBG soient bien dans leurs chaussures. Comme les vestes en tweed ou les smokings, les chaussures n'en ont que plus d'allure si elles sont vieilles. Les chaussures mises au rencart par le père ou le grand-père de Charles-Henri

Weston : la Rolls des chaussures

On ne présente pas WESTON.

C'est LA chaussure de la panoplie BCBG. Peu importe sa forme (un mocassin comme beaucoup d'autres), mais sa finition est excellente.
Les Weston sont intemporelles, imitées mais jamais égalées aurait dit une réclame — oui mais surtout pour le prix.
C'est pour un BCBG le plus coûteux élément de son uniforme. Un vieux jean délavé (un 501 né en 1880 — tout a ses lettres de noblesse même les jeans), un polo sans forme, mais des mocassins Weston bien neufs. Sur les plages de Saint-Jean-de-Luz ou au bureau dans le VIIIe, les Weston ne sont reconnues que par ceux qui les portent.
Elles sont dures à casser : les débuts des Westoniens sont donc difficiles. Mais il faut mériter d'être à l'aise dans ses Weston !
Les coloris sont le noir, le marron, le bordeaux, le marine. Éviter le crocodile, le bicolore ou toute autre variante.
Les réparations : uniquement chez Weston (embauchoirs, housses, cirage).

étaient souvent faites sur mesures et n'en sont que plus « branchées ».

• Les mocassins : une paire de noirs, une paire de marron, une paire de bordeaux (Weston, Alden). Les mocassins américains, les mocassins à boucle sur le côté et les mocassins à bride (Gucci) ont leurs adeptes.

• Les chaussures : une paire noire « sport » (Weston), une paire fine (Weston, Church). Une paire marron « sport » (Weston à grosses semelles), une paire marron « fine » (Weston, Church).

• Les boots : hérités du style « cavalier » à lanières (Weston ou magasin d'équitation).

• Les Docksides : empruntées au « look » preppie. Bien en été pour aller à la plage, ou faire du bateau — ce à quoi elles étaient destinées.

• Les tennis : en cuir blanc, avec un minimum de couleurs et de marques, (nous ne sommes pas des Abribus).

• Les jogging : Nike ou TBS. (Tant pis, sacrifions pour une fois l'esthétique à l'efficacité).

• Les bottes : pour la campagne ou la chasse, en caoutchouc vert kaki ou marron, de préférence doublées cuir (Deblond).

• Les chaussures vernies : pour aller avec le smoking ou l'habit. De simples mocassins sans boucle et sans nœud.

• Les moon boots : elles ont remplacé les après-ski. A mettre aux sports d'hiver ou,en cas de froid sibérien, pour faire la queue lors des soldes de janvier chez Berteil, Burberrys ou même Weston.

• Les pantoufles : Charentaises ou Damart (à porter dans les vénérables demeures sans chauffage). Mais plutôt en cuir foncé. (Conserver précieusement les babouches rapportées de Marrakech pour un prochain bal costumé.)

Les chandails

La base de l'assortiment de chandails est le col en V en lambswool. Les couleurs : bleu marine, bleu pâle, jaune, rouge vif, bordeaux, vert bouteille, gris, etc. (Benetton). Le même modèle en cachemire est très prisé ! Ces chandails se portent seuls, sous une veste, voire même sous un costume (depuis que le président Giscard d'Estaing en a donné l'exemple) pour avoir chaud dans une grande maison mal chauffée. Les chandails ras du cou sont réservés aux week-ends ou à la campagne : lambswool, shetland, véritables chandails marins bretons (à épaule boutonnée à gauche), chandails irlandais (en laine écrue) ou chandails de l'armée anglaise (kaki ou bleu marine) à empiècements de grosse toile, ainsi que toutes les variantes à jacquard. Le cardigan, à col en V, avec deux poches, se porte le soir à la maison ou en week-end. Les coudes en cuir assortis sont autorisés.

Bonne nuit les BCBG

Une récente enquête a prouvé qu'une immense partie des BCBG dormait ainsi que le créateur les avait faits : nus comme des vers. Cependant les pyjamas existent encore et ne ressemblent pas à des survêtements. Ils se portent pour dormir exclusivement. Robe de chambre chaude écossaise ou en poil de chameau pour l'hiver, et légère, à motifs cachemire, pour l'été.

Les chaussettes

Depuis que les chaussettes ne se cachent plus, les Burlington ont contre-attaqué et tous les jeunes BCBG en sont équipés. Tant mieux : montrer ses mollets blancs et ses chaussettes tire-bouchonnées était une tradition bien peu enviable. Chaussettes foncées pour tenue de ville, et motifs jacquard assortis aux chaussures et à la veste en tweed. Les chaussettes blanches sont réservées au tennis et les noires aux tenues de soirée.

Les cravates

Tout ce qui est cravate n'est pas Hermès et tout ce qui Hermès n'est pas bon à porter en cravate. Les cravates sont toujours en soie, jamais en polyester lavable ni même en laine. Rayures dites « club » : à ne jamais porter en Grande-Bretagne sous peine d'être ridicule. Les cravates motifs cachemire ou animaux s'achètent chez Hilditch and Key, Berteil, Old England. Celles de Gucci ou d'Hermès sont les plus belles.

L'essentiel c'est l'accessoire

Les accessoires BCBG masculins sont en nombre limité. Laissez les chaînes en or avec dents de requins sur torse velu, les gourmettes, bracelets et chevalières avec initiales aux nouveaux riches exubérants.

Les accessoires BCBG sont le plus souvent anciens.

- Boutons de manchette : en or (Cartier, Van Cleef & Arpels, Poiray) ou de famille ; en passementerie (Charvet et tous les autres) ou émaillés.
- Montre : une vieille Cartier en or, une Rolex (pas en or), une Tiffany N.Y (en acier), toute vieille montre qui ne se remonte pas ; et maintenant les Swatch et autres machines bon marché.
- Alliance : simple jonc en or jaune, gravé à l'intérieur : prénoms et date de mariage.
- Chevalière : armoiriée uniquement. Armes de fantaisie s'abstenir.
- Ceintures : crocodile gold ou noir, ceinture élastique bicolore à bouts cuir, ceinture élastique tressée (bleu marine, vert, bordeaux) de Charvet.
- Pochettes : JAMAIS coordonnées avec la cravate. Uniquement en soie. Tous les motifs foulard à coordonner avec la veste, la chemise, la cravate pour les couleurs dominantes.
- Lunettes : discrètes, à monture (genre) écaille.

Sous-vêtements

« Pompe sueur », « Mimile », « Marcel », leur appellation suffit : ils ne sont pas exactement BCBG. Cependant, rien ne vous empêche si vous êtes frileux de porter un T shirt et même un Damart.

Les caleçons ont repris le dessus des dessous. Renoma en réalise, marqués du sigle de votre parti politique préféré ; si vous êtes marié, votre épouse connaît vos préférences, et si vous ne l'êtes pas est-ce un moment bien choisi pour risquer de distraire l'attention de votre partenaire ?

Pour tous : caleçons en coton, à rayures, cœurs, pois de toutes marques ou slips en coton à discrètes rayures (Eminence). Pour les sybarites, sous-vêtements en soie.

Comment choisir son médecin

En fait, ne vous y trompez pas c'est le médecin qui vous choisit. Car, où vous lui êtes sympathique d'emblée — ce qui est rare puisque la race des médecins BCBG se perd — ou vous êtes généreux (il vous adorera si vous ne lui demandez pas de feuille de maladie, encore plus si vous n'avez pas besoin d'ordonnance), ou votre maladie l'intéresse, ce qui est peu courant et peu souhaitable car c'est souvent la grande et dernière maladie... Ou alors vous ne lui plaisez pas, mais pas du tout, par votre superbe, par votre manière de montrer que vous connaissez tout de la médecine, du genre « j'ai des céphalées docteur, c'est certainement hépato-biliaire » ou alors « j'ai l'articulation scapulaire qui m'élance, c'est sûrement mon rachis qui fatigue ». Attention c'est dangereux, cela l'énerve. Dites tout simplement : « J'ai mal à l'épaule et au dos docteur, y a-t-il un lien entre les deux ? » N'oubliez pas une chose, c'est lui le docteur et pas vous !

Ne le contrariez pas :

- 1re En critiquant son diagnostic. Quand il vous dit « c'est la grippe ! » ne lui dites pas « oh ! vous croyez docteur ! n'est-ce pas plutôt un échauffement du sang car j'ai mangé une gigue de chevreuil un peu trop faisandée hier soir ? »

- 2e En commentant son traitement. Vous savez tout des antibiotiques, des antalgiques, des tranquillisants, des sédatifs, des neuroleptiques, des antitussifs, des hormones, de la cortisone, des antimitotiques, de la chimiothérapie, du laser, du scanner, de la résonance nucléaire magnétique, du cancer, du SIDA... mais NE LE LUI DITES PAS.

- 3e Vous avez une bronchite carabinée, mais votre temps est précieux et vous ne pouvez pas remettre un rendez-vous à plus tard. Ne lui dites pas : « Débrouillez-vous comme vous voulez, mais je dois être sur pied dans deux jours. »

- 4e Vous ne pouvez pas avoir la médecine de tout le monde, vous prenez plus de calmants ; c'est normal et il le sait.

Enfin, si vous n'êtes pas content, changez de médecin et ne prêtez pas attention aux commentaires de toutes sortes que vous feront vos amis : « il a tué toute ma famille », ou « il a coupé la jambe droite au lieu de la gauche ».

Le meilleur conseil :

RESTEZ

EN BONNE SANTÉ !

Chemises

ALAIN FIGARET
21, rue de la Paix, 75002 PARIS
(1) 265.04.99.

CHARVET
28, place Vendôme, 75001 PARIS
(1) 260.30.70.

FIL A FIL
26/28, rue Danièle Casanova, 75002 PARIS
(1) 261.67.88.
Nombreux autres magasins à Paris et en province.

PRINCETON
99, rue de Longchamp, 75116 PARIS
(1) 727.66.81.

Le seul grand magasin vraiment BCBG :

MADELIOS
10, place de la Madeleine, 75008 PARIS
(1) 260.39.30.

Tailleurs

BUNTLEY
29, rue de Marignan, 75008 PARIS
(1) 225.59.36.

CAMBOURAKIS
97, boulevard Raspail, 75006 PARIS
(1) 548.22.23.

CHARVET
28, place Vendôme, 75001 PARIS
(1) 260.30.70.

CREED
38, avenue Pierre 1er de Serbie, 75008 PARIS
(1) 720.58.02.

LANVIN
15, rue du Faubourg-Saint-Honoré, 75008 PARIS
(1) 265.14.40.

Costumes - Vestes - Pantalons

ARTHUR ET FOX
40, rue Vignon, 75009 PARIS
(1) 742.00.32.

BARNES
61, avenue Victor-Hugo, 75116 PARIS
(1) 500.98.10.

CHARLES BALSAN
124, boulevard Haussmann, 75008 PARIS
(1) 522.21.62.

CHARLES BOSQUET
13, rue Marbeuf, 75008 PARIS
(1) 720.65.59.

CHRISTIAN DIOR BOUTIQUE
13, rue François 1er, 75008 PARIS
(1) 723.54.44.

DANIEL CRÉMIEUX
6, boulevard Malesherbes, 75008 PARIS
(1) 265.96.15.

DELAUNAY
159, boulevard Saint-Germain, 75006 PARIS
(1) 548.37.80.

GIVENCHY GENTLEMAN
29-31, avenue Georges V, 75008 PARIS
(1) 720.90.13.

HARRISON
130, rue de la Pompe, 75116 PARIS
(1) 727.96.62.

HOLMES
22, avenue Victor-Hugo,
75116 PARIS
(1) 500.92.40.

LANVIN
2, rue Cambon, 75002 PARIS
(1) 260.38.83.

OLD ENGLAND
12, rue des Capucines,
75009 PARIS
(1) 742.81.99.

RENOMA
129 bis, rue de la Pompe,
75116 PARIS
(1) 727.13.79.

BROWNS
182, boulevard Saint-Germain,
75006 PARIS
(1) 544.49.76.

BURBERRYS
8-10, boulevard Malesherbes,
75008 PARIS
(1) 266.13.01.

CASHMERE HOUSE
2, rue d'Aguesseau, 75008 PARIS
(1) 265.42.61.

CREEKS
155, rue de Rennes, 75006 PARIS
(1) 548.26.36.

Sportswear

AU PETIT MATELOT
27, avenue de la Grande Armée,
75116 PARIS
(1) 509.15.51.

AUX LAINES ÉCOSSAISES
181, boulevard Saint-Germain,
75007 PARIS
(1) 548.53.41.

BENETTON
82, avenue Victor-Hugo,
75116 PARIS
(1) 727.73.73.
Nombreux autres magasins à Paris et en province.

BERTEIL
3, place Saint-Augustin,
75009 PARIS
(1) 265.28.52.

BONPOINT
67, rue de l'Université,
75007 PARIS
(1) 551.53.18.

BOUTIQUE LACOSTE
82, avenue Victor-Hugo,
75116 PARIS
(1) 553.39.49.

ERSATZ

BIDERMAN
114, rue de Turenne,
75003 PARIS
(1) 277.15.20.

DÉPOT DE GRANDES MARQUES
15, rue de la Banque,
75002 PARIS
(1) 296.99.04.

DURAND DUPONT
31, avenue de la Motte Picquet,
75007 PARIS
(1) 705.47.57.

MICHEL COLIN
15, rue de la Fontaine du But,
75018 PARIS
(1) 264.14.33.

SOLDE TROIS
3, rue de Vienne, 75008 PARIS
(1) 294.99.67.
Soldes Lanvin.

SURPLUS DE NEUILLY
19, rue de Chartres,
92200 NEUILLY-SUR-SEINE
(1) 624.39.46.

Et bien évidemment les soldes de janvier, de juin et de juillet.

FACONNABLE
25, rue Royale, 75008 PARIS
(1) 742.72.60.

HEMISPHÈRES
1-3, boulevard Emile Augier, 75016 PARIS
(1) 520.13.75.

HILDITCH AND KEY
252, rue de Rivoli, 75001 PARIS
(1) 260.36.09.

HOBBS
3, rue de la Renaissance, 75008 PARIS
(1) 720.83.22.

ISLAND
4, rue Vide-Gousset, 75002 PARIS
(1) 261.77.77.

JAEGER
3-5, rue du Faubourg-Saint-Honoré, 75008 PARIS
(1) 265.22.46.

JOCKEY CLUB
167, rue de la Pompe, 75116 PARIS
(1) 704.99.81.

METTEZ
16-18, boulevard Malesherbes, 75016 PARIS
(1) 265.33.76.

OLD ENGLAND
12, boulevard des Capucines, 75009 PARIS
(1) 742.81.99.

RHODES AND BROUSSES
14, rue de Castiglione, 75001 PARIS
(1) 260.86.27.

SCAPA OF SCOTLAND
6, rue de Grenelle, 75006 PARIS
(1) 222.81.76.

THE SCOTCH HOUSE
56, rue de Passy, 75016 PARIS
(1) 288.88.24.

Chaussures

BALLY
35, boulevard des Capucines, 75002 PARIS
(1) 261.67.34.

OLD ENGLAND
12, boulevard des Capucines, 75009 PARIS
(1) 742.81.99.
Pour ses Church's.

WESTON
• 144, avenue des Champs-Élysées, 75008 PARIS
(1) 562.26.47.
• 97, avenue Victor-Hugo, 75116 PARIS
(1) 704.23.75.
• 98, boulevard de Courcelles, 75017 PARIS
(1) 763.18.13.

Cravates

GUCCI
2, rue du Faubourg-Saint-Honoré, 75008 PARIS
(1) 296.83.27.

HERMES
24, rue du Faubourg-Saint-Honoré, 75008 PARIS
(1) 265.21.60.

Et toujours : BERTEIL, BURBERRYS, OLD ENGLAND et MADELIOS.

MADAME BCBG

Un sur les bras, un dans la vitrine

Aujourd'hui comme hier, pourquoi changer demain ? L'élégance consiste à fuir la mode, ses excès, ses contrastes et ses changements.

La BCBG se complait dans l'immobilisme vestimentaire. Ne pouvant changer de look au gré des tendances, des saisons, de son âge, elle est obligée d'acheter cher. Que voulez-vous, encore faut-il avoir les moyens pour acheter bon marché !

C'est ainsi qu'un tailleur en tweed pour la ville, vieillira à la campagne et finira ses jours en tenue « pour le marché ». Car tous les jours la BCBG porte des vêtements pratiques et confortables qui lui permettent aussi bien de vaquer à ses occupations domestiques que de prendre le thé chez une autre BCBG ou de suivre son cours d'anglais hebdomadaire (pour être à la hauteur lorsqu'elle reçoit les clients américains de son mari).

Elle est toujours soignée, coiffée, maquillée et classique, quoiqu'il arrive et quelle que soit l'heure de la journée ; le laisser-aller n'est pas plus toléré dans sa tenue que dans sa maison. Même en jeans pour faire le ménage ou les grands rangements de printemps, un détail de son habillement la signalera à ses congénères : collier de perles qui dépasse, vieux foulard Hermès noué sur la tête, mocassins Céline éculés.

Vous pouvez sonner chez elle à toute heure, elle est prête à vous recevoir. C'est une nécessité car les visites « impromptues » sont l'une des seules fantaisies permises si l'on est de la même génération. Il n'y a aucun risque de la trouver en bigoudis, ou en tablier (elle n'en a pas) ou en robe de chambre qu'elle ne porte que très brièvement le matin, tout comme ses pantoufles. En fait, il n'y a pas pour les BCBG de différence entre les tenues portées à la maison et les tenues portées pour sortir de chez elles. C'est l'une des différences importantes avec le reste du monde qui vit en pantoufles et robe de chambre.

Même avec un budget serré, elle sera élégante, mélangeant habilement quelques pièces d'un bon faiseur avec d'autres plus simples. Ce n'est qu'en avançant en âge, si ses moyens le lui permettent, qu'elle osera son premier « petit tailleur Chanel » qui remplacera le « genre Chanel » acheté chez Franck.

Habile de ses mains, on la rencontrera au marché Saint-Pierre dans une cohue indescriptible, se battant pour un coupon de tissu, pour elle-même, pour ses enfants ou ses petits-enfants. Peut-être osera-t-elle une brève visite non loin de là, chez Tati où, dans une foule bigarrée, elle essaiera de repérer quelque chose de « possible » ; entendez par-là quelque chose qui fasse BCBG.

La majorité des BCBG, par manque d'imagination, suit scrupuleusement les conseils vestimentaires que lui prodigue la génération précédente depuis sa naissance. Elle portera immanquablement dans la journée une jupe plissée grise ou bleu marine, ou un kilt, un chemisier à col ouvert et un cardigan (ou un twin-set) de préférence bleu marine ou assorti à la jupe, des collants clairs et des mocassins plats ou à petits talons. Le soir pour les dîners en ville, elle essaiera laborieusement de faire un effort, mais se séparera difficilement de ses chemisiers-jupes plissées-mocassins améliorés. On la verra cependant parfois en tailleur, veste de style homme sur une jupe droite, chemisier de soie et escarpins.

La BCBG plus raffinée saura faire la part des choses. A partir des mêmes éléments de base, elle osera des couleurs vives, des tenues avec pantalons et variera les accessoires, au risque de paraître — de loin il est vrai — suivre la mode. Ceintures, bijoux, foulards, collants fantaisies abonderont.

Si elle s'aventure plus encore, elle portera un ensemble Kenzo tout en conservant le sempiternel couple chemisier et chandail de la garde-robe classique. Elle n'oubliera pas la palette variée des produits de maquillage et les coupes de cheveux signées des grands coiffeurs.

La panoplie d'Isabelle

Pour la journée

- Jupe plissée unie (grise, bleu marine, beige) ou écossaise.
- Kilt écossais, choisi parmi les plus classiques. Les tartans originaux (Mc Gregor à fond rouge par exemple) sont les plus prisés, mais il existe de nombreux coloris ne correspondant à aucun clan écossais (Burberry's, Berteil).
- Jupe droite unie, de même couleur que la jupe plissée. Pas très pratique dans la journée lorsqu'il faut monter quatre à quatre l'escalier, ou secourir un enfant qui pleure.
- Chandails et gilets bleu marine ou assortis au kilt. A la rigueur des teintes pastels : jaune, bleu ciel, rose (Aux laines écossaises, Benetton).
- Col roulé autorisé uniquement avec collier de perles et foulard Hermès.
- Chemisier (ou chemise d'homme) blanc ou à rayures ou encore en Liberty. Pour les plus sophistiquées, un des nombreux modèles à collerette de Figaret ou Renato Nucci.

• Tailleur bien coupé et strict. Veste et jupe droite en tweed, à chevrons ou en shetland. Le col de velours est une variante. (Harrison, Barnes, Berteil).

• Blazer droit, comme pour les hommes ; passe partout il sert tout au long de l'année, particulièrement au printemps et à l'automne. Parfait pour faire ses courses ou dîner en ville. Éviter à tout prix la pochette et la cravate ; le style « petit mec » n'est pas BCBG.

• L'imperméable, raglan ou trench, est beige. Le Burberrys, fortement conseillé, est cependant moins impératif que pour les hommes. Les cirés de couleur et l'imperméable laqué doivent être oubliés dans le métro s'il vous en reste un dans votre penderie.

• Le loden est aussi indispensable que le collier de perles, le foulard Hermès et les mocassins Céline. De mauvaises langues murmurent que des BCBG fauchées auraient été découvertes ne portant que ces accessoires. Le loden est vert pour les campagnardes ou celles qui veulent le paraître, et bleu marine pour les citadines incorrigibles. (Franck et Fils, le Petit Matelot, Berteil, Mettez, Burberrys).

• Le jean rarement, mais utile pour bricoler, faire le ménage, déménager ou s'occuper des enfants. Totalement incompatible avec le manteau de fourrure, comme le portent les marchandes de fripes.

• Le manteau : c'est une redingote beige (peut être en poil de chameau) ou bleu marine avec un col de velours pour les plus sophistiquées.

• Le manteau de fourrure n'apparaît pas tout de suite : on en hérite, mais on ne l'achète qu'après 35 ans, en castor, vison ou astrakan. Vers 50 ans, après l'avoir fait « refaire » une fois ou deux l'on espère s'offrir enfin un « beau » vison, à moins que l'on ne préfère une croisière sur le Nil — qui elle ne nécessite pas de manteau de fourrure.

La tenue de campagne fait partie intégrante de la garde-robe BCBG, elle est multiusages et permettra de se sentir à l'aise dans la campagne normande, tout comme sur les planches de Deauville, à la chasse en Sologne ou en Alsace pour les vendanges. Et n'oubliez pas ceci : où que vous soyez, une BCBG peut en croiser une autre. Il est donc important même en rase campagne de revêtir la panoplie suivante :

• jupe-culotte, vert loden de préférence (Mettez) ;
• chandail ou cardigan assorti ;
• collant en laine ;
• chemisier en Viyella ou écossais (Berteil, Old England) ;

- chapeau cloche en tweed (Hémisphères, Berteil, Mettez);
- mocassins ou bottes en caoutchouc;
- à la rigueur un pantalon en velours ou en tissu écossais (Scapa of Scotland) avec des boots Weston;
- une véritable veste autrichienne (Mettez, Maison du Loden);
- un loden.

La BCBG plus sophistiquée et plus mode ajoutera à la description ci-dessus quelques éléments de charme :

- un ensemble jupe et veste ou une robe de chez Kenzo ou Ventilo;
- un chemisier de soie de Saint-Laurent ou Cocon;
- une pelisse ou une veste en castor (Revillon, Saint-Laurent);
- des chandails en cachemire (Cashmeere House, Berteil);
- une robe pour dîner ou bridger (Victoire, Agnès B);
- une paire de chaussures plates avec nœud en gros grain (Carel) ou plus amusante (Sacha).

La tenue de soirée

Des grandes soirées, tous bijoux dehors, robe de grand couturier, maquillage et coiffure sophistiqués, aux petites fêtes chez des amis en jupe longue et chemisier, toutes les variantes sont permises. Plus ou moins décolletée, selon les goûts et les avantages, la robe longue est en moire, velours, taffetas ou soie. Le prêt-à-porter des grands couturiers (Saint-Laurent, J.-L. Scherrer, Nina Ricci par exemple) et (surtout) les soldes permettent aux plus fortunées des tenues époustouflantes ou sages. Pour l'immense majorité une couturière ou une amie réali-

sera le modèle choisi et adapté des journaux de mode, Marie-Claire, Vogue, Harper's Bazar, Elle ou Femme Pratique, à moins qu'elle ne couse elle-même ce qui n'est pas toujours souhaitable.

L'été, c'est l'époque des robes, pratiquement inexistantes le reste de l'année, sauf le soir ou pour sortir l'après-midi pour les plus âgées (et encore !) : robes chemisiers pour la ville et à bretelles pour le bord de la mer. Les tissus sont légers : seersucker, piqué de coton, Liberty, à fines rayures bleues, roses, vertes, ou à fleurs. Les jupes se portent avec des Lacoste, comme les bermudas pour aller à la plage.

En avançant en âge la BCBG, dont les tenues ne varient guère s'habillera, après avoir lu le Figaro Madame chez :

- Chanel pour les tailleurs.
- Balmain et Sherrer pour les chemisiers de soie.
- Dior, Balmain, Scherrer, Nina Ricci pour les robes que leur envieront les plus jeunes.
- Carel et Weston, indétrônables pour les chaussures, mais auxquels s'ajouteront : Dior et Saint-Laurent.

Sport dans les placards

La BCBG fait du sport, en a fait et en fera, ce qui explique qu'elle ait dans ses placards des tenues de sport.

- Le jogging n'a pas grand intérêt, mais comment résister à un survêtement rose ?

- Pour le tennis, il n'y a que l'embarras du choix. Sigles Lacoste, Dorotennis (ne pas oublier le sac en bandoulière) Tunmer ou qui vous voulez, essayez de choisir une tenue discrète surtout si vous jouez mal. Évitez la tenue orange et marron gagnée au dernier tournoi, même si vous êtes sûre de gagner la finale, cela fera plaisir au Président du club, mais les amies — déjà jalouses — ne vous pardonneront pas cette faute de goût.

Mode féminine

ARTHUR ET FOX
40, rue Vignon, 75009 PARIS
(1) 742.00.32.

AU PETIT MATELOT
27, avenue de la Grande Armée,
75116 PARIS
(1) 500.15.51.

AUX LAINES ÉCOSSAISES
181, boulevard Saint-Germain,
75007 PARIS
(1) 548.53.41.

BARNES
61, avenue Victor-Hugo,
75116 PARIS
(1) 500.98.10.

BENETTON
75, rue de Passy, 75016 PARIS
(1) 288.54.10.
Et nombreux autres magasins à Paris et en Province.

BERTEIL
3, place Saint-Augustin,
75008 PARIS
(1) 265.28.52.

BURBERRYS
8-10, boulevard Malesherbes,
75008 PARIS
(1) 266.13.01.

CASHEMERE HOUSE
2, rue d'Aguesseau, 75008 PARIS
(1) 265.42.61.

CHARLES BOSQUET
13, rue Marbeuf, 75008 PARIS
(1) 720.65.59.

DELAUNAY
159, boulevard Saint-Germain,
75006 PARIS
(1) 548.37.80.

FIGARET
21, rue de la Paix, 75002 PARIS
(1) 265.04.99.

FRANCK ET FILS
80, rue de Passy, 75016 PARIS
(1) 647.86.00.

HARRISSON
130, rue de la Pompe,
75116 PARIS
(1) 727.96.62.

HÉMISPHÈRES
1, boulevard Emile Augier,
75016 PARIS
(1) 520.13.75.

JAEGER
3-5, rue du Faubourg-Saint-Honoré, 75008 PARIS
(1) 265.22.46.

LA MAISON DU LODEN
146, rue de Rivoli, 75001 PARIS
(1) 260.13.51.

METTEZ
16-18, boulevard Malesherbes,
75008 PARIS
(1) 265.33.76.

OLD ENGLAND
12, boulevard des Capucines,
75009 PARIS
(1) 742.81.99.

SCAPA OF SCOTLAND
71, rue des Saints-Pères,
75006 PARIS
(1) 548.99.44.

THE SCOTCH HOUSE
56, rue de Passy. 75006 PARIS
(1) 288.88.24.

Et pour suivre la mode de plus près :

AGNES B
13, rue Michelet, 75006 PARIS
(1) 633.70.20.

COCON
255, rue Saint-Honoré,
75001 PARIS
(1) 260.08.63.

GEORGES RECH
23, avenue Victor-Hugo,
75116 PARIS
(1) 500.83.19.

KENZO
3, place des Victoires,
75001 PARIS
(1) 236.81.41.

MAC DOUGLAS
155, rue du Faubourg-Saint-Honoré, 75008 PARIS
(1) 561.19.71.
(Blousons en cuir).

VENTILO
59, rue Bonaparte, 75006 PARIS
(1) 354.02.92.

VICTOIRE
10-12, place des Victoires,
71001 PARIS
(1) 508.53.29.

Et pourquoi pas les grands couturiers ?

CELINE
3, avenue Victor-Hugo,
75116 PARIS
(1) 501.80.01.

CHANEL
31, rue Cambon, 75001 PARIS
(1) 261.54.55.

CHRISTIAN DIOR
30, avenue Montaigne,
75008 PARIS
(1) 723.54.44.

EMANUEL UNGARO
2, avenue Montaigne,
75008 PARIS
(1) 723.61.94.

GIVENCHY
8, avenue Georges V,
75008 PARIS
(1) 723.44.40.

GRES
1, rue de la Paix, 75002 PARIS
(1) 261.58.15.

GUY LAROCHE
29, avenue Montaigne,
75008 PARIS
(1) 723.78.72.

HERMES
24, rue du Faubourg-Saint-Honoré, 75008 PARIS
(1) 265.21.60.

JEAN PATOU
7, rue Saint-Florentin,
75008 PARIS
(1) 260.17.92.

JEAN-LOUIS SCHERRER
51, avenue Montaigne,
75008 PARIS
(1) 359.55.39.

LANVIN
22, rue du Faubourg-Saint-Honoré, 75008 PARIS
(1) 265.14.40.

NINA RICCI
39, avenue Montaigne,
75008 PARIS
(1) 723.78.88.

PIERRE BALMAIN
44, rue François 1er, 75008 PARIS
(1) 720.35.34.

SAINT-LAURENT
38, rue du Faubourg-Saint-Honoré, 75008 PARIS
(1) 265.74.59.

VALENTINO
19, avenue Montaigne,
75008 PARIS
(1) 723.64.61.

ERSATZ

Les boutiques de troc :

MAXIPUCES
18, rue Cortambert, 75116 PARIS
(1) 503.37.31.

RÉCIPROQUE
95, rue de la Pompe,
75116 PARIS
(1) 704.30.28.

SAINT-FRUSQUIN
1, villa Juge, 75015 PARIS
(1) 575.13.56.

TROCADE
9, avenue de Villiers,
75017 PARIS
(1) 267.80.14.

TROC DE TRUCS
37, rue du Colisée, 75008 PARIS
(1) 359.38.60.

Stocks et Dégriffés :

BABS
29, avenue Marceau,
75016 PARIS
(1) 720.84.74.

CLUB DES DIX
43, rue du Faubourg-Saint-Honoré, 75008 PARIS
(1) 266.43.61

JACKIE O
40, rue de Verneuil, 75007 PARIS
(1) 296.36.92.

LA SOLDERIE
85, rue de la Boétie, 75008 PARIS
(1) 359.18.01

LE MOUTON A CINQ PATTES
8, rue Saint-Placide,
75006 PARIS
(1) 548.86.26.

MENDES (Saint-Laurent)
65, rue Montmartre, 75009 PARIS
(1) 236.83.32.

RODIER
11, boulevard de la Madeleine,
75001 PARIS
(1) 261.51.55.

SOLDE-TROIS (Lanvin)
3, rue de Vienne, 75008 PARIS
(1) 294.99.67.

SURPLUS DE NEUILLY
18 bis, rue de Chartres,
92200 NEUILLY-SUR-SEINE
(1) 624.39.46.

Sans oublier les soldes de janvier et de juin, et plus particulièrement ceux d'Hermès (mars et octobre) ou de Burberrys... qui font courir le « Tout-Paris ».

Sans dessous dessus

A moins que vous ne posiez pour Play Boy ou Lui, restez simples. En Dior ou en Prisu, pas de frous-frous, pas de couleurs vives, pas trop de dentelles.

Dior, Rosy, Simone Pérèle, Dim, Aubade offrent en blanc ou beige clair de quoi satisfaire les BCBG et leurs admirateurs; pour les plus coquines : les Folies d'Élodie, à moins que vous ne préfériez la soie ou les amusants caleçons.

Collants beiges invisibles, bleu marine ou fantaisie, de Céline ou Dior.

Sous-vêtements

Les femmes BCBG portent rarement les dessous coquins dont rêvent les hommes en passant devant les vitrines. Selon leurs moyens ce sera Dior ou Prisu.

CHARLEY
14, rue du Faubourg-Saint-Honoré, 75008 PARIS
(1) 874.15.31.
Maillots de bains également.

CHRISTIAN DIOR
• 30, avenue Montaigne, 75008 PARIS
(1) 723.54.44.
• Et également dans les grands magasins.

Et trois adresses plus osées, mais bon genre quand même :

CHANTAL THOMASS
11, rue Madame, 75006 PARIS
(1) 544.57.13.

LES FOLIES D'ÉLODIE
56, avenue Paul Doumer, 75016 PARIS
(1) 504.93.57.

SABBIA ROSA
71-73, rue des Saints-Pères, 75006 PARIS
(1) 548.88.32.

Chaussures

• Mocassins Céline, bleu marine, bordeaux, noir, marron; soit avec un mors soit avec un pompon (même couleurs pour Weston).
• Mocassins américains Maralex ou Manfield.
• Escarpins à petits talons (les hauts talons sont devenus vulgaires) de Carel ou Hémisphères.
• Boots (Weston) à porter avec un pantalon.
• Bottes Carel, Saint-Laurent.

Chaussures

CAREL
9, avenue Mozart, 75016 PARIS
(1) 288.20.97.
Nombreux autres magasins à Paris et en province.

CÉLINE
24, rue François 1er, 75008 PARIS
(1) 720.22.83.
D'autres magasins à Paris.

CHRISTIAN DIOR
26, avenue Montaigne, 75008 PARIS.
(1) 723.54.44.

GUCCI
2, rue du Faubourg-Saint-Honoré, 75008 PARIS
(1) 265.40.27.

HÉMISPHÈRES
1, boulevard Emile Augier, 75016 Paris
(1) 520.13.75.
Pour les escarpins classiques qui sont fantastiques.

HERMES
24, rue du Faubourg-Saint-Honoré, 75008 PARIS
(1) 265.21.60.

Mocassins américains chez :

MANFIELD
110, avenue Victor-Hugo, 75116 PARIS
(1) 553.31.87

MARALEX
1, rue de la Pompe, 75016 PARIS
(1) 288.92.90.

SACHA
24, rue de Buci, 75007 PARIS
(1) 354.43.50.

SAINT-LAURENT
6, place Saint-Sulpice, 75006 PARIS
(1) 329.43.00.

STEPHANE KELIAN
42, avenue Victor-Hugo, 75116 PARIS
(1) 500.31.59.

ERSATZ

BALLY SOLDES
1, rue du Louvre, 75001 PARIS
(1) 260.22.46.

MARC SOLDES
1, rue Ordener, 75018 PARIS
(1) 245.00.50

SABOTINE (soldes Carel)
35, rue de la Roquette,
75011 PARIS
(1) 355.10.04.

Le sac est chic et cher

Hermès, messager des Dieux et Dieu des sacs ! Inabordable, mais tellement raffiné, copié, plagié, dénaturé, le sac « Kelly » ou « H » d'Hermès est le rêve de tout BCBG. En attendant, un Céline, un Gucci seront parfaits. Et pourquoi pas un Laffargue rapporté de Saint-Jean-de-Luz ?

Atelier 5 produit de fort beaux sacs, cousins d'Hermès et de Céline ; il n'y a que vous

Sacs

CASSEGRAIN
26, avenue de Suffren,
75015 PARIS
(1) 566.77.43.

LAFFARGUE
25, rue Gambetta,
34500 SAINT-JEAN-DE-LUZ
(59) 26.11.38.

LANCEL
8, place de l'Opéra, 75009 PARIS
(1) 742.37.29.

Et HERMES bien-sûr !

Le sac Hermès : un monument

et toutes ses clientes qui sauront d'où il vient ! Longchamps, Cassegrain et Lancel se partagent avec Didier Lamarthe la fourniture de ces pochettes surprises que sont les sacs de femme.

ERSATZ

L'ATELIER 5
5, rue des Petits Hôtels,
75010 PARIS
(1) 770.83.30.

HENELL'S
4, rue du Buisson Saint-Louis,
75010 PARIS
(1) 206.85.94.

Adieu foulards

Chez Hermès, on ne parle que de carrés à des prix carrément fous. Mais qui résiste ! Le miracle d'Hermès est quotidien : quelle que soit l'assemblée, le risque de voir porter deux carrés identiques est insignifiant car les modèles sont innombrables. Le choix se portera sur les modèles anciens.

Gucci est inégalé pour ses foulards à motifs de fruits et de fleurs et pour ses harmonies de couleurs.

Les châles en laine ou en laine et cachemire sont de Saint-Laurent ou de Souleiado.

Chapeaux

Les capelines ou voilettes sont réservées aux mariages. Pour la ville ou la campagne, le style masculin ou le feutre à larges bords, genre chasse, agrémentés d'une plume, en tweed ou loden vert (Berteil, Mettez, Petit Matelot).

Bijoux spartiates

Hormis un bracelet fantaisie et des boucles d'oreilles en toc — même en plastique — la BCBG ne portera guère de bijoux avant de recevoir le collier de perles de ses 18 ans. Voilà un sujet sur lequel les BCBG ne plaisantent pas (mais plaisantent-ils sur les autres ?) et leurs enfants se le tiennent pour dit. Ensuite peut venir un collier ras du cou en perles d'or, un bracelet, une chaîne ou un jonc en or et, le cas échéant, la chevalière offerte pour les 18 ans. La bague de fiançailles et l'alliance ne se quittent pas. Il restera au mari à offrir à sa femme un bijou pour chaque naissance ou grande occasion.

BIJOUX

Les grands joailliers :

BOUCHERON
26, place Vendôme, 75001 PARIS
(1) 261.58.16.

BULGARI
27, avenue Montaigne,
75008 PARIS
(1) 723.89.89.

CARTIER
13, rue de la Paix, 75002 PARIS
(1) 261.58.56.
Mais les temps ont changé. On ne va chez Cartier que pour la bague les « 3 anneaux », les montres modèles anciens en or massif Tank et Santos Dumont, et les briquets.

CHAUMET
12, place Vendôme, 75001 PARIS
(1) 260.32.82.

MAUBOUSSIN
20, place Vendôme, 75001 PARIS
(1) 260.32.54.

VAN CLEEF & ARPELS
22, place Vendôme, 75001 PARIS
(1) 261.58.58.

Second best :

BOIVIN
12, rue de la Paix, 75002 PARIS
(1) 261.06.23.

HERMES
24, rue du Faubourg-Saint-Honoré, 75001 PARIS
(1) 265.21.60.

LA PERLE
85, avenue Raymond Poincaré,
75116 PARIS
(1) 533.07.62.

POIRAY
8, rue de la Paix, 75002 PARIS
(1) 261.70.58.

TECLA (spécialiste des perles)
2, rue de la Paix, 75008 PARIS
(1) 261.03.29.

VERNEY
8, place Vendôme, 75001 PARIS

ZOLOTAS
370, rue Saint-Honoré,
75001 PARIS
(1) 260.98.63.

ERSATZ

Fabricants en chambre et :

KEN LANE
14, rue de Castiglione,
75001 PARIS
(1) 260.69.56.
Copies de modèles des grands joailliers.

Bijoux d'occasion - Troc :

GARLAND
13, rue de la Paix, 75002 PARIS
(1) 261.17.95.

LE VIEUX SAINT-HONORÉ
334, rue Saint-Honoré,
75001 PARIS
(1) 260.44.75.

MICHEL PÉRINET
420, rue Saint-Honoré,
75008 PARIS
(1) 261.49.16.

Avec un peu de chance et quelques connaissances en gemmologie n'oubliez pas pour acheter vos bijoux les Salles des Ventes de province ou l'HÔTEL DROUOT à Paris.

Bijoux fantaisie :

AGATHA
97, rue de Rennes, 75006 PARIS
(1) 548.81.30.

ANÉMONE
235, rue Saint-Honoré,
75001 PARIS
(1) 296.44.85.

FABRICE
26, 33 et 54, rue Bonaparte,
75006 PARIS
(1) 336.57.95.

PULCINELLA
10, rue Vignon, 75009 PARIS
(1) 742.57.23.

La BCBG complètera ses trésors de bijoux fantaisie, boucles d'oreilles avec perles entourées de torsades dorées ou cabochons, colliers, bracelets d'Agatha ou Fabrice.

Comment choisir son coiffeur

Pour les garçons, ce n'est guère important ; ils vont se faire couper les cheveux. Pour les filles, choisir un Figaro est une décision majeure.

Les petites filles n'ont pas le choix : conduites par la mère chez son propre coiffeur, elles ont le droit, une ou deux fois par an, à une bonne coupe au carré. Le reste de l'année, quelques coups de ciseaux à la maison feront l'affaire. Jeunes filles, elles vont toujours chez le coiffeur de maman, mais le trouvant peu à peu vieillot et dépassé elles auront envie d'essayer celui de leur meilleure amie. Le jour de leur mariage, elles choisiront le coiffeur qui les a connues depuis leur tendre enfance et qui saura le mieux adapter voile, couronne ou chapeau.

Jeunes femmes, feront-elles confiance au coiffeur de leur jeunesse ou, sous prétexte de « changer de tête », sur les conseils d'une amie, à la lecture d'un magazine, iront-elles chez un des grands noms du moment ? Le coup de ciseau compte autant que les confidences reçues... et le nom des autres clientes coiffées.

Parfums

GUERLAIN possède ses magasins les autres maisons distribuent dans les meilleurs magasins et dans les rayons spécialisés des grands magasins. Ce sont :

CHANEL - DIOR - ESTÉE LAUDER - GIVENCHY - GRÉS - HERMÈS - YVES SAINT-LAURENT - LANVIN - NINA RICCI - ROCHAS et PATOU.

GUERLAIN

- 2, place Vendôme,
75001 PARIS
(1) 260.68.61.
- 29, rue de Sèvres, 75006 PARIS
(1) 222.46.60.
(avec institut de beauté)
- 68, Champs-Élysées,
75008 PARIS
(1) 562.52.57.
(avec institut de beauté)
- 93, rue de Passy, 75016 PARIS
(1) 288.41.62.

Une mention spéciale pour Diptyque qui vend les produits Floris (Jermyn Street à Londres) très Sloane Ranger, parmi des cadeaux et d'autres parfums comme Creed ou Trumper.

DIPTYQUE
34, boulevard Saint-Germain,
75005 PARIS
(1) 326.45.27.

Coiffeurs

ALEXANDRE
3, avenue Matignon,
75008 PARIS
(1) 225.57.90.

CAMILLE ALBANE
47, rue Bonaparte, 75006 PARIS
(1) 633.59.57.

CARITA
11, rue du Faubourg-Saint-Honoré 75008 PARIS
(1) 265.79.00.

DESSANGE
37, avenue Franklin Roosevelt
75008 PARIS
(1) 359.31.31.

LAURENT GAUDEFROY
6, rue de la Paix, 75002 PARIS
(1) 261.18.01.

MANIATIS
89, avenue Raymond Poincaré,
75116 PARIS
(1) 501.28.55.

MOD'S HAIR
57, avenue Montaigne,
75008 PARIS
(1) 359.06.50.

Les soldes

L'un des rites les plus étranges de la secte des BCBG s'accomplit en janvier et en juillet (sauf pour Hermès, mars et octobre). A ces dates, les BCBG mâles et femelles s'emparent des gazettes et se dirigent à heures fixes vers les lieux indiqués et fréquentés par une population homogène, vêtue de lodens, Weston,

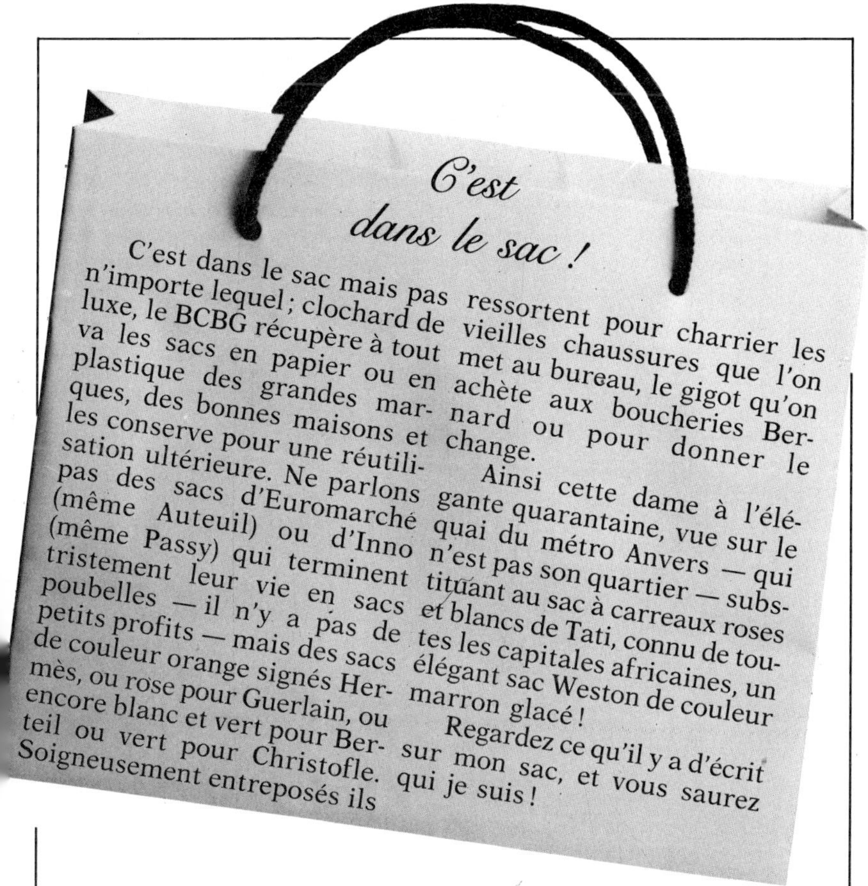

écharpes Old England et foulards Hermès. Là, dans le froid ou sous la pluie, ils attendent en rangs serrés d'entrer dans l'un des temples de leur secte : un magasin BCBG pour les soldes.

La panoplie du BCBG est chère : l'un des buts du BCBG sera donc d'avoir l'air BCBG ou de l'être au meilleur prix. Il y emploiera une partie de son temps et échangera, avec d'autres initiés, les dates des soldes privés « sur invitation » et cartes de « remises confidentielles ». Un sou est un sou, n'est-ce-pas ? Les copies, les faux, les à-peu-près le réjouissent ; qui n'a pas son costume Lanvin (fait par un petit tailleur qui a travaillé pour eux), son sac Hermès (ce n'est pas marqué Hermès, mais c'est un ancien contremaître) ou sa fausse montre tank de Cartier ou sa Rolex venue de Taipeh (50 $ lors du dernier voyage de Charles-Henri).

L'ARGENT BCBG

Les signes intérieurs de richesse

Jamais, au grand jamais, les signes de richesses ne sont extérieurs. A une exception près, la déclaration d'impôts qui oblige à recenser : motos, autos, bateaux, chevaux, actions de chasse et de golf ; mais en dehors du percepteur, cela n'affecte personne. Le train de vie même s'il est large est mené avec discrétion : rien de clinquant, rien de visible.

Les signes qu'il faut être initié pour percevoir : une mention dans le Who's who, des cartons d'invitation pour les grands événements, un bon carnet d'adresse, des invitations à parler à la radio, à la télévision, l'appartenance à un cercle ou à un club très fermé, la rencontre fréquente de grands personnages de l'art, de la politique, des affaires ou des média, un agenda bourré à craquer, le tutoiement de personnalités en vue et l'impossibilité d'être au restaurant ou dans un cocktail sans être tenu de serrer des mains.

Pour les BCBG, cela est naturel ; leur famille, leur éducation, leur mariage ont, graduellement, tissé des liens multiples que leurs activités professionnelles et mondaines renforcent. Ils en tirent une certaine vanité et savent — mais pour combien de temps encore — que cet esprit de caste les rend invulnérables aux traits lancés par la piétaille. Et cela ne se monnaye pas.

La possession des possédants

Tous ceux qui paient l'impôt sur la fortune ne sont pas riches. Mais bien avant que ne soit créé ce descendant de l'impôt sur les portes et fenêtres, tous les BCBG ont connu ou vu des gens riches.

Après la guerre, on montrait du doigt les enfants de nouveaux riches, mieux habillés qu'eux, souvent d'une façon voyante. Une puissante automobile étrangère avec chauffeur les conduisait en classe. Curieusement, ils n'avaient pas l'assurance des autres face aux professeurs ou au père supérieur. Les enfants distinguent difficilement les nuances qui différencient les fortunes anciennes des richesses récemment et rapidement acquises.

Les nouveaux riches se précipitent vers des dépenses ostentatoires : yacht, toiles de maître, propriétés, et toute une flotte de voitures voire d'avions ou d'hélicoptères. Ils s'intéressent au dollar, à l'informatique ou à la mode. Les anciens riches ont de belles propriétés, des primitifs italiens, un personnel stylé et détestent les nouveaux riches, sans doute parce qu'ils leur rappellent qu'ils ont été nouveaux riches eux-mêmes.

Cependant les nouveaux et les anciens ont au moins ceci en commun : ils sont possédés par la possession. Sigmund Freud affirmait que le bonheur était la réalisation à l'âge adulte des rêves d'enfant; comme chacun le sait, les enfants ne rêvent pas d'argent car ils l'ignorent, mais d'avoir un avion, une montagne de chocolat ou de faire le tour du monde... ce qui revient au même ! L'idée que l'argent ne fait pas le bonheur est donc fausse, l'argent peut faire le bonheur, n'en déplaise au docteur Freud. Reste la différence : les anciens riches ont un hôtel particulier (dans le VIe), un chalet à la montagne (Méribel), une chasse (Sologne), une maison dans le midi (Cap Ferrat), et quelque chose à Ré « bien-avant-que-Ré-ne-soit-à-la-mode » ; ils n'achètent pas un duplex de 300 m² avec terrasse et piscine sur le toit (30 000 000 de francs) au Park Palace à Monte-Carlo.

Le fric en frac

Etre BCBG coûte cher, même si personne ne l'avoue jamais. Mais Charles-Henri et Isabelle ont-ils tant d'argent que cela ? Comment le savoir ? Que les BCBG aient de l'argent ou n'en aient pas, leur style de vie est identique ! Apparemment, ils en ont puisque les Weston, les chasses de Charles-Henri, le sac Hermès d'Isabelle, les petits dîners entre amis chez Hédiard, le ski d'été à Val et Noël aux Caraïbes avec les enfants coûtent cher. Mais aucun BCBG ne l'admettra ou n'en parlera, sauf à ses intimes et toujours pour dire qu'il a fait une folie, ce qui signifie en clair qu'il vit au-dessus de ses moyens. L'un parce qu'il achète un énième studio pour ses enfants, l'autre parce qu'il a depuis longtemps dépassé son découvert bancaire et épuisé les subsides de ses grands-parents.

Le BCBG fortuné sera propriétaire de son superbe appartement, changera régulièrement sa voiture et ne lésinera pas sur son intérieur, les cadeaux, les toilettes, les mil-

Privé de Privées

Adieu Rothschild, Worms ou Hervet, maintenant nationalisées. Les BCBG sont privés de banques privées. Il reste bien entendu les banques étrangères mais qui choisir sur les listes, de l'Alef Bank à la banque Wedge?
Et n'est-ce pas suspect de passer ainsi « à l'étranger » ?

Choisira-t-on la Banque Ottomane au nom délicieusement oriental, la Chase ou la Morgan, puissantes et américaines?

Les BCBG restent souvent français, et comme ils vous recommandent de goûter avec respect un « bon petit vin » de leur cave, ils parlent de leur « bonne petite banque privée » avec des mines gourmandes. Voici quelques noms de leur liste :

BANQUE DE BAECQUE BEAU
9, rue Rougemont, 75009 PARIS
(1) 246.40.20.

B.F.I.C. (Banque de Financement pour l'Industrie et le Commerce)
9, rue de Rome, 75008 PARIS
(1) 522.94.70.

BANQUE DEMACHY
223, rue Saint-Honoré,
75001 PARIS
(1) 260.32.63.

BANQUE FININDUS
69, avenue Franklin-Roosevelt,
75008 PARIS
(1) 359.99.70.

BANQUE GÉNÉRALE
DU COMMERCE
36, rue Marbeuf, 75008 PARIS
(1) 256.70.00.

B.I.C.M. (Banque Industrielle et Commerciale du Marais)
15, rue des Pyramides,
75001 PARIS
(1) 261.56.67.

BANQUE POMMIER
86, rue de Courcelles,
75008 PARIS
(1) 766.02.90.

BANQUE STERN
8, rue de Penthièvre,
75008 PARIS
(1) 266.47.00.

Mais aussi les banques sous contrôle étranger suivantes :

HOTTINGUER ET CIE, BANQUE LOUIS DREYFUS, BANQUE VEUVE MORIN-PONS, BANQUE DE NEUFLIZE SCHLUMBERGER MALLET et LA BANQUE RIVAUD.

L'ASSOCIATION FRANÇAISE DES BANQUES
18, rue La Fayette, 75009 PARIS
(1) 246.92.59.
est à-même de vous donner une liste complète.

lésimes des vins qu'il offre à ses amis et sur les achats qu'il fera où et quand il en aura envie. Sa fortune est comme un iceberg : elle fond par le dessus et la partie cachée est bien plus importante que la partie visible.

Le BCBG fauché ménagera sa panoplie : Weston, blazer, pantalon de flanelle à pinces, chemise Charvet et nœud papillon ne seront pas portés au bureau ou à la maison, mais réservés aux dîners en ville, au dimanche matin pour

Cartes de crédit

Seules AMERICAN EXPRESS et la DINERS CLUB ont encore un certain exotisme, mais tout le monde les a ou presque.

AMERICAN EXPRESS
1, avenue de Chatou,
92561 RUEIL-MALMAISON CEDEX
(1) 749.01.07.

DINERS CLUB
18, rue François 1er, 75008 PARIS
(1) 723.78.05.

être « vu » « en tenue » et laisser penser qu'on est ainsi toute la semaine. Faute de pouvoir suivre le train d'enfer du BCBGisme total, il ira au restaurant avec ses amis et paiera avec sa carte bleue en espérant qu'elle ne sera débitée que le mois suivant, ou refusera telle sortie entre amis en raison d'un « boulot dingue », d'une « grande fatigue » d'Isabelle. Il ne partira pas au ski et, si la conversation roule sur les sports d'hiver, jettera négligemment « nous n'avons pas fait grand- chose cet hiver, avec les enfants vous comprenez... » ou « nous n'y avons pas été car les Dubois n'y allaient pas » ou mieux encore « nous irons l'an prochain, car cette année nous nous y sommes pris trop tard ». S'il s'agit de théâtre ou d'Opéra, le prétexte peut toujours être le programme, ou Charles-Henri qui n'est pas sûr de rentrer du bureau pour être à l'heure. L'argent n'a pas d'odeur, mais cela sent quand même meilleur si l'on en a : pas besoin d'euromarcher pour acheter du whisky produit orange que l'on reverse dans des bouteilles de Chivas, pas besoin de lire fébrilement les rubriques soldes du Figaro Magazine ou du Figaro Madame pour s'habiller chez Burberrys, Berteil, Weston, Tunmer, Mettez ou Charvet.

ERSATZ

A défaut de ces cartes, la Carte Bleue et l'Eurocard (Crédit Agricole) sont disponibles dans la plupart des banques nationalisées ou non. La Carte Bleue Internationale (Visa) a une version économique, pour la France uniquement, qui est à éviter.

Quels que soient ses revenus, larges ou justes, le BCBG ne gâche pas et sait, là comme en tout, respecter les justes proportions. Point de luxe éclatant, mais une certaine aisance qui n'empêche pas de mettre des coudes en daim à une veste en tweed ou de couper les manches d'une chemise pour la porter l'été. Les banquiers ne s'y trompent pas et prêtent volontiers aux jeunes attachés de Direction car le BCBG gérera ses finances comme il gère sa vie sans grande fantaisie et sans grande faute de goût.

On n'est plus servi

Les domestiques font partie du patrimoine culturel des BCBG, voire de leur patrimoine tout court. Comme « on n'est plus servi » il ne reste des domestiques — sauf exception — que des histoires à raconter. Si beaucoup de familles ont eu pléthore de domestiques, et en auraient encore, si quelque grand-oncle ne les avait ruinées en jouant à la roulette tout en prenant les eaux, toutes n'ont pas eu le passé prestigieux que doivent s'inventer certains BCBG. Les somptueuses propriétés qu'ils s'attribuent dans leurs fantasmes ont une taille telle que l'on n'imagine pas une grand-mère les avoir tenues seule. Parmi les histoires les plus courantes, il y a celle de la vieille servante, morte il y a peu, qui a élevé trois générations et qui était si dévouée qu'elle ne quittait la maison que pour aller à la messe de 8 heures le dimanche matin non sans acheter le pain en revenant. Comme il se doit elle passait ses vacances avec la famille... en travaillant...

Des domestiques d'antan, ne restent que quelques rares bonnes à tout faire ; elles le font de moins en moins et le moins possible. Espagnoles, portugaises ou mauritiennes elles cèdent souvent la place à des femmes de ménage, auxquelles s'ajoute une « jeune fille au pair » qu'Isabelle choisit elle-même au grand regret de Charles-Henri.

Ersatz...

Baby sitting

Les enfants savent que leurs parents vont sortir, un sixième sens les en avertit. Une effervescence suspecte, la jolie robe sortie sur un fauteuil, un horaire chambardé, et c'est le coup de sonnette qui déclenche le tohu-bohu qui attend la jeune fille. Tous les moyens sont bons pour retarder le départ redouté et accueillir fraîchement la baby-sitter qui espérait terminer tranquillement ses devoirs,

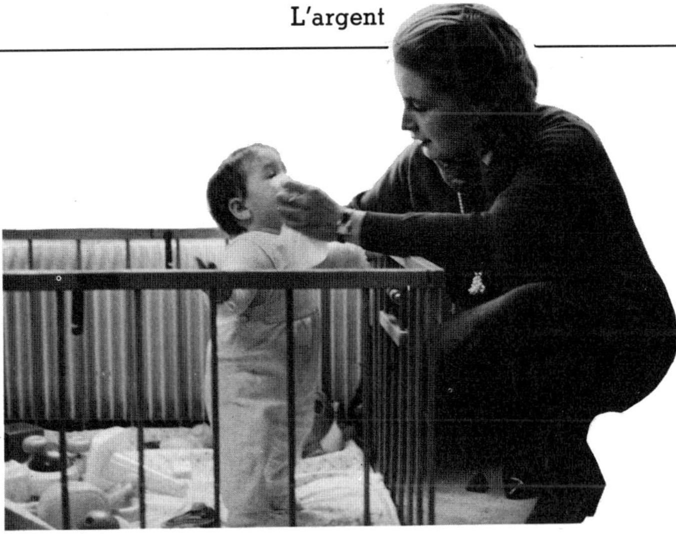

« Votre fille est adorable, on a joué tout l'après-midi... »

regarder un film à la télévision ou téléphoner à son petit ami sans parents à proximité ! Et puis à 20 francs de l'heure, cela paiera les boucles d'oreilles vues chez Agatha.

La bonne éducation de la baby-sitter l'empêchera de dire aux parents autre chose que : « ils ne sont pas toujours très obéissants, mais ils sont adorables et tout s'est bien passé ! » même et surtout s'ils ont fait tomber sa montre dans le bain, gribouillé sur ses dossiers et refusé de se coucher sans un demi-paquet de bonbons.

Pas n'importe qui

On ne confie pas ses enfants à n'importe qui. Impossible par conséquent de faire appel au dernier moment à un organisme pour garder les enfants. La baby-sitter est une petite cousine, la fille d'amis, la fille de voisins, mais quelqu'un de connu. Elle ne garde pas les enfants, elle s'en occupe. En cas d'urgence, si votre baby-sitter habituelle a une soirée et que même son petit frère (qui prépare un examen) n'est pas libre vous pouvez vous adresser à :

L'INSTITUT CATHOLIQUE (service social)
21, rue d'Assas, 75006 PARIS
(1) 548.31.70.
Son nom est à lui seul une garantie.

LUDERIC
16-20, rue Pétrarque,
75006 PARIS
(1) 553.93.93.

Sur abonnement uniquement avec tous les autres services Luderic. C'est la plus BCBG des sociétés de services. Les baby-sitters sont toutes des étudiantes.

Sur un simple coup de téléphone, elle reviendra même quelques jours plus tard, garder ces petits démons en espérant, pour une fois, qu'ils la laisseront tranquille.

A nous les petites Anglaises !

Fantasmez, fantasmez, il en reste toujours quelque chose : les petites Anglaises, si elles ne sont pas les plus efficaces jeunes filles au pair, restent les plus demandées cependant. Les mythes ont la peau dure et les Anglaises, dit-on, ont la peau douce fleurant bon le savon Yardley. Mais halte-là, ce sont des propos de pause-café au bureau ou de déjeuners entre amis pour Charles-Henri.

Pour Isabelle, il en va tout autrement. Débordée par ses enfants et ses multiples activités, exaspérée par les critiques de Charles-Henri :

— Je ne sais vraiment pas comment tu te débrouilles, les Michelet-Lamothe seront là dans un quart d'heure et rien n'est prêt. Trouve une au pair, tu n'auras qu'à leur en parler, leur Anglaise est une perle.

Les perles sont rares et plus encore en Angleterre. Avant de chercher un « filon » parmi ses amies pour éviter de passer par une agence ou un organisme — c'est cher, dit Isabelle et l'on ne sait jamais sur qui on tombe — (mais elle n'a pas compté ses multiples coups de téléphone et son voyage à Londres, et elle n'est pas sûre « qu'elle sera bien »).

Il faut trouver une chambre. Rien de moins facile par les temps qui courent. Voisins, amis, syndic de l'immeuble seront mis à contribution.

Comment est-elle ? sera la première question de Charles-Henri en rentrant de son bureau, car il se souvient de ses séjours linguistiques dans le Kent. Les Anglaises sont tout ou rien : ravissantes ou épouvantables.

Jeunes filles au pair

On rêve de petites Anglaises, mais le plus souvent ce sont des Allemandes, des Hollandaises, des Autrichiennes ou des Nordiques ; voici où vous pourrez les trouver.

ALLIANCE FRANÇAISE
101, boulevard Raspail,
75006 PARIS
(1) 544.38.28.

ENTRAIDE ALLEMANDE
42, avenue George-V,
75008 PARIS
(1) 720.22.85.

MISSION CATHOLIQUE HOLLANDAISE
39, rue du Docteur Heullin,
75017 PARIS
(1) 627.49.02.

SERVICE SOCIAL DE L'INSTITUT CATHOLIQUE
21, rue d'Assas, 75006 PARIS
(1) 548.31.70.

Son arrivée provoquera une panique car l'anglomanie n'a jamais rendu bilingue. Aussi Isabelle achètera-t-elle un dictionnaire pour expliquer à Margaret qu'elle ne doit pas faire sécher ses petites culottes sur le radiateur de l'entrée. La famille entière fera des efforts désespérés pour acclimater Margaret, allant jusqu'à inviter des amis parlant parfaitement anglais pour communiquer avec elle. Toute velléité de parler anglais, des parents aux enfants disparaîtra lorsqu'après quelques mois de cours à l'Alliance française, Margaret s'essaiera au français.

Charles-Henri sera déçu par son anglais et son Anglaise boudera. Les mois passeront vite jusqu'à son départ et le rêve reprendra : et si la suivante était mieux ?

Non vraiment le temps des soubrettes était plus amusant. Je me suis trompé d'époque, pense Charles-Henri. On n'est plus servi pense Isabelle qui trouve cependant que Margaret n'est pas si mal.

Bon, alors vous n'oublierez pas de l'arrêter

UN PEU DE TENUE !

La correspondance

Carte de visite, Bristol, lettre de château font partie du vocabulaire. Dès qu'il sait tenir une plume, même d'une façon malhabile, le jeune BCBG sait qu'il lui faudra écrire pour remercier, féliciter, éventuellement présenter ses condoléances-z-émues à une grand-tante dont il n'a cure.

Présenter ses respectueux hommages ou adresser ses sentiments les meilleurs n'ont pas de secrets pour lui, pas plus que le toucher d'une carte de visite, d'un carton de soirée ou d'un faire-part de mariage. Tous de chez un grand graveur : Maquet, Armorial, Agry, Shakespeare et quelques autres.

Le BCBG écrit, souvent brièvement, toujours sobrement. S'il est en peine de correspondance, le carnet du jour du Figaro lui fournira une source abondante et permanente de missives à adresser à de vagues parents, à des amis d'amis et qui permettront de dire « j'ai mis un mot aux... qui viennent d'avoir un troisième garçon », laissant ainsi à penser qu'il est de leurs amis. Le BCBG c'est vrai, répond à toutes les lettres. L'on raconte même que le baron Philippe de Rothschild, propriétaire du célébrissime Mouton Rothschild et de quelques autres moutons (cadets), adressant chaque année des centaines de

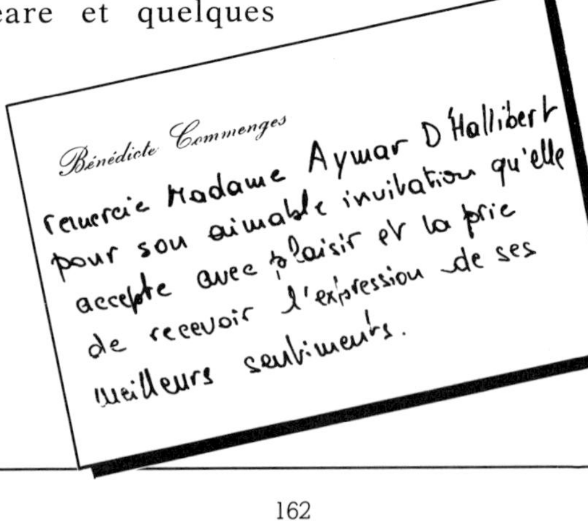

Graveurs Imprimeurs Papetiers

AGRY
14, rue de Castiglione,
75001 PARIS
(1) 260.65.10

ARMORIAL
98, rue du Faubourg-Saint-Honoré, 75008 PARIS
(1) 265.08.18.

BEAUVAIS
14, rue du Bac, 75007 PARIS
(1) 261.27.61.

BENNETON (graveur, héraldiste, chevalières, armoiries)
75, boulevard Malesherbes,
75008 PARIS
(1) 387.57.39.

BOISNARD
83-85, passage Choiseul,
75002 PARIS
(1) 296.94.30.

DUPRE OCTANTE
141, rue du Faubourg-Saint-Honoré, 75008 PARIS
(1) 563.10.11

EHRET
25, avenue de Tourville,
75007 PARIS
(1) 551.91.90.

MAQUET
45, rue Pierre Charron,
75007 PARIS
(1) 720.36.35.

PAPETERIE SAINT-PHILIPPE-DU-ROULE
71, rue La Boëtie, 75008 PARIS
(1) 359.02.51.

PASQUE
7, rue de la Paix, 75002 PARIS
(1) 261.66.21.

PIERRE DESCOURTIEUX
96, rue du Bac, 75007 PARIS
(1) 548.21.47.

SCHMIDLIN
9, rue Vignon, 75008 PARIS
(1) 742.00.51.

STERN
47, passage des Panoramas,
75002 PARIS
(1) 508.86.45.

Un Mont-Blanc ou rien !

milliers de lettres pour vendre ses vins, vit répondre à sa circulaire, par un destinataire — sans nul doute BCBG — que celui-ci le priait, bien que n'étant pas acheteur, de continuer à lui écrire. Il est vrai que l'envoi du baron est flatteur pour son destinataire : il porte sur l'enveloppe : « baron Philippe de Rothschild »

Stylo Mont-Blanc de Bakélite noire, ou Waterman de la même matière, les BCBG choisissent leur papier à en-tête gravé en gris ou bleu marine ou rouge sur papier blanc, gris ou bleu léger. Armés du Bottin-Mondain pour les adresses et les formules de politesse ou d'un guide de savoir-vivre (guide du Protocole et des usages de J. Gandouin), ils entretiennent une correspondance ministérielle à propos de vœux, de vacances, de mariages, deuils, héritages et heureusement aussi, pour le simple plaisir d'écrire et de recevoir des lettres.

Les cartes de visite sont tout un art. Charles-Henri et Isabelle excellent dans leur utilisation. Et si l'on ne dépose plus sa carte cornée marquée « p.f.c. » (pour faire connaissance) ou « p.p.c. » (pour prendre congé) les cartes de visite restent une institution BCBG commençant avec les rallyes.

Les bonnes œuvres

Madame avait jadis un jour de la semaine où elle voyait « ses pauvres ». Même si c'est encore pour certaines une occasion de voir du monde ou une façon de s'occuper, le bénévolat ou le volontariat sont pour la plupart une chose sérieuse.

Les BCBG avant d'avoir des droits ont d'abord des devoirs, notamment celui de prendre en charge plus malheureux qu'eux. Secours catholique, équipes Saint-Vincent, Petits Frères des pauvres, sont les associations où vous les rencontrerez; les bibliothèques pour enfants, mouvements de jeunes, cours de catéchisme et les associations de quartier également.

Bon cœur, bonnes adresses

ARMÉE DU SALUT
Quartier général national
76, rue de Rome, 75009 PARIS
(1) 387.31.19.

A.T.D. QUART MONDE
33, rue Bergère, 75009 PARIS
(1) 246.81.95.

BANQUE ALIMENTAIRE (Armée du Salut, Emmaüs, Secours catholique)
Entrepôt. 76, rue de Rome,
75008 PARIS
(1) 387.41.19.

SECOURS CATHOLIQUE
106, rue du Bac, 75007 PARIS
(1) 320.14.14.

SOCIÉTÉ SAINT-VINCENT-DE-PAUL
5, rue du Pré aux Clercs,
75007 PARIS
(1) 261.50.25.

Également dans toutes les paroisses et toutes les mairies (services sociaux). Ainsi que :

LA CROIX-ROUGE
17, rue Quentin-Bauchart,
75008 PARIS
(1) 723.35.10.

Nota : le sens de l'économie nous oblige à rappeler que les versements à des œuvres reconnues d'utilité publique ou d'intérêt général sont déductibles du montant de votre revenu imposable. Cela n'enlève rien à la beauté du geste, mais c'est très pratique pour passer dans la « tranche » inférieure.

Les charmes discrets de l'automobile

L'automobile n'est plus ce qu'elle était. D'authentiques princes roulent dans de vieilles guimbardes qui n'en peuvent plus, tandis que d'insolents nouveaux riches affichent Ferrari, Rolls-Royce, ou pis encore, Bentley, Jaguar ou Maserati qui restaient encore des voitures convenables. Ah ! comme il est loin le temps où, après l'achat d'un chassis chez Delage, Hispano-Suiza ou Bugatti, on allait chez Labourdette, Chapron, ou Saoutchik choisir sa carrosserie, ses cuirs, sa ronce de noyer pour un landaulet, un coupé de ville ou un coach.

Plus le temps passe, plus les prix montent, plus le choix est limité et plus les voitures sont celles de tout le monde. Les automobilistes se sont, par la force d'une administration tatillonne, assagis ; la crainte de la consommation d'essence et la peur du gendarme ont fait le reste et créé différentes catégories.

Les « pourvu que ça roule »

Ce sont les adeptes des vieilles voitures ; celles qui ne coûtent pas cher. De petites cylindrées, 2 CV Citroën, 4 L ou R5 Renault, 104, LN, Austin Mini. Six ou sept ans d'âge, forme et couleur indéfinies, siège d'enfant à l'intérieur, paquets de gâteaux secs, raquette de tennis et vieux parapluie Burberrys. Sur le pare-brise, le macaron d'un parking chic ou d'un country club de la région parisienne.

C'est la voiture de ville, pour toutes les courses, le marché, conduire les enfants à l'école, etc. Isabelle s'en sert le plus souvent et Charles-Henri râle s'il est obligé de la prendre lorsqu'il reste à Paris au mois d'août.

Les possesseurs de « petites pratiques »

Austin Mini, Metro, Golf, Fiat Panda ou Uno, 205 GTI, Autobianchi, Volkswagen, Polo, si possible noire, ou gris métallisé, toit ouvrant. Parfaitement entretenue, radio-cassette, stéréo, (éventuellement téléphone), vitres teintées. C'est rarement la voiture de madame ; elle est à monsieur. Raisons : petite, pratique, économique, elle se gare facilement (monsieur n'a pas de chauffeur ; parce qu'il n'en veut pas bien entendu).

Les pilotes de grosses voitures.

Les Peugeot 505, Renault 25, Citroën CX GTI, BMW série 3 ou 5, Alfa Roméo 90, Volvo break. Voitures de société ou voitures personnelles, ce sont les classiques. Cinq-six places, moteur 2 litres ou plus, berlines confortables,

Magasins d'exposition des marques d'automobiles

Les Champs-Élysées restent encore le haut lieu du luxe automobile. A défaut de les acheter toutes, venez rêver devant bolides, limousines et minis.

ALFA-ROMÉO
150, avenue des Champs-Élysées,
75008 PARIS
(1) 359.13.14.

AUTOBIANCHI
48, avenue Kléber, 75116 PARIS
(1) 553.40.44.

CITROËN
42, avenue des Champs-Élysées,
75008 PARIS
(1) 359.62.20.

FIAT
140, avenue des Champs-Élysées,
75008 PARIS
(1) 562.82.00.

LANCIA
48, avenue Kléber, 75116 PARIS
(1) 553.40.44.

PEUGEOT
154, avenue des Champs-Élysées,
75008 PARIS
(1) 563.07.33.

RENAULT
49, avenue des Champs-Élysées,
75008 PARIS
(1) 723.54.54.

VOLVO
138, avenue des Champs-Élysées,
75008 PARIS
(1) 225.60.70.

elles « posent » leur propriétaire. Le BCBG n'y ajoutera aucun accessoire, enlèvera tout autocollant ou sigle déplacé, et choisira les couleurs grises, noires, bleu marine, vert foncé avec des intérieurs sobres, si possible en cuir, toit ouvrant et radio stéréo.

La 505 turbo, la R 25 V6 et la CX GTI reprennent du poil de la bête comme l'Alfa Roméo 90 alors que la BMW est devenue si chère qu'elle marque quelque peu ses propriétaires.

Les marginaux

Ce sont soit les amateurs de vieilles Jaguar 4,2 litres, de VV décapotables ou de Range-Rover, bien que celles-ci fassent un peu châtelain trop récent et trop riche.

Les célibataires

La voiture du célibataire est tout un poème : Coccinelle noire décapotable (gare aux fuites), Fiat 500 bleu marine qui n'en peut plus, banale R5 ne sont que moindres maux. Jeunes filles méfiez-vous des voitures anciennes et des ex-barquettes de course rafistolées par votre cher et tendre. La somptueuse Armstrong Siddeley « Saphire », d'un bleu du même nom, la Talbot Lago, la Jaguar XK 150, ou la Salmson S4E carrossée par Saoutchik vous vaudront bon nombre de dîners brûlés, de soirées ratées, de rendez-vous manqués, voire de grippes attrapées faute de chauffage, ou de manteaux calcinés pour éteindre une surchauffe inattendue.

En résumé, une voiture n'est pas possible parce qu'elle est trop, ou pas assez.

Trop visible la Mercédes ou la Porsche ? Elles ont cependant leurs inconditionnels, alors que l'Audi, moins chère il est vrai, n'a ni cet excès d'honneur ni cette indignité. Les Volvo et les Saab reviennent très fort. Qui les aurait données pour BCBG il y a quelques années encore? Dans les « impossibilités totales », on trouve les Opel (trop bas de gamme ou trop Bof), les Ford et une bonne partie des Fiat alors que les petites Volkswagen ont plutôt la cote.

Pour ce qui est des couleurs, André Citroën ou Henry Ford avaient raison de n'en proposer qu'une seule à l'origine : le noir. Cependant la cote du noir a beaucoup baissé sous la Ve République, qui utilise plutôt le gris métallisé - fantaisie de ses dignitaires. Cette extravagance (mais foncée) a donc pris le dessus, suivie de près par le bleu marine, le noir, le vert foncé, le bordeaux, le brun et même le blanc. Le bleu pâle, l'orange, le vert électrique restent fortement déconseillés, sauf pour une Cadillac 1956.

Dans les accessoires, le chien qui hoche la tête, (yeux lumineux synchronisés avec les feux stop en option) reste numéro 1 au hit-parade de l'impossible. En revanche, sur la plage arrière, on pourra laisser traîner une canne de battue et/ou un parapluie Burberrys, le Guide des Relais et châteaux, le Michelin, le Gault et Millau ou le Bottin Gourmand, à la rigueur une cravache ou une bombe.

Devine qui vient dîner ?

Le but principal des grandes manœuvres mondaines est l'invitation à dîner. Subtilement graduées, difficiles à obtenir, impossible à refuser, les invitations à dîner répondent à des normes complexes. Le simple : « Venez dîner à la maison la semaine prochaine avec les Untel » exprimé à haute et intelligible voix à la sortie de la messe de 11 heures, veut dire ce qu'il veut dire.

Pas de petits dîners chez les BCBG sans une table traditionnelle avec cristal, porcelaine et argenterie. Inutile de dire « j'ai sorti mon service en cristal et mon argenterie parce que vous veniez » chacun sait que vous dînez souvent dans la cuisine en changeant à peine d'assiette. Vos amis font la même chose et chacun prétendra décanter son bordeaux tous les soirs dans une carafe

Juste un petit thé à cinq heures

Saint-Louis et se resservir de charlotte aux poires dans son argenterie de Puiforcat. Mettre les petits plats dans les grands n'est pas une vaine expression.

Encore faut-il avoir les plats. Fort heureusement, les listes de mariage permettent d'acheter ce dont on n'a pas hérité.

• Un service de verres en cristal de Saint-Louis, Lalique, Daum ou Baccarat ; le quatuor de la cristallerie française de luxe.

• Un service de table en porcelaine de Limoges de Coquet, Haviland, Raynaud, Haviland et Parlon ou Bernardaud.

• L'argenterie de Puiforcat (mieux vaut hériter de l'argent massif !) est réservée aux happy few ; le métal argenté est de Christofle, Ercuis ou Ravinet d'Enfert.

La qualité de votre table ne tient pas uniquement à ce que vous mettez ni dessus... ni dans les assiettes ni dans les verres ; elle dépend aussi de votre gentillesse, de votre prévenance et de la chaleur de votre accueil. N'en profitez cependant pas pour tricher ou pour en rajouter. Comment ? N'avez-vous jamais remarqué cette piquette servie dans une belle carafe que l'on vous présente comme du bordeaux et qui ne trompe personne ? Et ces quenelles ! Sont-elles de brochet et d'un bon traiteur ou des conserves bon marché ?

Recevoir coûte cher et les BCBG sont souvent radins ; combien de fois avez-vous eu à dîner cette année : une salade composée, un rôti et des petits pois, un camembert plâtreux et une glace ?

Le cérémonial des dîners BCBG est immuable. Invité vers 8 heures et demi, chacun arrivera très en retard, invoquant, qui un « boulot dingue », qui « la baby sitter qui n'arrivait pas », ou le retour d'un voyage à l'étranger juste à temps pour le dîner. Baisemains, bouquets de fleurs et apéritifs... Les derniers arrivant largement après 9 heures — ils habitent à côté et sont les plus intimes — on se mettra à table vers 10 heures et le plat principal sera trop cuit.

Le plan de table permet en général de se retrouver à côté d'une dinde qui n'arrête pas de babiller ou d'un taciturne dont vous saurez à la fin du repas qu'il est dans la banque, un point c'est tout. Au cours du dîner, il est souhaitable de s'extasier au moins une fois sur la qualité des mets servis et la décoration ; le premier à se lancer sera immédiatement suivi par le reste des convives

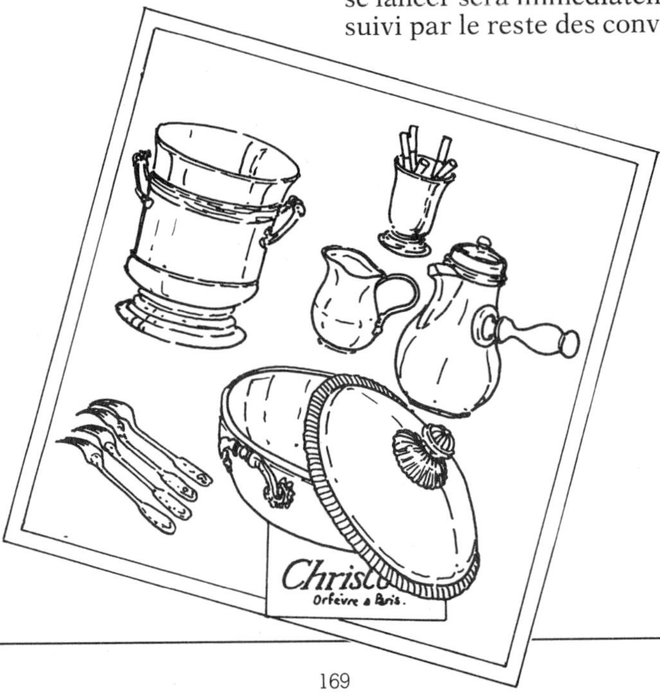

Arts de la table

NOËL
90, rue La Boëtie, 75008 PARIS
(1) 359.66.30.

PAULE MAROT
16, rue de l'Arcade, 75008 PARIS
(1) 265.76.02.

Les BCBG sensibles aux charmes des objets anciens (cristal, porcelaine) n'auront que l'embarras du choix :

AU BAIN-MARIE
20, rue Hérold, 75001 PARIS
(1) 260.94.55.

DINERS EN VILLE
27, rue de Varenne 75007 PARIS
(1) 222.78.33.

PÉNÉLOPE
19, avenue Victor-Hugo,
75016 PARIS
(1) 500.90.90.

PORTHAULT
18, avenue Montaigne,
75008 PARIS
(1) 720.75.25.

Pour les arts de la table, les show rooms sont rue de Paradis dans le Xe arrondissement. Les magasins sont ceux cités pour les listes de mariages et :

AU VASE ÉTRUSQUE
11, place de la Madeleine,
75008 PARIS
(1) 265.36.26.

CHRISTOFLE
• 24, rue de la Paix,
75002 PARIS
(1) 265.62.43.
• 12, rue Royale, 75008 PARIS
(1) 720.61.17.

LA BOUTIQUE BAGUES
37, avenue Pierre 1er de Serbie,
75008 PARIS
(1) 720.61.17.

LIMOGES UNIC
• 12, rue de Paradis,
75010 PARIS
(1) 770.54.49.
• 58, rue de Paradis,
75010 PARIS
(1) 770.61.49.

MADRONET
34, rue de Paradis, 75010 PARIS
(1) 770.34.59.

NICOLAS
27, rue Marbœuf, 75008 PARIS
(1) 720.06.04.

Et les rayons arts de la table des Trois Quartiers, des Galeries Lafayette et du Printemps.

et la maîtresse de maison murmurera sous l'œil attendri de son mari : « vous êtes trop gentils, mais c'était trop cuit » — ce qui est vrai, mais que vous nierez énergiquement. Stoïque et logique jusqu'au bout vous vous resservirez s'il en reste, et il en restera hélas ! Après le dîner, la maîtresse de maison suggérera de passer au « salon », ce qui dans la plupart des appartements consiste à quitter le coin salle à manger et à rester dans la même pièce pour poursuivre la fascinante conversation qui vous a tenu en haleine pendant des heures. Vous aurez tout le loisir de contempler les reliefs du dîner et les assiettes sales restées sur la table en buvant une tasse de café, un cointreau ou un cognac acheté en promotion et dont vous sentez l'effet décapant sur votre dent à pivot. Pour conclure la soirée, il vous sera servi un jus d'orange coupé d'eau, signal qu'il se fait tard. Hélas, c'est le moment qu'aura choisi votre voisin pour entamer une conversation passionnante, qui sera interrompue par le départ des « couche-tôt ».

— Nous sommes désolés, mais Thibaut part à Lyon par le TGV très tôt demain matin.

Une fois le signal donné, c'est la débandade générale. Il reste à rentrer, à raccompagner la jeune fille qui gardait les enfants et à faire en vain le tour du pâté de maisons pour finalement garer la voiture sur un passage clouté en risquant un sabot ou, au mieux, une contravention.

Tous les dîners BCBG, heureusement, ne sont pas aussi rébarbatifs ! Mais les écueils sont là ; à vous de les éviter.

Les traiteurs

Pour une grande réception ou un petit dîner, ils peuvent tout organiser.

LUDERIC, L'ÉCUREUIL, LENÔTRE, BOISSIER, DALLOYAU, POTEL ET CHABOT, SCOTT, RAYNIER ET MARCHETTI : voir page 74

ou encore :

CHRISTIAN CONSTANT
26, rue du Bac, 75007 PARIS
(1) 296.53.53.

FRANÇOIS CLERC
69, avenue de la Porte d'Auteuil, 75016 PARIS
(1) 603.08.41.

FLO PRESTIGE
• 42, place du Marché-Saint-Honoré, 75001 PARIS
(1) 261.45.46.
• 61, avenue de la Grande Armée, 75016 PARIS
(1) 500.12.10.

ROSELL
3, rue d'Alger, 75001 PARIS
(1) 261.52.40.

Rendre un dîner

Le principe BCBG : toute invitation à dîner acceptée doit être rendue dans la saison.

Corollaire n° 1 : toute invitation à dîner ne doit pas être renouvelée si elle n'a pas été rendue dans la saison.

Corollaire n° 2 : toute invitation à dîner non rendue dans la saison endommage sérieusement les relations BCBG (sauf en cas de naissance, de déménagement, etc.).

Pour éviter ces situations, toujours dramatiques, certaines maîtresses de maison organisent des dîners « fourre-tout » ; elles y invitent d'un coup tous les hôtes les ayant reçus et dont elles ont accepté les invitations surtout en fonction... des autres invités ! Les listes peuvent se trouver à l'intérieur d'un placard de cuisine, sur une ardoise, ou sur une feuille volante dans un agenda près du téléphone; elles constituent un rappel permanent jusqu'à ce que la corvée soit liquidée.

L'important ce n'est pas (toujours) l'addition

Des ouvrages spécialisés, certainement très efficaces, recommandent régulièrement des restaurants : Bottin Gourmand, Gault et Millau, Michelin, guide des Relais et Châteaux; les BCBG les connaissent tous et les achètent chaque année. On ne peut vraiment pas s'en passer.

Couronnés, toqués, étoilés ou bons « rapports qualité/prix » des milliers de restaurants et d'hôtels sont passés au crible, rien n'échappant à la sagacité des forçats de la fourchette et aux bagnards de l'oreiller.

Et pourtant, fleurissent dans les beaux quartiers, ou dans les banlieues les plus sinistres, nombre d'établissements où la cuisine — car de gastronomie il n'est point question — est triste, les prix élevés, mais la clientèle triée sur le volet. Il ne s'agit pas de ces restaurants à la mode, lancés à coup de relations publiques, de vedettes et de

Les tables de Charles-Henri et d'Isabelle

Bar à vin, restaurants, bistrots, brasseries, dont l'accueil, la cuisine, la clientèle et les prix sont agréables.
Restaurants et brasseries :

AUBERGE DU BONHEUR
Carrefour de Longchamp,
75016 BOIS DE BOULOGNE
(1) 772.66.00.
(Derrière la Grande Cascade).

CHEZ JENNY
39, boulevard du Temple,
75003 PARIS
(1) 274.75.75.

FLO
7, cour des Petites Écuries,
75010 PARIS
(1) 770.13.55.

GUS
157, rue Montmartre,
75002 PARIS
(1) 236.68.40.

HEDIARD
21, place de la Madeleine,
75008 PARIS
(1) 266.09.00

JULIEN
16, rue du Faubourg Saint-Denis,
75010 PARIS
(1) 770.12.06.

LA MAISON DU CAVIAR
21, rue Quentin Bauchart,
75008 PARIS
(1) 723.53.43.

LE BOUCHON
62, rue Pergolèse, 75016 PARIS
(1) 500.56.30.

LE PETIT MACHON
123, rue de la Convention,
75015 PARIS
(1) 554.08.62.

LE PETIT POUCET
1, boulevard de Levallois,
Ile de la Jatte, 92200 NEUILLY.
(1) 738.61.85.

MA BOURGOGNE
133, boulevard Haussmann,
75008 PARIS
(1) 563.50.61.

PASSY MANDARIN
6, rue Bois-le-Vent, 75016 PARIS
(1) 288.12.18.

STELLA
133, avenue Victor-Hugo,
75116 PARIS.
(1) 727.60.54.

Bars à vin :

A L'ENTRE DEUX VERRES
48, rue Sainte-Anne,
75002 PARIS
(1) 296.42.26.

BAR SAINT-JAMES
6, rue du 29-Juillet, 75001 PARIS
(1) 260.31.60.

BISTROT DU SOMMELIER
97, boulevard Haussmann,
75008 PARIS
(1) 265.24.85.

LA BOUTIQUE DES VINS
31, rue de l'Arcade, 75008 PARIS
(1) 260.66.00.

LE BISTROT A VINS
42, rue Léon Frot, 75011 PARIS
(1) 370.59.27.

L'ÉCLUSE
• 64, rue François 1er,
75008 PARIS
(1) 720.77.09.

• 15, place de la Madeleine,
75008 PARIS
(1) 265.34.69.

• 15, quai des Grands Augustins,
75006 PARIS
(1) 633.58.75.

• 2, rue du Général Henrion Berthier, 92200 NEUILLY
(1) 624.21.06.

LE JEROBOAM
8, rue Monsigny, 75002 PARIS
(1) 296.60.17.

LE PAIN ET LE VIN
1, rue d'Armaillé, 75017 PARIS
(1) 763.88.29.

LE RALLYE
6, rue Daguerre, 75014 PARIS
(1) 322.57.05.

LE SANCERRE
22, avenue Rapp, 75007 PARIS
(1) 551.75.91.

LE SAUVIGNON
80, rue des Saints-Pères,
75007 PARIS
(1) 548.49.02.

PETRISSANS
30 bis, avenue Niel, 75017 PARIS
(1) 227.52.03.

VIN SUR VIN
20, rue de Montessuy,
75007 PARIS
(1) 705.14.20.

WILLYS WINE BAR
13, rue des Petits-Champs,
75001 PARIS
(1) 261.05.09.

Et d'autres bonnes adresses à piquer dans les carnets de vos amis...

Brunch : . .

CONWAY'S
73, rue Saint-Denis, 75001 PARIS
(1) 508.07.70.

JOE ALLEN
30, rue Pierre Lescot,
75001 PARIS
(1) 236.70.13.

MOTHERS EARTH'S
66, rue des Lombards,
75001 PARIS
(1) 236.35.57.

Sandwiches :

Livrés au bureau comme à New York !

LORD SANDWICH
• 276, rue Saint-Honoré,
75001 PARIS
(1) 260.55.94.
• 134, rue du Faubourg-Saint-Honoré, 75008 PARIS
(1) 256.41.68.

LUNCH TIME
156, avenue Charles de Gaulle,
92200 NEUILLY
(1) 624.08.99.

Petits déjeuners (câlins ou business)

ANGELINA
226, rue de Rivoli, 75001 PARIS
(1) 260.82.00.

CARETTE
4, place du Trocadéro,
75016 PARIS
(1) 727.88.56.

HÔTEL BRISTOL
112, rue du Faubourg-Saint-Honoré, 75008 PARIS
(1) 266.91.45.

HÔTEL CLARIDGE BELLMAN
37, rue François 1er, 75008 PARIS
(1) 723.54.42.

HÔTEL CRILLON
10, place de la Concorde,
75008 PARIS
(1) 296.10.81.

HÔTEL MEURICE
228, rue de Rivoli, 75001 PARIS
(1) 260.38.60.

HÔTEL PLAZZA ATHENEE
25, avenue Montaigne,
75008 PARIS
(1) 723.78.33.

HÔTEL RITZ
15, place Vendôme, 75001 PARIS
(1) 260.38.30.

LE FOUQUETS
99, Champs-Élysées,
75008 PARIS
(1) 723.70.60.

W.H. SMITH
248, rue de Rivoli, 75001 PARIS
(1) 260.37.97.

Les maisons de café :

Comme à Venise au XVIIIe siècle, pourquoi prendre seulement le thé ?

LA PATISSERIE VIENNOISE
11, rue Poncelet, 75017 PARIS
(1) 227.81.86.

L'ÉBOUILLANTE
6, rue des Barres, 75004 PARIS
(1) 278.48.62.

VERLET
256, rue Saint-Honoré,
75001 PARIS
(1) 260.37.39.

ERSATZ

Si vous êtes vraiment fauchés et que vous voulez sortir à tout prix :

CASA MIGUEL
48, rue Saint-Georges,
75009 PARIS
(1) 281.09.61.

CHARTIER
7, rue du Faubourg Montmartre,
75009 PARIS
(1) 770.86.29.

CHEZ GERMAINE
30, rue Pierre Leroux,
75007 PARIS
(1) 273.28.34.

CHEZ MÉLANIE
28, rue du Colisée, 75008 PARIS
(1) 359.42.76.

CHEZ WAJDA
10, rue de la Grande Chaumière,
75006 PARIS
(1) 325.66.90.

LE COMMERCE
51, rue du Commerce,
75015 PARIS
(1) 575.03.27.

LE PETIT VATEL
5, rue Lobineau, 75006 PARIS
(1) 354.28.49.

« locomotives » en tous genres trop contentes d'être photographiées avec une cohorte d'admirateurs, mais plutôt de ces bistrots chers où, pendant une saison ou deux, on va se montrer, et voir ce que les média, les arts, la politique et l'industrie comptent de gens en vue.

Le rideau de fumée

Depuis que l'on chasse la nicotine, les fumeurs de cigarettes ont battu en retraite, les hommes en particulier.

Isabelle, elle, continue à fumer des Benson, des Rothmans bleues, des Dunhill, des Cartier et autres blondes de la Régie nationale, entre deux séances d'acuponcture, mais

Les écoles de cuisine

Les écoles de cuisine ne sont pas aux Français ce que les écoles de samba sont aux Brésiliennes. Hélas, hélas, hélas ! comme aurait dit le Général.
La cuisine bourgeoise a quitté la bourgeoisie et les écoles de cuisine sont toutes prises d'assaut par les cousines preppies et plus rarement Sloane Rangers.
Avant que les Japonaises ne s'y mettent, voici les meilleures adresses :

LA VARENNE
34, rue Saint-Dominique,
75007 PARIS
(1) 705.10.16.

L'ÉCOLE DE CUISINE D'HUBERT
36, place du Marché-Saint-Honoré, 75001 PARIS
(1) 296.98.07.

LE CORDON BLEU
24, rue du Champ-de-Mars,
75007 PARIS
(1) 555.02.77

MARIE BLANCHE DE BROGLIE
(Princess Ere 2001)
18, avenue de la Motte Picquet,
75007 PARIS
(1) 551.36.34.

c'est promis : elle arrête de fumer avant l'été ! Elle a déjà essayé à chaque naissance. En vain. Elle fume tout le temps et à contretemps ; le matin pendant le petit déjeuner, le soir avant le dîner, à table chez des amis — là vous ne pouvez rien dire —, avant le déjeuner où vous avez décidé de sacrifier l'une des rares bouteilles de Mouton Rothschild de votre cave. Pour se faire pardonner, elle vous a offert une merveilleuse boîte à cigares avec humidificateur et une première boîte de Monte-Cristo n° 3. Une folie !

Désormais, vous pourrez vous réfugier derrière votre propre rideau de fumée, après avoir sacrifié au rituel du coupe-cigares. Votre fier coffret en bois des îles n'échappera pas à la sagacité de vos invités : « tu fumes le cigare maintenant ? » Il ne vous restera qu'à acquiescer et à offrir vos précieux havanes — la mort dans l'âme — à des béotiens, fumeurs tout au plus de cigarillos. Chaque main tendue vous arrachera un cigare et un soupir. La prochaine fois vous achèterez quelques petits modules au tabac du coin et prétendrez que vos havanes ne sont pas assez humides.

Angelina et vieilles dentelles

La honte des enfants était encore, il y a peu, d'être vus par leurs amis plus hardis, dans un salon de thé en compagnie de leur grand-mère. Les vieilles dentelles ont fait place nette aux nouvelles générations qui croient avoir découvert l'art de prendre le thé.

Ne regrettons pas Carette, pris d'assaut par les collégiens — leurs mères restent dans le quartier chez Coquelin aîné — ni Rumpelmeyer devenu Angelina. Au contraire, Carette est toujours Carette ; et Angelina le plus célèbre salon de thé de Paris, à défaut d'être le meil-

T. BCBG

Thés très tôt et thés tard

ANGÉLINA
226, rue de Rivoli, 75001 PARIS
(1) 260.82.00.

CARETTE
4, place du Trocadéro,
75016 PARIS
(1) 726.88.56.

COQUELIN AINE
1, place de Passy, 75016 PARIS
(1) 288.21.74.

DALLOYAU-PONS
2, place Edmond Rostand,
75006 PARIS
(1) 329.31.10.

LADURÉE
16, rue Royale, 75008 PARIS
(1) 260.21.79.

THE TEA CADDY
14, rue Saint-Julien-le-Pauvre,
75005 PARIS
(1) 354.15.56.

W. H. SMITH
248, rue de Rivoli, 75001 PARIS
(1) 260.37.97.

leur. Le plaisir de prendre le thé dans un cadre suranné Louis XII pour Angelina, et Louis XVI pour Ladurée (le meilleur) n'a pas d'équivalent. A l'heure où tout le monde se presse, les BCBG, eux, savourent leur chocolat ou leur thé de Chine avec l'impression d'être assis dans l'Orient-Express resté en gare !

Le cinq à sept n'est pas le seul prétexte aux salons de thé. On peut y aller après une exposition, entre deux rendez-vous d'affaires et pour le plaisir de la gourmandise. The Tea Caddy est raffiné, W.H. Smith anglais, Pons distingué, et les bars des grands hôtels plutôt réservés aux riches touristes.

Vous dansez ?

A l'âge des soirées, il prend soudain l'envie de terminer la soirée justement dans un club.

— Vous venez avec nous, on va tous prendre un verre au Garage ?

On ne va pas dans un club seul, ni à deux, mais en groupe, avant d'aller souper dans un des hauts lieux de la soupe à l'oignon parisienne.

Plus tard, pour un anniversaire ou pour le dîner qu'Alain Boucheron donne pour Mariel-le Hemingway, on est invité dans un club. Le look BCBG sert souvent de carte de membre pour ces lieux nocturnes où il est bon de montrer à ses amis que sans être un habitué (ce qui serait mal vu), on y est cependant connu. Un discret coup de téléphone pour annoncer son arrivée (et pour réserver le dîner) évite d'avoir à montrer patte blanche.

Si vous craignez les clubs et les nuits blanches, vous pourrez être vus sans crainte au New Morning, au Petit Journal ou au Petit Opportun

La nuit

Clubs privés :

APOCALYPSE
40, rue du Colisée, 75008 PARIS
(1) 225.11.68.

ATMOSPHÈRES
45, rue François 1er, 75008 PARIS
(1) 720.49.24.

CLUB PRINCESSE (CASTEL)
15, rue Princesse, 75006 PARIS
(1) 326.90.22.

LA PISCINE
32, rue de Tilsit, 75008 PARIS
(1) 227.31.39.

L'AVENTURE
4, avenue Victor-Hugo,
75016 PARIS

LE GARAGE
41, rue de Washington,
75008 PARIS
(1) 563.21.27.

LE PALACE
8, rue du Faubourg Montmartre,
75009 PARIS
(1) 246.10.67/260.10.87.

FRANÇOIS PATRICE SAINT-HILAIRE
36, rue de Ponthieu 75008 PARIS
(1) 359.46.60.

Soupers :

AU PIED DE COCHON
6, rue Coquillière, 75001 PARIS
(1) 236.11.75

FLO
7, cours des Petites Écuries,
75010 PARIS
(1) 770.13.59.

LA COUPOLE
102, boulevard du Montparnasse,
75014 PARIS
(1) 320.14.20.

LA LORRAINE
2, place des Ternes, 75008 PARIS
(1) 227.80.04.

Jazz branché

MAGNETIC TERRACE
12, rue de la Cossonnerie,
75001 PARIS
(1) 236.26.44.

NEW MORNING
7-9, rue des Petites Écuries,
75010 PARIS
(1) 523.51.41.

PACIFIC PALISSADE
51, rue Quincampoix,
75004 PARIS
(1) 274.01.17

PETIT JOURNAL
71, boulevard Saint-Michel,
75005 PARIS
(1) 326.28.59.

PETIT OPPORTUN
15, rue des Lavandières-Sainte-Opportune, 75001 PARIS
(1) 236.01.36.

pour écouter du jazz. Si, si ! C'est une musique très convenable. Dans des lieux plus « branchés » comme Magnetic Terrace ou Pacific Palissades, on ne vous obligera même pas à enlever votre cravate et vous pourrez chercher du regard d'autres BCBG pour vous rassurer.

Vip et bien

Le BCBG est un VIP, un privilégié, ou un fils de VIP, ou il connaît quelqu'un qui... De la caste de ceux qui savent, qui ont, qui sont nés à l'ombre de chênes centenaires, ou sous les lambris du VIIe, il veut, comme ses pairs, ressentir à tout instant qu'il est particulièrement bien traité. Fini les équipages somptueux, les valets de pied, les armoiries sur les frontons majestueux... Il reste — au mieux — la CX prestige avec chauffeur, les humeurs de la bonne espagnole, l'appartement en location à Neuilly et les dîners avec traiteur, pauvres résidus du luxe d'autrefois — celui qui allait de soi. Le luxe d'aujourd'hui n'est plus qu'exhibitionnisme petit bourgeois. Alors vint aux hommes de marketing, faute de redorer les blasons ou tout simplement faute de blasons, l'idée des clubs, des cartes, des minces privilèges — onéreux le plus souvent — distillés tels un subtil venin pour entretenir chez le sujet une narcose bienfaisante. L'impression d'avantages exceptionnels, de passe-droits, l'idée d'être distingué de la masse, créé chez le porteur de ces cartes un sentiment de supériorité, lui donne le sentiment d'appartenir à l'élite, lui donne des ailes.

Club des 2000 Air France

Théoriquement réservé aux 2000 plus grands voyageurs sur Air France. Personnalités, dirigeants de société, etc. Difficile à obtenir, la carte assure un traitement particulier sur les lignes de cette compagnie.

Club Affaires UTA

Même principe que ci-dessus. Encore plus restrictif, il faut vraiment passer sa vie sur les lignes d'UTA pour espérer obtenir une carte de membre.

MBC (Maxim's Business Club)

Où comment aller déjeuner chez Maxim's sans avoir l'air « d'aller chez Maxim's ». Ce haut lieu du Paris mondain a eu l'idée de créer un club ou le tout Business de Paris (et le tout Paris du Business) se retrouve à déjeuner ; André Tarbes, l'imaginatif grand maître du MBC (c'est ainsi que le désignent les initiés) organise d'exceptionnelles rencontres avec des personnalités, des essais de voitures dès leur sortie, et de nombreuses et luxueuses « avant-premières ».

Cercles et clubs

AUTOMOBILE CLUB DE FRANCE
6, place de la Concorde,
75008 PARIS.

CERCLE INTERALLIE
33, rue du Faubourg-Saint-Honoré, 75008 PARIS.

JOCKEY CLUB
2, rue Rabelais, 75008 PARIS.

NOUVEAU CERCLE
33, rue du Faubourg-Saint-Honoré, 75008 PARIS.

THE TRAVELLERS
25, avenue des Champs-Élysées,
75008 PARIS.

Club d'hommes d'affaires :

MAXIMS BUSINESS CLUB
3, rue Royale, 75008 PARIS.

les Clubs : English is beautiful

Non, non, ce sont bien les Clubs et non Le Club.
Les clubs sont anglais ou presque, tandis que Le Club est français (Ripaille, Bronzaille, Parlaille). Les clubs sont discrets, presque secrets ; installés dans de somptueux hôtels particuliers parisiens, ils sont peu nombreux et recrutent leurs membres uniquement par cognation.
Leurs membres préfèrent les appeler « cercles », cultivant ainsi un petit air ancien et strict. Le Jockey-club, l'Automobile-club, le Travellers, l'Interallié, sont parmi les plus connus et les plus recherchés.

Qu'y fait-on ? Pas grand-chose en vérité. On y déjeune, frugalement le plus souvent, mais la cave est bonne. On y devise en fumant un havane, on y lit les derniers journaux, on y reçoit et on y rédige sa correspondance ultra-personnelle. De temps à autre on y organise un dîner, ne serait-ce que pour montrer à ses amis qu'on en est bien membre.
Si l'occasion s'en présente, on y marie sa fille, ce qui est beaucoup

moins cher que la location d'une salle quelconque.
L'Auto et l'Interallié ont une piscine et des activités sportives.

AUTOMOBILE-CLUB DE FRANCE
6, place de la Concorde,
75008 PARIS
(1) 265.34.70.

CERCLE DE L'UNION INTERALLIÉE
33, rue du Faubourg-Saint-Honoré, 75008 PARIS
(1).265.96.00.

JOCKEY-CLUB
2, rue Rabelais, 75008 PARIS
(1) 359.85.63.

NOUVEAU CERCLE
33, rue du Faubourg-Saint-Honoré, 75008 PARIS
(1) 365.96.00.

THE TRAVELLERS
25, avenue des Champs-Élysées,
75008 PARIS
(1) 359.75.00.

Bottin Mondain, Who's Who and Co

Les annuaires sont de drôles de miroirs. Il y a ceux dans lesquels il est bon de se regarder, et les autres.
Curieusement, le rouge y est bien porté ! Il faut être sur la liste rouge de l'annuaire des P et T : quoi de plus délicieux que de tendre sa carte de visite en rajoutant à la main le précieux numéro de téléphone accompagné d'un suave : « Ne le perdez pas, nous ne sommes pas dans l'annuaire... ».
Autre liste rouge, mais par sa couverture, le Who's Who ; là figurent ceux qui comptent, du moins au moment de sa parution. Le Who's Who est plus le signe d'une éclatante réussite professionnelle ou politique — conférant à l'habitant de ses colonnes un prestige certain — que celui de l'appartenance à la « bonne société » dont se réclament tous les BCBG.
Ces derniers préférant le Bottin Mondain... dont l'accès est, il faut bien le dire, plus facile. Le Who's Who vous demande, tandis que le Bottin Mondain, hum... Comment dire ?... s'acquiert.
L'idéal est d'y paraître en famille avec un paragraphe séparé — sur demande. Souvent un grand-père généreux offre les insertions aux petits-enfants récemment mariés. L'on veillera spécialement à ne pas indiquer la rubrique châteaux (signalée par une silhouette de château du meilleur effet) pour tout les membres d'une famille. Si l'on n'a, hélas, qu'un château, il ne devra être indiqué qu'une, voire deux fois. Feuilletez bien cet ouvrage, certaines familles donnent l'impression d'être en multipropriété, c'est du plus mauvais effet !

BOTTIN MONDAIN
Didot Bottin
23, rue du Docteur Finlay
75738 PARIS cedex 15
(1) 578.61.66
Si un membre de votre famille y est répertorié, pas de problème. Sinon feuilletez le fébrilement pour y trouver une personne que

vous pouvez citer en référence dans la lettre sollicitant votre inscription. N'oubliez pas de joindre la photocopie de votre livret de famille (quittance de loyer ou carte de sécurité sociale sont superflues).
Vous recevrez une proposition d'inscription et de souscription. La première inscription est bien sûr gratuite mais la souscription au Bottin Mondain 1986 est de 385 F et vivement conseillée.

WHO'S WHO
12, rue de l'Arcade
75008 PARIS
(1) 265.98.82
La couverture rouge du Who impressionne. C'est la « direction » du Who's Who in France (en anglais dans le texte) qui choisit généralement les « personnalités » figurant dans l'ouvrage. Cependant l'on peut adresser sa candidature ou celle de la personne que l'on recommande avec un curriculum vitae. Un comité jugera de sa qualité et enverra, s'il est accepté, un questionnaire servant à rédiger la notice biographique. Avant la parution, les éditeurs adressent un bon à tirer accompagné d'une offre de souscription du Who's Who à prix préférentiel. (l'édition 1985 paraît en décembre. Pour l'édition 1986 les questionnaires sont toujours adressés avant Pâques.)

LISTE ROUGE DES PTT

Si vous voulez devenir une personnalité, vivez cachés, soyez injoignables. Adressez à l'agence commerciale des PTT de votre domicile (en appelant le 14 vous aurez son adresse) une demande d'inscription sur la liste rouge. Vous ne figurerez plus dans l'annuaire du téléphone et personne ne pourra avoir communication de votre numéro de téléphone, même pas les renseignements. Il vous en coutera une taxe de 20 francs à chaque facture de téléphone.

Les PTT vous conseillent de vous faire « dénuméroter » ; et c'est gratuit ! En dix jours, votre numéro de téléphone sera changé. Ainsi même vos amis ne pourront plus vous joindre...

PROFESSION BCBG

La journée de Charles-Henri

Charles-Henri se lève tôt pour prendre sa douche en évitant de réveiller Isabelle et les enfants. Douche rapide : savon Roger et Gallet, rasoir à main Frenchline (entouré de caoutchouc noir), mousse à raser Roger et Gallet, baume après rasage du même nom et friction à l'eau de cologne Hermès avec un gant de crin. Puis il choisit un pantalon de flanelle grise, veston et chaussettes assortis, une chemise Berteil et une veste en tweed bleu (Harrison).

De bonne humeur à l'idée d'aller chasser dimanche, il noue, le sourire aux lèvres, sa cravate bleue parsemée de canards jaunes de chez Mettez, dont l'audace au bureau émerveille son adjoint Duplantiez (pourquoi diable avec un Z ?).

Il réveille ensuite Isabelle (avec une tasse de thé qu'il a — comme tous les matins — amoureusement préparée) puis les enfants. Il supervise le petit déjeuner (chocolat, corn flakes, tartines et jus d'orange frais), et Isabelle habille ce petit monde et vérifie que les dents sont lavées et les cheveux peignés. Vers 8 heures c'est le départ, malgré les jérémiades de Charles qui veut aussi aller à l'école. En manteaux anglais (bleus pour les garçons, et framboises pour

Marie-Amélie). Il embarque les enfants dans sa Volvo break qu'il croyait avoir garée devant chez lui, avenue Mozart, mais qu'il retrouve plus loin en jurant. Passage à l'école, baiser aux enfants, puis direction le bureau, en écoutant Europe I ou RTL, pour être au courant.

Carte magnétique, parking, ascenseur, et il se retrouve dans son bureau, semblable à tous les autres bureaux du siège de la Banque Française. Ce n'est pas le bureau directorial à trois fenêtres et communication avec le secrétariat, aux moquettes épaisses et doubles portes, mais le stade juste avant. Deux fenêtres, un secrétariat partagé avec un collègue ; son nom sur la porte avec prière de s'adresser d'abord au secrétariat.

Vers une heure de l'après-midi, alors que la foule rentre de la cantine, Charles-Henri part déjeuner avec un collègue ou retrouver un ami dans un bistrot à vin; il discute du cours du dollar, de la dernière de Thierry Le Luron entendue le matin sur Europe I, en avalant quelques verres de Château Margaux 66 à des prix qui rendraient Isabelle malade.

Retour au bureau vers 15 h, 15 h 30 où il se met en devoir de remplir à nouveau 4 heures (approximatives) de temps en vaquant à des occupations pas toujours drôles. Les bons jours, il lui arrive

Le pouvoir passe par l'annuaire

Certains annuaires sont de véritables miroirs du pouvoir. Charles-Henri le sait ; il bataille pour atteindre le haut de l'organigramme, mais intrigue aussi pour figurer dans les ouvrages qui le « situeront » parmi les « leaders ».
Le plus important est l'Annuaire du Pouvoir de l'Expansion qui ne contient que 9500 noms ; viennent ensuite le Kompass.
De même dans l'annuaire Dun and Bradstreet, figurent les Présidents, Directeurs Généraux, et la « Direction effective » de l'entreprise, dit la notice.
Les chasseurs de têtes sont aussi friands des annuaires d'anciens élèves de grandes écoles, mais le club est plus fermé !

ANNUAIRE DU POUVOIR
L'Expansion, 67, avenue de Wagram, 75017 PARIS
(1) 763.12.11.

ANNUAIRE FRANCE 30000
Dun and Bradstreet France, 17, avenue de Choisy, 75013 PARIS
(1) 584.12.83.

KOMPASS
22, avenue Kranklin-Roosevelt, 75008 PARIS
(1) 359.37.59.

LE CARNET
Le Nouvel Economiste
22, rue de la Trémoille,
75008 PARIS
(1) 723.01.05.

d'être juste à temps dans sa voiture pour le journal de RTL de 18 h. S'il écoute celui de 19 h sur Europe I c'est qu'une réunion de quelque importance l'a retenu tardivement. Il lui reste à faire bonne figure à sa famille après avoir tourné pendant une dizaine de minutes pour garer sa Volvo.

Une ou deux fois par mois, des réunions de l'Association d'anciens élèves le retiennent tard le soir; les voyages en province, et plus rarement à l'étranger, s'ils ne l'obligent pas à sacrifier un week-end, l'intéressent beaucoup (c'est bon pour sa carrière) mais pas au point d'accepter un poste hors de Paris, ce qu'Isabelle ne comprendrait jamais.

Profession : sans

Chaque fois qu'elle remplit un imprimé administratif, Isabelle frémit de rage. Avec l'emploi du temps qu'elle a, « sans profession » c'est un comble !

Levée de bon matin, pour préparer les enfants pour l'école, elle vaque toute la matinée aux innombrables tâches ménagères. Maria, la femme de ménage portugaise, présente quelques heures par semaine, ne suffit pas. Quand elle pense que sa belle-mère n'arrête pas de lui rabâcher que « maintenant avec toutes les machines, la vie est quand même plus facile » et qu'elle a encore une bonne à temps complet !

Quelques courses et il est 11 h 30, juste le temps de passer prendre les enfants à l'école et de leur faire à déjeuner avant de les reconduire. Quelques après-midi par mois sont heureusement consacrées à sa culture : réunion de bibliothèque tournante, abonnement de visite au Louvre avec conférencière pour groupe d'amies et, il faut bien le dire, quelques « thés sympas » et impromptus au hasard des rencontres à la sortie de l'école des enfants.

Si l'on ajoute les inévitables réunions chez l'une ou chez l'autre qui vend : bijoux, vêtements démarqués, bois peints, broderies et tous objets faits maison, histoire d'arrondir les fins de mois, la semaine passe vite. D'autant plus vite qu'Isabelle aussi a une activité : au fond de l'appartement elle a aménagé un atelier dans un bout de couloir et fabrique des abat-jour sur commande. Très habile de ses mains, elle a réussi à se faire une clientèle de boutiques de luxe, elle vend aussi à quelques amies et par la force des choses aux amies d'amies, ainsi qu'à leurs amies.

Entre les visites à ses fournisseurs, à l'autre bout de Paris naturellement, et son emploi du temps « habituel », il ne lui reste guère de temps pour souffler. L'organisation de quelques dîners chaque mois parachève ce marathon. (Le mercredi est entièrement consacré aux enfants et le week-end à Charles-Henri, lorsqu'il n'est pas à la chasse ou en voyage). Ces week-ends là, malgré les enfants, elle les passe souvent à « rattraper son retard » de repassage, de couture ou de correspondance, ou à voir une vieille copine que déteste Charles-Henri.

Le rythme des vacances vient mettre un peu de piment dans la monotonie quotidienne et oblige Isabelle à d'innombrables déménagements et rangements. Il faut rechercher les tenues de ski ou de plage dont on ne sait jamais si elles ont été rangées dans un placard ou à la cave. Enfin pour corser cette fresque endiablée, les week-ends à la campagne et les invitations des enfants chez « leurs petits amis » servent de point d'orgue.

Isabelle se prend alors à envier celles qui ont un job, et rêve de reprendre, à mi-temps pour commencer, l'activité d'attachée de presse qu'elle avait été obligée d'abandonner lors de la naissance de son premier enfant.

Portraits

PDGBG : Président-Directeur Général Bon Genre

Édouard a 50 ans, il est P.-D.G. Il n'a pas conquis ce poste de haute lutte, son père étant mort lorsqu'il était jeune, c'est le mari de sa sœur, de dix ans plus âgée que lui, qui a assuré l'intérim de l'entreprise familiale pendant

Un désordre savamment entretenu

Edouard est tranquille au bureau le samedi matin

qu'il terminait l'école Centrale. Il est maintenant son adjoint, ce qui est naturel. Édouard savait qu'il serait P.-D.G. et a choisi de partir outre-mer pour son service militaire. Cela forme un homme n'est-ce pas ? Édouard habite Paris, c'est là que se trouve le pouvoir financier et politique; c'est donc là qu'il faut être. Mais l'usine est en province, c'est là qu'une usine doit être : le coût du personnel et des locaux sont moins élevés. A Paris, Édouard ne garde que quelques bureaux pour lui, son beau-frère et une secrétaire, dans le VIIIe bien sûr. Il va à l'usine en voiture (par l'autoroute, il y est en 60 minutes) et va au bureau en métro (2e classe) c'est plus rapide et plus économique.

Capitaine d'industrie, investissant des dizaines de millions, Édouard est radin. Pas de luxe, pas d'ostentation, pas de téléphone dans sa 604 intérieur cuir (on peut intercepter les communications). Il passe ses vacances entre ses hectares de bois et ses hectares de pommes dont il offre chaque année quelques caisses au comité d'entreprise, sans oublier de dire que ça lui coûte plus que ça ne lui rapporte.

Marié, Édouard a quatre enfants : deux garçons et deux filles (les uns à Franklin, les autres à Sainte-Marie) et habite avenue Paul Doumer. Sa femme est d'une excellente famille de riches industriels du centre de la France. Discrète, elle ne vient presque jamais au bureau dont elle a supervisé la décoration.

Édouard s'habille chic, bien qu'on ne lui connaisse que quelques cravates, et trois costumes, l'un étant strictement réservé aux interviews de journalistes et aux conseils d'administration.

Il dit de lui-même qu'il n'est pas une star, mais un patron. Pour cette raison, il ne fait partie d'aucune instance patronale, d'aucun club, d'aucune association, et ne brigue aucun mandat politique : « c'est du temps perdu et le temps c'est de l'argent » dit-il, sans l'ombre d'un sourire.

Ses rapports avec ses collaborateurs sont clairs. Il est LE patron et c'est SON entreprise et SON argent. Toute décision qui n'est pas la sienne peut donc être révoquée, modifiée, inversée dans le quart d'heure ou le mois qui suit. Il conserve ainsi quelques personnes dociles et perd vite les jeunes ingénieurs qui lui feraient de l'ombre et que, de toutes façons, il paye trop mal. Édouard parle volontiers le soir à l'usine, et raconte ses projets : créer un holding pour assurer sa succession, et mettre en place une équipe de managers. Ce holding sera-t-il en Suisse, où il se rend parfois pour rencontrer son agent de relations publiques ?

Le climat à l'usine est détestable, mais il le juge bon car personne ne s'en plaint. Les profits sont excellents et il s'enferme des journées entières avec ses banquiers pour prendre d'autres participations ; cela fait rêver tous les chefs de service qui se voient déjà directeurs.

Édouard se veut aussi ouvert, et presque américain. Il appelle ses collaborateurs par leurs prénoms, mais eux lui disent Monsieur.

Le dilettante campagnard

Forme aristocratique et élaborée du raté ou du bon a rien, le dilettante campagnard sévit dans les grands groupes, les organisations para-administratives et leurs délégations régionales. S'il habite Paris, sa semaine commence tard le lundi matin.

— Pour arriver de Ploërmel le matin c'est une CA-TASTROPHE, dit-il sans en penser un mot.

Point ne lui viendrait l'idée de quitter sa demeure familiale le dimanche soir. Arriver à l'heure au bureau ? C'est bon pour les employés !

La semaine finit tôt le vendredi ; toujours les horaires mal fichus des trains, n'est-ce pas ! La S.N.C.F. a bon dos...

La semaine ainsi raccourcie s'égrène lentement au rythme de sa maigre activité qu'un chef de service arriviste et mal élevé, mais efficace, critique régulièrement. Sa seule force : il prend le même train du week-end que le Directeur général qui le dépose chez lui à l'arrivée car ils se connaissent depuis leur jeunesse. Il sait qu'il finira simple cadre, mais ses attributions lui laissent beaucoup de temps pour rédiger l'abondante correspondance qu'exige la succession de son oncle d'Argentine et qui doit lui permettre de faire quelques travaux à Ploërmel. Quant à l'arbre généalogique de la famille qui l'occupait auparavant, il n'en a que provisoirement abandonné le dossier.

C'est à l'abri de piles de dossiers qu'il n'a pas lus que chaque année, en mai, il prépare, avec délectation, son plan de vacances, en y intégrant tous les ponts, viaducs ou passerelles qu'il lui sera possible de découvrir.

Le fidèle serviteur

Entré dans l'entreprise grâce aux relations de son père, Georges est discret et effacé. Vêtu de son sempiternel costume gris, chemise blanche et cravate club, le fidèle serviteur se fond dans la grisaille et semble être là depuis que l'entreprise existe. Roi de la débrouille (il a meublé son bureau en échangeant quelques bonnes bouteilles contre du mobilier « de directeur » qui a fait son temps mais qui paye encore de mine), prince du calembour, il connaît tout et tout le monde. Si sa place sur l'organigramme est bien modeste — il est cadre mais n'a pas fait d'études à cause de la guerre et n'arrive jamais à prononcer

self made man — il est au courant de tous les circuits : comment et quand parler au président (le mardi à 13 h 15 il déjeune souvent seul à la cantine à une table du fond), comment réserver un chauffeur de la maison alors qu'on n'y a pas droit, qui voir pour les augmentations, mutations, retraites, etc. Sa gentillesse et sa politesse sont proverbiales. Travailleur acharné, premier arrivé et dernier parti, il prépare les dossiers de son patron avec amour et lui voue une admiration totale qui n'a d'équivalent que son attachement à la compagnie qui l'emploie.

Tenant son savoir des anciens, tout ce qui est nouveau l'irrite. Il conserve, à tout hasard, un double de ce qu'il donne chaque semaine au service informatique et passe le vendredi à faire ses propres calculs. Consciencieux à l'extrême, droit, loyal, il regarde tout, conserve les circulaires de la Direction Générale et sert de mémoire à cette société qui fout le camp au point qu'un jeune chef de service s'est permis de l'appeler par son nom de famille, sans Monsieur.

Mais la retraite est proche et lors du pot d'adieu, seule concession de sa carrière au modernisme, il demandera un magnétoscope à la place de la pendule qu'ironiquement ses collègues voulaient lui offrir.

Va voir papa maman travaille

Considérée jadis avec une condescendance attristée (« elle est obligée de travailler ») l'activité professionnelle féminine est devenue parfaitement BCBG.

Si la cousine Sloane vient en France apprendre la cuisine, ou en Suisse passer un an dans une « finishing school », Isabelle, elle, n'a eu que l'embarras du choix. Après le bac, il y avait le secrétariat, médical ou non (la Femme secrétaire), l'accueil, le tourisme, les relations publiques (Hica, École de cadres, EFAP), les licences de russe ou de chinois rarement terminées (Langues O), les licences d'histoire de l'art, (l'École du Louvre), d'anglais ou de droit à Assas.

Il y a maintenant toute la gamme des grandes écoles : le fort pourcentage de jeunes filles admises et le nombre de celles qui sortent majors font que leurs confrères masculins n'ont qu'à bien se tenir. Le charme féminin des fortes en thème les prédestine tout naturellement à des carrières fulgurantes que le mariage et les naissances n'interrompent plus obligatoirement. Car on ne se marie plus au berceau, on réfléchit jusqu'à 24 ans et même plus.

Les jeunes BCBG sont maintenant prêtes à assumer une vie professionnelle bien remplie et se passionnent pour leur job, souvent aussi BCBG qu'elles. Attachées de presse, journalistes, assistantes d'un dirigeant, collaboratrices de grandes maisons d'édition ou de public relations, elles ne lâcheront que rarement pour se marier et conserveront même leur nom de jeune fille tout au long de leur vie professionnelle. Pour peu qu'elles se sentent modérément femmes d'intérieur et n'aient pas la fibre maternelle trop développée, elles attendront le deuxième ou le troisième enfant et la trentaine révolue pour se consacrer à leur famille. Souvent, elles ne pourront renoncer à une activité aussi professionnelle que mondaine, et continueront à travailler à mi-temps ou en dehors des mercredis et des vacances scolaires.

C'est aussi en bonnes bourgeoises prévoyantes qu'elles conserveront un métier dans les mains, après tout, même chez les BCBG sait-on de quoi demain sera fait ?

Jeunes louves contre louveteaux

Les jeunes loups sont dépassés. Vivent les jeunes louves qui les ont transformés en louveteaux.

Le JCD BCBG (1) a quasiment disparu; c'est devenu une espèce protégée : bien élevé, motivé, diplômé, soucieux de la hiérarchie qu'il veut lui-même gravir, sérieux mais de bonne humeur, rationnel, analytique, il s'est peu à peu transformé après 68 en simili baba cool, planqué, décalé, préférant au strict costume-gris-cravate-club la veste en tweed chiné, la cravate « marrante » et le pantalon de velours.

Point n'est besoin de dire que le prix du jeune loup a augmenté chez les clients des chasseurs de têtes et que, la crise aidant, sa capture est de plus en plus difficile car il ne quitte guère sa tanière.

La jeune louve est partout : grande, brune, altière, élégante et diplômée, agressive et féminine à la fois ce qui fait sa force. Son but : réussir sa vie sentimentale, familiale et professionnelle sans sacrifier aucune des trois. Pour ce faire, elle ne reculera devant rien; séductrice elle saura s'habiller sobrement tout en captant les regards, débrouillarde elle sautera allègrement les échelons de la hiérarchie pour faire passer ses idées. Quel président lui refusera quelques minutes d'entretien en fin d'après-midi, elle est si charmante... Mais le charme n'est qu'apparent car le lendemain c'est son supérieur direct ou l'un de ses collègues qui aura la désagréable corvée de réunir à sa demande, toutes affaires cessantes, un dossier pour le président.

(1) Jeune Cadre Dynamique BCBG.

Bouillonnante d'idées, elle n'est guère organisatrice ou administrative et préfère à l'austère travail de bureau les feux de la rampe. Très appréciée à l'extérieur, il lui faudra un bureau élégant, un titre digne d'elle pour ses cartes de visites. Pour le prestige de l'entreprise, ses initiatives brillantes — qu'elle n'a pas le temps de suivre autre part que dans les interviews qu'elle donne aux gazettes —, lui permettront une ascension rapide et éphémère enviée par d'autres sociétés qui la solliciteront à leur tour. Mais prudente cette fois, à l'idée des très jeunes louves qu'elle entend déjà hurler derrière elle, elle porte désormais un tailleur Chanel et laisse à son assistante la responsabilité des affaires, lorsqu'elle n'est pas au bureau le mercredi...

Les boutiquiers

Non, ceux qui « ont une boutique » ne sont pas tous des boutiquiers, comme disait le grand-père de Charles-Henri. On peut avoir une boutique si l'on s'ennuie, si l'on a une idée ou tout simplement si l'on a besoin d'argent.

Pas une mercerie, mais une « boutique de boutons » où, grâce à l'aide d'une amie chroniqueuse de mode et d'un stock de boutons 1930 achetés à vil prix au fin fond d'une province, on attirera le Tout Paris BCBG qui y achètera des boutons pour les enfants, la robe du soir ou le cardigan de Jérôme acheté à Prisu et qui-n'aura-vraiment-plus-l'air-d'en-sortir. Boutiques de décoration, de troc, ou enseignes « chic » ou rémunératrices en franchise, les BCBG découvrent les joies du petit commerce. Leur carnet d'adresses aidant, les affaires sont souvent excellentes.

LES SPORTS

« Mens sane in corpore sano ». Ne serait-ce que parce qu'il a fait du latin le BCBG fait du sport. Il peut même être sportif, non pas comme ces excités en charentaises devant leur poste de télévision, mais à l'anglaise : en pratiquant un ou plusieurs sports et en arrivant à gagner, sans effort apparent, parce qu'il est le meilleur.

Ses sports préférés sont : le tennis, le golf, l'équitation, le hockey sur gazon, la montgolfière, le polo, la chasse tout court ou à courre, la course automobile, le rugby ou le ski.

Le jogging n'est pas un sport, mais un exercice mi-mondain mi-sportif.

Le jogging : un mal nécessaire

De tous les sports, c'est peut-être le plus lassant et le plus... courant. Malgré les excès des journaux, des boutiques spécialisées et des parcours fléchés sur les toits des hôtels américains, il faut admettre qu'il est devenu BCBGique : le bois de Boulogne et le parc du Château de Versailles, le dimanche (matin), sont encombrés de silhouettes plus ou moins sveltes en survêtements pastels ou bleu marine courant à perdre haleine, et chaussées de Nike ou de T.B.S.

En semaine, toute pelouse de square fera l'affaire, pourvu que l'on y rencontre d'autres BCBG, et que l'on puisse lier connaissance si l'on a la chance de tourner dans le même sens.

La chasse : un chasseur sachant chasser

Tous les chasseurs sont de fait BCBG, puisque leur tenue est un véritable uniforme d'un vert kaki indéfinissable.

La chasse BCBG se divise en 3 catégories :

- Chez soi et devant soi avec quelques amis : c'est la chasse la plus authentique, surtout si elle est pratiquée avec quelques chiens de race, dont les inévitables labradors, aussi BCBG que leurs maîtres et découverts par la majorité silencieuse grâce à Valéry Giscard d'Estaing. On tire ce que l'on trouve : lièvres, lapins, pigeons, bécasses, faisans, perdreaux.

• Chez soi en battue : nécessite une organisation, des invitations à l'avance, des cultures, un plan de battue, de servir une collation, d'organiser un vestiaire et, le plus souvent, d'avoir un garde et des rabatteurs (volontaires ou rémunérés).

• En société de chasse : les parts vont de 5000 à 20000 F et beaucoup plus; presque tous les membres sont des BCBG; les invités (un par fusil) également. Pour compléter le nombre d'actionnaires, on peut y accepter éventuellement un nouveau riche qui arrivera bruyamment avec une grosse voiture de sport et une femme trop maquillée; il apportera à chaque fois un petit-vin-dont-vous-me-direz-des-nouvelles. La dernière fois c'était un Beychevelle 66. On est gentil, on lui pardonne, même si Paris-les Ardennes « à fond » en Porsche 928 n'arrange pas un grand cru.

Mais comme au bout d'un certain temps cette société de chasse demande beaucoup de travail, donne peu de satisfaction, ne rapporte rien et que les actionnaires se croient

Les tenues de chasse sont invariables

chez eux, on fait un ultime sacrifice : on chasse en battue chez soi. C'est la meilleure solution : on invite qui l'on veut, on n'est pas obligé de faire un tableau monstrueux, et le garde est ravi d'éviter les lachers de faisans que ces messieurs rataient à qui mieux mieux. Le soir on est entre amis, tant pis pour le Beychevelle 66, on boira le côtes-du-rhône de l'année.

Les tenues de chasse sont invariables : loden vert et knickers en cerf ou en velours vert bronze pour les hommes, chaussettes jacquard, chaussures de marche (Weston), chemise en Viyella dans les tons beige ou vert, chandail col en V en poil de chameaux, ou de type armée anglaise à épaules et coudes renforcés de toile, cravate ou foulard à motif chasse et pour arriver (à remettre pour le dîner) une veste en tweed assortie.

En chasse : bottes Le Chameau (caoutchouc doublé cuir) ou toute autre marque kaki ou beige, loden ou veste de chasse en toile et cuissards assortis (au-dessus des bottes). Casquette en tweed vert bronze (Berteil, Motsch ou Jermyn Street à Londres : le fournisseur du prince de Galles). Veste et pantalon imperméables en toile huilée — plusieurs marques françaises mais la plus chic reste le Barbour britannique que les cousins Sloane mettent aussi en ville (les Anglais n'ont jamais su s'habiller).

Fusils : le calibre le plus courant est le 12, plus léger le 16 et pour les femmes le 20. Un bon Saint-Étienne ou mieux un Ayola y Aguirre (Espagne) ou un Miroku (Japon) sont tout à fait acceptables, de même que le vieux fusil (à chiens) du grand-père. Tout le monde ne peut pas avoir un Purdey ou une paire de Holland and Holland. Une obligation : le sac de chasse en toile et cuir avec initiales, l'étui à fusil assorti et une flasque (whisky, cognac ou armagnac) sont aussi importants que la canne de battue pour les longues traques de la chasse au gros.

La chasse étant chère, la bourriche devient importante et remplira le congélateur en prévision des dîners de l'hiver où l'on invitera les non-chasseurs (les chasseurs, eux,

Le départ

en ont assez des faisans secs et durs). Et surtout pas de gibier au dîner de chasse ! On y mangera l'excellente cuisine campagnarde de la femme du garde, copieusement arrosée, en parlant de chasse.

En partant, ne pas oublier les 100 francs au garde en échange de la poignée de main, et de l'oubli du lièvre tiré après l'heure, lequel a littéralement explosé.

Le ski : l'avant et l'après

Été comme hiver, le skieur BCBG aimant skier skie.

Dès les premières neiges, tôt le vendredi soir, il s'élance en voiture vers les Alpes, abandonnant pour un week-end les mondanités. Il reviendra le lundi matin, épuisé, bronzé avec des marques de lunettes, fauché, mais heureux. C'est le sportif type, celui qui se lève tôt pour amortir son forfait, fait deux descentes « à fond » lorsque les autres sont essoufflés au bout d'une seule. Il skie pour le ski et si sa tenue et ses planches sont neuves, c'est simplement pour le confort et pour la glisse.

Mais tous ne sont pas ainsi. Car le ski fut et reste un rite BCBG. Tous, il est vrai, ne peuvent pas avoir un chalet à Méribel et la plupart se contentent de posséder une ou deux semaines à l'année dans un immeuble d'une station moderne. On y part à plusieurs, en famille ou entre amis, et on en parle longtemps à l'avance pour choisir ses dates et ses partenaires. Les folles descentes, la tenue et l'après-ski ont autant d'importance. Peu brillent dans les trois spécialités et beaucoup préfèrent les deux dernières.

Courchevel, Val-d'Isère, Megève et Méribel sont les stations les plus réputées pour la concentration de BCBG par téléski.

Le long des golfs clairs

On a toujours besoin d'un petit golf (près de) chez soi. Il y en a environ 150 en France. Outre les grands clubs comme Saint-Cloud, Saint-Nom-la-Bretèche, le Racing (à Versailles), Chantilly ou Mortefontaine, il existe de nombreux golfs publics, dans la région parisienne en particulier. Autrefois sport de vieux, de riches et de snobs, le golf s'est démocratisé — quelle horreur — grâce aux golfs publics où, contrairement aux clubs privés, droits d'admission et cotisations onéreuses ont disparu.

Rassurez-vous il n'y a guère plus de 55000 golfeurs en France, soit un golfeur pour 1000 habitants et la densité de BCBG reste encore très forte tout particulièrement dans les clubs « privés ». Le golf peut donc rester un sport de gentleman : il faut laisser passer les joueurs plus rapides sans qu'ils aient à le demander, savoir remettre en place la motte de gazon que vous avez arrachée et ne pas oublier de remettre le drapeau à chaque trou, sinon vous vous ferez renvoyer dans le vôtre !

A cheval sur les principes

Sport aristocratique entre tous, l'équitation était, il y a peu encore, très guindée : jodh-purs, veste de tweed et bottes de cuir conférant au cavalier cette attitude altière qui convient si bien au BCBG.

Si les manèges et les concours hippiques perpétuent ce type d'équitation, la plupart des clubs s'orientent vers la promenade et la randonnée. Les BCBG ne les dédaignent pas, mais se sentent comme un poisson dans l'eau avec un véritable maître de manège, ou dans l'atmosphère des concours hippiques. Enivrés par l'odeur du crottin et du cuir, ils y retrouvent à la fois l'exactitude, la brutalité militaire et le raffinement d'autrefois.

Quel plaisir de saluer dans le Bois l'automobiliste (rare) qui s'arrête pour laisser passer un cavalier, comme l'on salue le jury d'un concours avant de commencer son parcours. Les plus jeunes aussi, bombe sous le bras ou sur la tête se délectent d'être dévisagés lorsqu'à mobylette ou dans l'autobus, ils se rendent en tenue à la reprise.

Tennis : Le Privé vous salue bien

Hier un art, aujourd'hui une technique et une industrie du spectacle, le tennis a bien changé. A nous Borotra, Brugnon, Lacoste et Cochet ! Où sont l'élégance, le style, la tenue blanche de rigueur où seul le crocodile pointait sa couleur ?

Qui n'a pas frémi devant ces petites jupettes qui au moindre mouvement, au moindre souffle de vent... ne révélaient rien de plus ? Et le cours de terre battue couleur brique, si douce au pied, c'était déjà la campagne, l'évasion. Même la raquette faite de beau bois et de souple boyau évoquait la nature.

Maintenant, on ne sait même plus sur quoi ou avec quoi on joue : métal, fibre de carbone, peu importe, ce qui compte c'est la performance, le classement, la technique et les stages intensifs. On ne fait plus une partie, mais un match, on ne se serre plus la main en disant avec le sourire « sans rancune », mais « à quand la revanche » avec les mâchoires crispées. Il n'est pas jusqu'au « merci pour une balle » du tennisman maladroit, jouant sur deux courts à la fois, qui ne devienne « la balle » crié avec agacement, sans attendre que les voisins aient terminé un échange. Quant à la politesse dans les clubs, lorsque se termine l'heure, elle n'existe plus et l'on entre sur votre court, à la seconde près, comme dans un moulin.

C'est pour ces raisons que le tennis à soi, chez soi, mais en dur — et non en terre battue — est encore la meilleure solution. Tenue blanche de rigueur, pique-nique et tournois amicaux en sont la récompense. Mais gare aux gêneurs, « qui passaient près de chez vous » et ont décidé de venir vous voir... avec leurs raquettes.

La planche du salut

Depuis que la planche à voile a fait son apparition, les BCBG respirent... au large. Ils ont enfin une raison de plus pour ne pas rester sur la plage, ce qui n'est bon que pour les enfants qui font des châteaux de sable et les femmes qui bronzent en papotant.

Que ce soit dans le Midi ou en Normandie, virevolter sur une planche sous les regards de sa famille et de ses amis est un plaisir rare. Quel bonheur de pouvoir se lever d'un bond en affirmant que « la risée est là, c'est le moment ou jamais », juste à l'instant où votre belle-mère arrive, annonçant à la cantonade qu'il y aura (encore) du veau à déjeuner.

Comme le dériveur, la planche à voile permet essentiellement au preux chevalier des mers de se harnacher et de montrer son équipement. Sur les plages, le banal : « Isabelle passez-moi le wishbone », a avantageusement remplacé le « Isabelle passez-moi ma serviette de bain ».

Ah si le crocodile
me croque !

Les 350 s'envoient en l'air

Existe-t-il un sport plus élitiste que l'aérostation, qui ne compte que 350 pilotes enfourchant la machine à soulever les pieds de terre des frères Montgolfier ?

Géniale invention de la fin des rois terriens, elle les transporte aujourd'hui sur les traces de Pilatre de Rozier, saint patron d'une race de voyageurs en quête d'arriver (pas toujours) par d'autres chemins. La montgolfière ne se louant pas, l'heure de cours étant très onéreuse, on ne rencontre que des passionnés parmi les aéronautes, d'autant qu'il faut oser monter dans le panier d'osier ; le premier pas compte et coûte. Mais quelle gloire vous auréolera lorsque vous serez le 351ᵉ d'entre eux.

L'ULM est plus démocratique, comme la plupart des engins à moteur. Mais l'aventure tente toujours les BCBG, pionniers jadis de l'automobile ou de l'aviation. Faire ce que les autres ne font pas, être parmi les premiers à le faire et prendre des risques suffisent à motiver les plus indéterminés.

L'ULM, vite transporté, vite monté, permet comme la montgolfière de s'envoler, de survoler, de dominer. Il a même servi à lancer des fleurs sur la mariée lors d'un mariage... BCBG naturellement.

Pour tous les sports

Matériel :

AU VIEUX CAMPEUR
48, rue des Écoles, 75005 PARIS
(1) 329.12.32.

FNAC SPORT
Forum des Halles, 1 à 7, rue Pierre Lescot, 75001 PARIS
(1) 261.81.18.

ROUSSEV SPORT
60, boulevard du Montparnasse, 75015 PARIS
(1) 538.68.98.

SPARTY
110, boulevard Diderot, 75012 PARIS
(1) 347.31.17.

Habillement :

AU PETIT MATELOT
27, avenue de la Grande Armée, 75116 PARIS
(1) 500.15.51.

EQUINOXE
70, avenue des Ternes, 75017 PARIS
(1) 572.18.64.

LACOSTE
37, boulevard des Capucines, 75002 PARIS
(1) 261.58.20.

MALFROID (bottes de cheval)
97, avenue Victor-Hugo, 75116 PARIS
(1) 704.23.75.

METTEZ
16-18, boulevard Malesherbes, 75008 PARIS
(1) 265.33.76.

SHAMROCK
114, avenue Victor-Hugo, 75116 PARIS
(1) 553.90.39.

TUNMER
5, place Saint-Augustin, 75008 PARIS
(1) 522.75.80.

Chasse

ALEX
68, boulevard de Courcelles, 75008 PARIS
(1) 227.66.39.

CALLENS ET MODE
5, avenue de la Grande Armée, 75115 PARIS
(1) 500.51.75.

GASTINE RENETTE
39, avenue Franklin-Roosevelt, 75008 PARIS
(1) 359.77.74.

INTER CHASSE
12, rue de Presbourg, 75116 PARIS
(1) 500.04.74.

Imperméables de chasse :

J. BARBOUR & SONS
Simonside, South Shields, Tyne & Wear NE 34 9PD, ENGLAND.

Équitation

EQUISTABLE MOSS BROSS
177, boulevard Haussmann, 75008 PARIS
(1) 561.02.57.

HERMES
24, rue du Faubourg-Saint-Honoré, 75008 PARIS
(1) 265.21.60

PADD
20, rue du Laos, 75015 PARIS
(1) 306.56.50.

SCHILTZ
30, rue Caumartin, 75009 PARIS
(1) 266.46.48.

Golf

BOISSEAU
8, rue Clément Marot,
75008 PARIS
(1) 720.68.27.

BRITISH GOLF
33, rue Raffet, 75016 PARIS
(1) 647.81.31.

MONTAIGNE GOLF
49, avenue Montaigne,
75008 PARIS
(1) 723.37.62.

ERSATZ

AMERICAN GOLF
14, rue du Regard, 75006 PARIS
(1) 544.47.52.

SCRATCH
111, avenue Victor-Hugo,
75116 PARIS
(1) 553.67.04.

SEPI GOLF N° 1
Vente par correspondance.
39, avenue Sidoine Apollinaire
69009 LYON.
(7) 864.22.22.

TUNMER
5, place Saint-Augustin,
75008 PARIS.
(1) 522.75.80.

Tennis

AUX VIEUX CAMPEUR
(rayon tennis)
5, place Paul Painlevé,
75005 PARIS
(1) 329.12.32.

TUNMER
5, place Saint-Augustin,
75008 PARIS
(1) 522.75.80.

Et dans tous les magasins Inter sports.

ERSATZ

LA CLÉ DES CHAMPS
38, rue de Rochechouart,
75009 PARIS
(1) 280.32.85.

SERAP
10, rue des Terres-au-Curé,
75013 PARIS
(1) 586.23.40.

Planche à voile

CHATTANOOGA
26, rue Bosquet, 75007 PARIS
(1) 705.55.24.

ERSATZ

CRIT
2, rue Toulouse Lautrec,
75017 PARIS
(1) 257.98.40.

QUAI 34
36, rue Raymond Marcheron,
92170 VANVES
(1) 642.32.27.

CHRIST YACHTING
33, boulevard Raspail,
75007 PARIS
(1) 548.16.99.

NAUTI STORE
40, avenue de la Grande Armée,
75017 PARIS
(1) 755.61.55.

Ski

AU VIEUX CAMPEUR
3, rue de Latran, 75005 PARIS
(1) 329.12.32.

DETHY
20, place des Vosges,
75004 PARIS
(1) 272.20.67.

LA CORDÉE
60, rue de Rome, 75008 PARIS
(1) 387.45.10.

LE PASSE-MONTAGNE
39, rue du Chemin Vert,
75011 PARIS
(1) 357.08.47.

ERSATZ

SKI TROC
71, quai de la Seine, 75019 PARIS
(1) 201.14.46

SPORT DISCOUNT
32, rue Copernic, 75116 PARIS
(1) 727.52.00.

ULM

Voici la liste des principaux constructeurs ou distributeurs d'ULM. Les fabricants disparaissent et naissent au rythme des saisons.

AIR CRÉATION
Z.I. de la Villedieu,
07170 VILLENEUVE-DE-BERG
(75) 36.24.10.

BAROUDEUR
Véliplane, 14-16, rue Retrait,
92150 SURESNES
(1) 772.44.55.

COSMOS
Rue du Stade, Z.A.
21121 FONTAINE-LES-DIJON
(80) 57.47.47.

SIROCCO
Aviasud, Les Cigales B3, Chemin de Saint-Antoine, BAGNOLS-EN-FORÊT, 83600 FRÉJUS
(94) 40.60.42.

ULTRA STAR
Zodiac Micro Aviation,
58, boulevard Galliéni,
92130 ISSY-LES-MOULINEAUX
(1) 554.92.80.

X 99
Ulac, B.P. 1252,
1870 MONTHEY, SUISSE
(41) 25.71.70.61.

et plus officielle :

FÉDÉRATION S.F. PLUM
Chemin de la Sacristie,
84140 MONTFAVET
(90) 32.54.06.

Dans la nacelle

Pour votre brevet de pilote, adressez-vous à la :

FÉDÉRATION FRANÇAISE D'AÉROSTATION
29, rue de Sèvres, 75006 PARIS
(1) 544.04.78.

Pour acheter un ballon, vous pouvez prendre contact avec ces spécialistes :

BALLONS CAMERON
Fontaines, 77139 ÉTREPILLY
(6) 436.61.68.

BALLONS CHAIZE
48, rue Balay,
42000 SAINT-ÉTIENNE
(77) 33.43.76.

BALLONS THUNDER
Air Media, 23, rue Eugène Varelin, 92240 MALAKOFF
(1) 746.13.46.

MANUFACTURE FRANÇAISE DE MONTGOLFIÈRES :
BALLONS RAVEN
2, rue Anatole France,
51100 REIMS
(26) 04.14.15.

ZODIAC ESPACE
Aygues Vives,
31450 MONTGISCARD
(61) 81.91.45.

Clubs sportifs

GOLF CLUB INTERNATIONAL DU LYS
60260 LAMORLAYE.
(4) 421.22.62.

GOLF DE LA BOULIE
Pont Colbert,
78350 JOUY-EN-JOSAS
(3) 950.59.41.

GOLF DE SAINT-CLOUD
60, rue du 19-Janvier,
92380 GARCHES
(1) 701.01.85.

GOLF DE SAINT-NOM-LA-BRETÈCHE ·
78860 SAINT-NOM-LA-BRETÈCHE
(3) 462.54.00

L'ÉTRIER
Route de Madrid aux Lacs,
Bois de Boulogne, 75116 PARIS
(1) 624.28.02.

POLO DE PARIS
Pelouse de Bagatelle,
Bois de Boulogne, 75016 PARIS
(1) 506.11.92.

RACING CLUB DE FRANCE
(pour le tennis)
La Croix Catelan, Bois de Boulogne, 75016 PARIS
(1) 224.02.72.

STADE FRANÇAIS
2, rue du Commandant Guilbaud, 75016 PARIS
(1) 651.66.53.

TIR AUX PIGEONS
(Cercle du Bois de Boulogne),
Route de l'Étoile, 75116 PARIS
(1) 624.00.26.

YACHT CLUB DE FRANCE
6, rue Galilée, 75016 PARIS
(1) 720.89.29.

LES VACANCES

Les vacances de Monsieur Boulot

— J'ai un boulot terrible cet été, je ne prends mes vacances qu'en allongeant mes week-ends à Ré où je vais rejoindre Isabelle et les enfants », dit Charles-Henri d'un air navré. Navré, mon œil !

La maison de Ré est pleine à craquer : beaux-parents avec leur vieille bonne — qui a élevé trois générations — et qu'il faut servir à table, et toute une ribambelle de beaux-frères et de belles-sœurs avec leurs enfants. Des déjeuners et des dîners à n'en plus finir, la plage, toujours la plage, et cette guérilla permanente entre cousins car il manque toujours une bicyclette pour aller se promener.

En fait la maison de vacances familiale n'est idyllique qu'au cinéma ou dans les livres. Ces maisons, confortables à 6 ou 8, ne sont pas faites pour 14 ou 15 personnes. L'air marin énerve les enfants : impossible de dormir tôt et si Granny fait un cake, la moitié des clients décrète préférer le pain d'épice ou la tarte aux pommes. Impossible de s'entendre même sur un détail : l'heure du lever ou la sieste des enfants.

— Jérôme, laves-toi les mains avant de te mettre à table !

— Mais laissez donc cet enfant, il est en vacances, dira l'adorable grand-mère.

Trois semaines de cohabitation sont amplement suffisantes, Charles-Henri amènera sa famille un week-end, passera les voir le week-end suivant et viendra chercher son petit monde une semaine plus tard en expliquant à ses beaux-parents, à la fois admiratifs et incrédules, que les affaires ne sont pas faciles.

Oui, à Paris, au mois d'août, seuls restent les managers, pour réfléchir, préparer leur année, et prendre les contacts « qu'on n'a pas le - temps - d'avoir - pendant - l'année ». Et quels contacts ! Un camarade de promo perdu de vue depuis des années, qui, fraîchement divorcé, vous emmènera vous consoler au Grand Vefour où l'on rencontre par hasard plus de jeunes Américaines chics qu'ailleurs, ou une petite stagiaire « sympa » qui adore la musique à qui l'on offrira un concert à l'Orangerie du Château de Sceaux. On ne sait jamais...

Et les soirées tranquilles, pieds nus, en jeans, fenêtres ouvertes sur le Luxembourg en sirotant un Gin-Tonic (Gordon's naturellement), Monte Cristo à la bouche, en relisant Achille Talon.

Août à Paris, c'est la sagesse : arriver tard au bureau le matin, en partir tôt le soir, déjeuner longuement avec un compagnon d'infortune en rêvant à la longue soirée qui se prépare... Tandis que : « L'été dans le Midi on ne peut pas sortir. C'est IMPOSSIBLE, sauf en bateau ».

Voilà pourquoi en fait les BCBG abandonnent souvent pendant une partie de leurs vacances la résidence familiale pour s'enterrer avec des amis ou des cousins dans quelque village improbable, au calme d'une propriété avec piscine et tennis louée pour l'occasion à bon compte. Loin du bruit, de la famille, mais proche d'un festival, telle est la situation idéale de la maison qu'un hiver entier d'investigations aura permis de localiser.

Noël se passe en famille souvent à la campagne pour la messe de minuit et le réveillon où tout le monde vient, y compris les brouillés, fâchés et exclus de toutes sortes, tandis que février est réservé au ski et Pâques à une villégiature plus tempérée (les moins chanceux remplaceront les divers lieux par le mot « campagne ». Pâques à Ré, La Baule, Carnac ou Granville a beaucoup de charme. Il y faut des cirés, des pulls marins, et des soupes bien épaisses le soir, mais rentrés à Paris, les vacances auront été merveilleuses (on taira la belle-mère impossible et la belle-sœur sans gêne), le

Bon voyage !

Agences de Voyage :

AMERICAN EXPRESS
• 11, rue Scribe, 75009 PARIS
(1) 266.09.99.
• 38, avenue de Wagram,
75008 PARIS
(1) 227.58.80.
• 83 bis, rue de Courcelles,
75017 PARIS
(1) 766.03.00.
• 11, place du Marché,
78110 LE VÉSINET
(1) 976.50.39.

DINERS CLUB VOYAGES
• 18, rue François 1er,
75008 PARIS
(1) 723.78.05.
• 24, rue de la Chaussée-d'Antin, 75009 PARIS
(1) 523.20.65.
• 58, rue du Dessous des Berges,
75013 PARIS
(1) 586.12.08.
• 88, avenue Charles de Gaulle,
92200 NEUILLY-SUR-SEINE
(1) 745.14.90.
• 40, avenue de Lattre de Tassigny, 92360 MEUDON
(1) 630.22.83.

FAST INTERNATIONAL
• 42, avenue d'Iéna,
75016 PARIS
(1) 723.88.92.
• 54, rue François 1er,
75008 PARIS
(1) 225.77.15.

KUONI
• 33, boulevard Malesherbes,
75008 PARIS
(1) 265.29.09.
• 12, boulevard des Capucines,
75009 PARIS
(1) 742.83.14.

ERSATZ

Les charters, voyages organisés et :

SUPERMARCHÉ VACANCES
• 46, boulevard de Sébastopol,
75003 PARIS
(1) 277.10.22.
• 52, rue de Bassano,
75008 PARIS
(1) 720.25.96.
• 10, rue du 4-Septembre,
75002 PARIS
(1) 296.16.06.

temps radieux (il pleut tous les jours, mais cela n'empêche pas de sortir) et les enfants en forme.

Voyager hors des hordes

Si les Français ne connaissent pas leur géographie, c'est qu'ils ne voyagent pas hormis le service militaire et les congés payés sur la Costa Brava. Les BCBG ne la connaissent guère mieux mais ils n'ont pas d'excuses.

Eux voyagent par nécessité, « car qu'y a-t-il de mieux que Paris ou Boult-sur-Suippe ? » Que voulez-vous ! Un frère en poste à Washington, une tante mariée à Rome, une petite amie anglaise, un compte en Suisse, janvier à

Saint-Barth, le Nil à Noël et l'été dans le Berri, cela crée des obligations.

Le voyage est donc naturel et traité comme tel dans la conversation : « vous ne devinerez jamais qui nous avons rencontré la semaine dernière à Saint-Barth », doit être prononcé aussi facilement que : « Tiens, j'ai vu Paul-Marie à la Biennale la semaine dernière. » La différence majeure sera, selon toute évidence, que Paul-Marie avait « une mine affreuse » tandis qu'à Saint-Barth...

Bien que le BCBGisme se pratique plus facilement en France, il existe une internationale BCBG, non pas — comme l'a dit le général — de Dunkerque à Tamanrasset, mais de Londres à Rome et de Boston à Munich. Aucun BCBG n'y échappe lors de ses voyages, et se voit invité à dîner afin de lui poser l'angoissante et éternelle question : « que dit-on à Paris ces derniers temps ? » Les termes de la réponse devront être savamment mesurés car ils feront dès le lendemain le tour de ces avant-postes de la civilisation BCBG, et risquent de créer à tout instant une conflagration mondiale ou, dans le meilleur des cas, un scandale diplomatique.

Effectués à contre-saison, les voyages permettent de bronzer aux Caraïbes en hiver et de skier à Val en été. Il faut voyager comme l'on vit : hors des hordes.

Les BCBG ont depuis longtemps abandonné les destinations estivales européennes, à part Bayreuth, Salzbourg, Vérone ou Glyndenbourn. Ils partent loin et voyagent cher, grâce aux voyages d'affaires, séminaires ou symposiums qui fleurissent çà et là. Ils voyagent ainsi, tenant d'une main un attaché-case et de l'autre un guide touristique.

LA BCG

(BONNE CULTURE GÉNÉRALE)

En cela identique au BCG, la BCG n'est pas un vaccin contre la bêtise, mais elle permet de vivre sans avoir l'air trop demeuré.

La culture BCBG est classique. Entendez par là que c'est une culture de classe — celle des autres BCBG. Sans avoir lu ni Homère ni Shakespeare, ni Dante ni Goethe, le BCBG doit pouvoir en parler : dire « c'est kafkaïen », « c'est proustien » ou « c'est dantesque » n'oblige nullement à lire ces auteurs ; en règle générale, sachez cependant que ce genre d'épithète n'a pas grand rapport avec l'œuvre citée. Ce qui importe, c'est ce que les Anglais appellent le « name dropping », cette technique redoutablement efficace qui permet de montrer que l'on sait ce qu'il faut savoir... sans avoir besoin de le savoir. La culture générale, ce n'est rien d'autre.

A la différence de nos cousins anglo-saxons, pour qui de brillantes études ne sont bonnes que pour ceux qui n'ont pas pu faire autrement, nous gardons, de ce côté-ci de la Manche et de l'Atlantique, un saint respect pour la culture. Ainsi, parmi l'ensemble des attributs du BCBG, la culture ne remplace rien, mais rien ne la remplace. Même le plus ignare des BCBG sait, ou doit savoir que 1515 c'est Marignan, et que Saint-Simon n'a jamais été canonisé. Le tout est d'en savoir suffisamment pour ne pas commettre ces gaffes monumentales qui ridiculisent — car au royaume des BCBG, le ridicule tue encore — et d'être capable de sourire finement à toute allusion, même et surtout si elle vous échappe.

La culture BCBG est un accessoire comme les autres, et à ce titre doit fonctionner comme le reste : c'est un mot de passe, un signe de reconnaissance, un insigne commun aux « members only ».

La discrétion étant la marque de l'élégance, BCBG futé vous recommande :

INSINUEZ
AU MAXIMUM
MONTREZ-EN
LE MINIMUM

Les livres

La vérité ne se trouve pas dans les livres mais dans la vie, et c'est ce qui fait le charme des livres. Notre époque est celle de l'idiot-visuel ; cependant, certains livres font encore partie des « must » de quartiers de noblesse intellectuelle, en partie acquise chez les bons pères, les bonnes sœurs, ou dans un lycée de renom. Gardez donc vos Lagarde et Michard et regardez-les d'un œil attendri, quitte à proclamer que l'acquisition d'une bonne bibliothèque est aussi indispensable que les Weston ou le manoir à la campagne. Évitez cependant les livres achetés par correspondance, les digests, les livres achetés au mètre pour leur reliure et les encyclopédies trop éloignées de vos centres d'intérêt ou de votre zone de compétence professionnelle. En revanche vous pouvez avoir des Pléiades, des livres de poche ou de vieux livres reliés. Vous pouvez tout avoir, à condition que celà passe ; plus vous serez BCBG, plus vous pourrez vous permettre de transgresser les normes.

Dans la bibliothèque de l'entrée :

Des classiques Hachette ou Larousse, un bon dictionnaire, les classiques tout court (cf. Lagarde et Michard), une spécialité — peinture préraphaélite, anthropologie structurale, bandes dessinées, poésie symboliste ou voitures anciennes — presque toutes les stars d'Apostrophe.

Sur la table de nuit :

(Pour impressionner vos intimes, mine de rien)

- Albert Cohen, Belle du Seigneur.

- Umberto Eco, Le nom de la Rose.
- Gabriel Garcia-Marquez, Cent ans de solitude.
- Jerzy Kosinsky, L'oiseau bariolé.
- John Irving, Le monde selon Garp.
- Anaïs Nin, Vénus Erotica.
- John Le Carré, La petite fille au tambour.
- V.S. Naipaul.
- Un ou deux livres totalement hermétiques, d'auteurs totalement inconnus.
- Un ou deux livres d'art.
- Des journaux.

Dans les chiottes :

Un Guide Michelin, un vieux Who'Who et un vieux Bottin Mondain piqués aux parents, San Antonio, Jane Fonda, un Guide Bleu (Grèce ou Italie), le Kama Soutra, Tintin, Astérix, de vieux livres de classe ou de prépa, l'annuaire des anciens de l'École, le catalogue Habitat...

P.S. Une boîte de Davidoff fait très bien comme boîte à papier hygiènique.

Les expos

Ce qu'il y a de bien avec les expos, c'est qu'on peut :

- regretter de ne pas avoir pu y aller ;
- en parler si on les a vues ;
- parler affaire de cœur avec sa meilleure amie, ou affaires tout court avec un vieux copain, sans rien regarder ;
- émettre des jugements artistiques et péremptoires ;
- rencontrer des gens qu'on n'a pas vus depuis longtemps ;
- aller prendre le thé chez Angelina une fois que le calvaire est terminé ;
- se promettre d'y retourner un jour où il y aura moins de monde ;
- y retourner, ce qui permet de faire valoir sa sensibilité artistique et de retourner chez Angelina.

Il faut avoir vu toutes les grandes expos, ou avoir voulu y aller, ce qui revient au même si ce que vous préférez pardessus tout dans les expos c'est le thé que vous allez prendre ensuite. Les grandes expos, ce sont celles des Grand et Petit Palais, du Musée d'Art Moderne, du Centre Pompidou, et toutes celles où l'on fait la queue pendant au moins trois quarts d'heure en maudissant la foule. « Comprend-elle vraiment ce qu'elle vient voir ? »...

Mieux que les expos : les vernissages, quelle que soit votre appréciation de la qualité des œuvres. L'avant-garde en matière de peinture est bien plus fréquentable que l'avant-garde musicale ou littéraire (lesquelles sont pourtant en train de s'arranger). Ainsi, vous pourrez, sans crainte d'être vus, fréquenter n'importe quelle galerie de la rue de Seine, de la rue Guénégaud ou d'ailleurs ; il est vrai que le surréalisme se perd, on n'expose plus guère de camemberts odoriférants en guise d'œuvres d'art. L'art lui-même est en passe de devenir BCBG. Pour le meilleur comme pour le pire, l'avant-garde n'est plus ce qu'elle était.

Le BCBG en musique

... Encore un effort si vous voulez être BCBG.

Il n'est pas sûr que les BCBG qui vont au concert aiment la musique, mais aller au concert fait partie du métier. Le BCBG se doit d'aller au concert, au Théâtre des Champs-Élysées, ou au Palais Garnier. Bien sûr, il n'est pas formellement interdit d'aimer la musique, mais c'est surtout l'occasion d'apercevoir ou de revoir beaucoup d'amis à l'entracte et de faire une sieste discrète sous prétexte de fermer les yeux pour mieux écouter. Si vraiment la musique vous donne des boutons, dites que vous n'avez pas le temps en ce moment, mais que vous en écoutez souvent chez vous (France-Musique, Radio-Diapason ou Radio Classique).

Les disques qu'il faut avoir :

Maquillage de base :

- Beethoven : Symphonies, Sonates pour piano.
- Mozart : Concertos pour piano, quelques Symphonies, Don Giovanni, Petite musique de nuit.
- Bach : Brandbourgeois, Suites pour violoncelle seul, par Casals.
- Vivaldi : Les quatres saisons, dans une version correcte.
- Ravel : Concerto pour la main gauche, Boléro...

Pour mélomanes :

Des enregistrements mono des collections Références, Archiv, Fonicetra, les introuvables de Schwartzkopf, les inédits de Maria Callas.

Les salles de concert :

Salle Pleyel, Salle Gaveau, Théâtre des Champs-Élysées, Palais Garnier (Opéra), Salle Favart (ex Opéra-Comique), Rond-Point des Champs-Élysées (le dimanche matin), Radio-France, les églises.

Il y a moins de gens qui vont à l'Opéra qu'il n'y en a qui vont au théâtre, moins au théâtre qu'au cinéma, et moins au cinéma qu'il n'y en a qui regardent la télévision. Plus l'objet est accessible, moins il est BCBG. L'Opéra s'encanaille terriblement ces temps-ci, mais reste encore un repère de BCBG (pas forcément mélomanes).

- A voir : Palais Garnier, Salle-Favart, Théâtre des Champs-Élysées.
- A éviter : Le palais omnisport de Bercy à cause de son acoustique et de son nom.

Les festivals :

Aix-en-Provence, Orange, Vaison-la-Romaine, Cannes, Paris, Glyndebourne, Bayreuth, Salzburg.

Le théâtre

Le XVIIe siècle pensait que le théâtre était un lieu de perdition. Si l'on en juge par la densité de BCBG qui se bousculent aux séances du Français (entendez la Comédie-Française), du Palais Garnier (l'Opéra), ou même de temples non encore consacrés, ce siècle était en avance sur notre temps.

Tout le monde sait que les petits BCBG n'acceptent d'aller aux matinées du Français que pour voir les décolletés sublimes des soubrettes de Molière; les petites BCBG y montrent leur kilt et quelquefois un aperçu de leur charmante anatomie — moins que les actrices cependant. Mais, ce qu'il y a de bien avec les lieux de perdition, c'est que tout le beau monde s'y retrouve.

Aujourd'hui que nous sommes grands, il faut aller au théâtre avec des amis, et même les BCBG se sont rendus compte que le Français n'est plus ce qu'il a été. Le BCBG avisé se retrouve aujourd'hui sur les bancs peu moelleux des Bouffes du Nord (Peter Brook) ou de la Cartoucherie (Mnouchkine), après avoir dûment fait la queue, quatorze jours à l'avance. Car le BCBG peut aller voir du Brecht, en apprécier toute la valeur subversive, et n'en pas moins demeurer à l'aise dans ses Church.

Le cinéma

Au point où nous en sommes, peu importe que le cinéma soit un art ou pas. Cependant il y a des films BCBG et d'autres qui ne le sont pas : Fellini ou Woody Allen, oui, les Charlots en Vacances, non. Ça ne s'explique pas, d'ailleurs le BCBG ne se l'explique pas, et il ne s'y trompe pas, du moins dans l'exercice de ses fonctions. En règle générale, tel Panurge, il va voir tel film soit parce qu'il sait que les autres BCBG iront le voir, soit parce qu'ils ont été le voir.

- A éviter : le samedi soir sur les Champs-Élysées — feu les Champs — devenus l'empire du fast-food, du parking impossible, des Golf GTI pilotées par des banlieusards du 94, en cuirs noirs, ongles noirs, venus faire la fête.

- A voir : les classiques, les festivals, et ce qui passe au Ranelagh, ou à la Pagode...

La télévision : j'suis snob

Tout le monde l'a, mais personne ne la regarde — c'est tellement nul n'est-ce pas ! Cependant, en dépit des dénégations, tout le monde — c'est-à-dire vous et moi — voit bien plus d'émissions qu'il n'avoue en regarder. Bien sûr, on regarde Pivot et le ciné-club pour le moins ; et qui Roland Garros, qui les Mickeys, le tournoi des Cinq nations, et j'en passe. Faites le compte, vous êtes sans doute assez près du taux d'écoute moyen national. Ne niez pas, et habituez-vous à penser, pour une fois, que ça n'a rien d'infâmant.

- A éviter : le cyclisme, Guy Lux et Madame Soleil.
- A consulter : Télérama, votre concierge, les programmes de France-Musique.
- Pour Canal Plus : Après avoir attendu de voir ce que faisaient les plus BCBG que vous, vous vous êtes aperçu qu'aucun d'entre eux n'était abonné, vous savez donc maintenant ce que vous devez faire...

Les journaux

PLUS TARD

Les 50/60 ans

Bien calé dans sa situation, le BCBG de 50/60 ans commence enfin « à respirer ». Il a presque terminé d'élever ses enfants dont, au pire, le dernier à intégré une grande école ou est en faculté. Aussi malgré son travail très prenant, il se dilate, il commence véritablement à vivre comme il le souhaite depuis longtemps. Plus besoin, désormais, d'être présent le week-end pour s'assurer que les enfants travaillent ou pour surveiller — plus ou moins — la tenue du rallye qui a lieu chez lui... A lui la liberté ! Il peut maintenant passer 2 ou 3 jours avec sa femme dans une propriété amie où s'envoler pour l'Irlande et y chasser la grouse.

Amateur d'art, ses moyens et une plus grande disponibilité lui permettent de « faire » les antiquaires pour y dénicher les « extraordinaires occasions » que plein de joie et de fierté, il pourra montrer à ses amis.

A présent il soigne sa santé sérieusement, sa forme physique et son aspect, pour ne pas vieillir — ou le moins possible. Le BCBG de 50/60 ans prend le temps de se soumettre à des « check up » réguliers. Il se remet à la gymnastique mais sous contrôle médical exclusivement (son P.-D.G. n'est-il pas mort d'un infarctus parce qu' il avait trop forcé son jogging ?). Il visite de temps à autre — pour rien au monde il ne l'avouerait — un institut de soins pour hommes qui lui assure un visage plus net et moins ridé. Un de ses amis l'y a rencontré...

Papa s'éclate disent vulgairement les enfants. C'est vrai : 50/60 ans c'est l'âge doré où certes l'on n'est plus très jeune, mais cependant pas encore vieux. Parce qu'il est heureux et qu'il jouit de toutes les bonnes choses de la vie, le BCBG a une curieuse tendance à penser que cet état de grâce ne cessera jamais, ce qui contribue à créer autour de lui un climat détendu et chaleureux. Ce bonheur il le fait partager aux autres par une rondeur nouvelle, acquise au fil des années. Le temps a poli ses rugosités, ses partis pris, et gommé son égoïsme masculin : il est sans doute mûr pour être grand-père...

Les grands-mères « Saint-Bernard »

Cri unanime des grands-mères : « je n'arrive plus à faire tout ce que je voudrais faire... ».

Domesticité réduite à des femmes de ménage portugaises à éclipse, tâches culinaires auxquelles rien ne les a préparées, entretien d'une maison devenu trop grande une fois les enfants partis : les grands-mères succombent sous le fardeau. Veulent-elles sortir avec une amie pour voir la dernière exposition du Grand Palais que sonne le téléphone.

— Maman (ou Mamie) pouvez-vous me garder les enfants pour la journée j'aimerais accompagner Charles-Henri à Aix-en-Provence où il doit traiter une affaire ?

— Pouvez-vous venir à la maison une semaine prendre en charge les enfants pendant notre ski à Méribel ?

Docile, vaincue, la grand-mère dit oui. Fini l'agréable perspective de faire les soldes et de bavarder avec une amie devant une tasse de thé ou de chocolat chez « Angelina », fini les dîners sympathiques entre personnes « du troisième âge », ils sont troqués contre les angines et les disputes des enfants. Il faut bien que les parents s'amusent un peu...

Les grands-mères intrépides

Plus BCBG que les autres celles-là. Rien ne les détournera de leurs dîners, de leurs amies, des bridges prévus un mois à l'avance ou de la croisière impossible à remettre. Plaintes, supplications rien n'y fait : c'est un « niet » sec et définitif.

— Moi personne ne m'a aidée, je ne vois pas pourquoi il me faudrait garder tes enfants, tu les as faits, occupe-t'en.

Dire cela à sa fille, c'est dur ; à sa belle-fille c'est périlleux. Mais les soldes n'atten-

dent pas, pas plus que les cartes d'invitation aux présentations de mode où l'on découvrira la robe de cocktail à porter au printemps.

Larguer les amarres... Au retour de croisière, on se plaindra de la chaleur et de la fatigue des visites d'escale, sous le regard moqueur des filles et belles-filles qui se promettent — à tort peut-être — d'aider les femmes de leurs fils... plus tard !

Le retraité BCBG

Le retraité BCBG n'a jamais eu aussi peu de temps disponible que depuis qu'il ne travaille plus. « Je n'ai pas un seul instant à moi... » dit-il souvent, et c'est exact.

Doucement éjecté par ses plus fidèles collaborateurs de son poste envié de P.-D.G., il peut enfin s'occuper de choses sérieuses. La gestion de son patrimoine ne constitue-t-il pas le premier des devoirs envers les siens ? Il consulte désormais chaque jour les cours de la bourse pour réaliser des opérations qu'il espère fructueuses. Bien sûr, son agent de change lui évite les plus gros écueils, mais — il ne le reconnaîtra jamais — cette activité nouvelle lui inflige généralement de cruelles épreuves qu'il cache soigneusement à sa famille...

Malgré ses 65 ans, il reprend le tennis, et après une heure de cours rentre chez lui « en pleine forme » c'est-à-dire les joues creuses et les yeux pochés, sans compter les courbatures. Qu'importe, il se sent, il se sait rajeuni : d'ailleurs son partenaire le trouve « formidable ». Alors ?

Et la famille ? Elle est naturellement au centre de ses préoccupations. Il adore tous ses petits-enfants, qui défilent chez lui pour y passer quelques jours chacun à tour de rôle, et son art d'être grand-père consiste à les conduire au Jardin d'Acclimatation et à leur raconter des histoires fantastiques qui les laissent cois. Mais ayant élevé quatre enfants, il estime qu'il a déjà donné et s'empresse de rendre ces chers petits à leurs légitimes propriétaires.

Le retraité BCBG peut enfin se lever tard, donc sortir ou inviter ses amis le soir sans pour autant éprouver la moindre lassitude. Tous ses amis sont — quoi de plus naturel — de sa génération ce qui l'empêche de constater qu'il vieillit tout de même. Ce n'est que lorsqu'il reçoit des « jeunes » de 40 ans, qu'il prend alors conscience de la différence.

Sans être « riche » le retraité BCBG habite le VIIe arrondissement de Paris, ou l'ouest (Neuilly, Saint-Cloud, Vaucresson, Saint-Germain, etc.). Il possède son appartement ou sa maison, sans oublier une « baraque » de 10 pièces reçue en héritage, agréablement située sur la côte d'Azur.

Il n'achète rien à crédit, ce qui serait vulgaire et lui coûterait finalement plus cher. Mais le BCBG ne jette pas l'argent par les fenêtres : sa femme fait dix marchands de légumes avant d'acheter au meilleur prix et lui ne dédaigne pas les tarifs spéciaux consentis le lundi par les cinémas.

Le vêtement

Depuis sa retraite le BCBG a définitivement abandonné le complet croisé marine rayé, avec gilet, cravate et pochette, de rigueur pour Président du Directoire. A présent, c'est un homme décontracté, voire « cool ». Bannies les cravates : remplacées par le nœud papillon; banni le costume croisé. Il porte désormais un blazer et un pantalon de flanelle pure laine « made in England ». Finis les richelieu ennuyeux et durs aux orteils : remplacés par des mocassins.

Le fin du fin, pour cacher les plis inquiétants du cou et les fanons qui s'annoncent, c'est encore le col roulé blanc, dont un Président a naguère donné l'exemple aux Français...

La lecture

Avant sa retraite le BCBG n'avait pas le temps de lire ou à peine. Aujourd'hui ce temps il devrait le trouver et dévorer des piles de bouquins. Eh bien non ! La multiplicité de ses activités et de ses obligations est telle qu'il peut tout juste lire quelques titres recommandés à « Apostrophe » par Bernard Pivot. Ses préférences vont aux livres historiques, mais il ne dédaigne pas — à condition que personne ne le prenne en flagrant délit — les romans policiers, en anglais naturellement.

Le don de soi

Lorsqu'on est retraité, c'est-à-dire à la charge de la collectivité, n'est-ce pas un devoir de faire en retour quelque chose pour la société qui vous fait vivre ? Si, bien sûr.

Rassurez-vous, le retraité BCBG n'ira pas parrainer des détenus sortis de prison, ni s'occuper de jeunes délinquants « car avec ces gens-là on peut s'attendre à tout... et j'ai une famille, moi, Monsieur », mais il offrira par exemple sa voix pour enregistrer des textes destinés aux aveugles (au moins avec eux on ne prend pas de risques) ou bien il assurera une permanence — sauf en été car pensons aux vacances — dans une bibliothèque paroissiale. Bref, il ne se commettra bénévolement qu'avec des gens « biens » parce qu'il est un inconditionnel de l'assurance tous risques du berceau à la tombe.

Les voyages

Il y a cinquante ans, un BCBG de 70 ans restait dans ses pantoufles. Peut-être poussait-il la témérité jusqu'à Vichy ou Vittel, et encore... Aujourd'hui parce qu'il faut être jeune à tout prix, le BCBG retraité bouge, regarde, circule, bref s'amuse. Il s'envole pour les Seychelles, il file au Mexique visiter les Incas et profite des tarifs spéciaux hors-saison réservés aux petits vieux pompeusement promus « personnes du 3e âge » par les dépliants publicitaires. Mais il n'accepte pas les « tours » tout faits, chers aux Allemands et aux Anglo-Saxons. Manque de convivialité, direz-vous ? Peut-être !

Pas Français pour rien, il a horreur du groupe et des pérégrinations grégaires. Avec sa femme il « bâtit » son voyage, visite ce qui l'intéresse, s'attarde là où il veut et échappe ainsi aux contraintes et à la promiscuité.

Le BCBG a naturellement « fait » l'Égypte, avec descente du Nil, promenade en felouque et tutti quanti... A l'aéroport du Caire, tandis que des compagnons de vol s'engouffrent bêtement comme des moutons dans le car « pullman climatisé », lui, dix minutes plus tard est au volant d'une voiture Hertz ou Avis. A lui la liberté ! A peine sorti de l'aéroport, les panneaux indicateurs lui signalent la direction du Caire. Dommage qu'ils soient en arabe... Faute de les décrypter, notre BCBG individualiste, fait demi tour et rend le symbole de sa liberté perdue...

La mort

Malgré son teint vermeil et son appétit solide, le retraité BCBG se dit qu'il faudra bien un jour céder la place et prendre son billet pour l'autre monde, aussi prépare-t-il méthodiquement sa sortie.

Ni sa femme, ni ses enfants ne souhaitent sa mort, mais il a vu parfois des enfants si pressés de toucher leur héritage qu'ils ont dépassé les bornes du savoir-vivre (ou du savoir-mourir). Tout en ayant pleine confiance en ses rejetons, il pense aux gendres et aux belles-filles qui pleureront moins sa disparition, mais en revanche loucheront avec concupiscence sur la part qui leur revient. Prudent, il fera signer à chacun, par devant notaire, une renonciation à sa part tant que vivra son épouse.

Restent à régler les dispositions de ses obsèques. Il aimerait bien « donner son corps à la science », mais d'une part l'idée que des carabins joueront un jour au ballon avec son foie ou sa rate le remplit de crainte et d'horreur, et de l'autre l'absence de pierre tombale et des rites qui s'y rattachent semblent un tabou, un interdit à ne pas braver. Et puis, qu'en penseraient sa famille, ses amis. Non, il n'a pas le droit de les priver de ses obsèques avec absoute et mise en terre.

Après moi...

On a beau être BCBG, on vieillit quand même. Et l'on est saisi par les affres du doute : comment partager mon patrimoine entre mes enfants, et surtout à quel notaire adroit s'adresser pour éviter la gourmandise abusive du fisc, tout en restant dans la légalité.

Et puis après la mort du notaire de famille, comment le remplacer ? Il y a beaucoup de notaires, mais inégaux quant à leur standing, et à leur connaissance du droit fiscal. On s'informe, on demande à ses amis, on tente de percer certains secrets bien gardés de successions « faciles ». Et l'on finit par trouver un notaire BCBG, qui joue au golf, fait de la voile et compte parmi ses relations des inspecteurs des impôts qui l'informent bénévolement de ce que les textes n'ont pas prévu. Problème : à qui donner l'argenterie de grand-mère, du Puiforcat massif qui vaut maintenant une fortune ? La partager ? aucun enfant ne pourra s'en servir. Donner tout à l'un d'eux, mais il faudra alors trouver une compensation pour les deux autres...

A force de retourner la question — et avec le concours du notaire — il est convenu que deux tableaux de bonne facture feront l'équivalence. Mais il y aura des meubles, des objets, des titres, et des propriétés. Faut-il les distribuer de son vivant par une donation ? Ou bien léguer ces biens par testament ? Si Gonzague reçoit sa part d'héritage avant ma mort, il la dilapidera avec des femmes avant ma fin. Quant à Bénédicte, intéressée et âpre au gain, elle prétendra toujours qu'elle est lésée. Pour ce qui est de Guillaume, il continuera à placer son argent, sans jamais rien offrir à sa femme ! Cruel dilemme !

Finalement allons-y pour le testament. Pénible d'écrire « je lègue et donne à... » alors qu'on a une furieuse envie de continuer à vivre. Pénible de regarder cette toile de Derain qui orne le salon et de penser qu'un jour... Courage, testons ; et sans omettre la vieille Nannie qui a élevé les enfants et l'Œuvre de Rédemption des Adolescents repentis qui a fourni d'excellentes femmes de ménage à bas prix pendant 20 ans.

Chez le notaire, celui-ci se veut rassurant à la manière d'un grand médecin :

« Ce n'est pas parce que vous faites aujourd'hui votre testament que vous allez mourir demain. Au contraire, vous allez être débarrassé d'une inquiétude qui pouvait altérer votre santé morale, donc physique. Votre succession réglée, vous vous sentirez plus léger.... »

— Mon portefeuille aussi.

Deux heures pendant lesquelles vous avez tout — ou presque — distribué à votre femme et à vos enfants.

— Et si ils réclament leur part, ils en ont le droit à ma mort ?

— Nous leur ferons signer une renonciation en faveur de votre femme.

Vous voilà rassuré, tout est réglé. Du moins le croyez-vous. Heureusement, vous serez absent lors du partage... !

Mourez, nous ferons le reste

Pas plus au début de sa vie qu'à la fin, le BCBG ne fait les choses comme les autres. La vie BCBGique est peuplée de certitudes, la mort est l'une d'elles. Non pas la dernière, car il croit à la vie éternelle. En attendant, c'est la dernière manifestation mondaine dont il sera la cause à défaut d'en être l'hôte et cette idée ne l'amuse guère.

Le pire lors du décès d'un autre BCBG c'est que vous pensez que votre tour viendra et cela vous donne les larmes aux yeux. Les BCBG ne pleurent pas, sauf au cinéma pendant « Autant en emporte le vent ». Vous chaussez une paire de lunettes noires, vous habillez tristement et partez à l'église puis au cimetière.

Le carnet du jour du Figaro (exceptionnellement le Monde) est la dernière demeure du BCBG pour qui sonne le glas. Si l'annonce est suivie de la mention « voir page 34 » ou « notre édition d'hier », cela signifie qu'une biographie complète est publiée séparément.

Le BCBG ne peut mourir dans l'anonymat et il est important que l'on parle de lui, ne serait-ce que dans la presse locale ou professionnelle. « Un grand Clodoaldien nous quitte » ou « le Président d'Honneur de la Fédération des Apiculteurs en Forêt est mort hier », lit-on dans les feuilles.

Spartiate tout au long de sa vie le BCBG l'est tout particulièrement pour un enterrement, pas de tentures ou de fioritures ou de cercueil de luxe, dira le BCBG à l'entrepreneur de pompes funèbres pour lequel il est un mauvais client. Il préfère laisser une enveloppe pour les œuvres du curé de la paroisse.

A l'enterrement, tout se passe dans la prière, les chants (« Plus près de toi mon Dieu ») et la dignité, sans effusion. Les hommes portent une cravate noire, les femmes sont en sombre. La famille annulera soirées et sorties pour quelques temps et portera une tenue foncée, demi-deuil, eut-on dit autrefois.

Lorsque l'on habite la campagne, l'enterrement peut avoir lieu dans la plus stricte intimité, comme le précise le Figaro, et une messe est alors dite plus tard à Paris.

La tristesse passée, la mémoire du cher disparu restera car le BCBG laisse toujours des traditions, des habitudes, des maximes :

— Ton père disait toujours que dans un tel cas il n'y a pas lieu de s'inquiéter.

Un BCBG laisse aussi, en principe, un héritage qui permettra d'acheter la maison au bord de la mer ou la chaîne stéréo, selon son importance. Il se trouvera toujours quelqu'un pour dire que, dans les derniers temps, il a mal géré son patrimoine et qu'il a tout laissé au fisc.

La veuve BCBG est très affectée, mais remonte vite la pente car elle est très entourée et même débordée par les petits-enfants à garder. Malgré la mort, incident indépendant de la volonté des BCBG, le cours de la vie continue, comme l'aurait voulu père.

Le testament ne règle rien pour ceux qui restent, chacun estime avoir droit à quelque chose. L'un n'a-t-il pas, sans rechigner, toujours répondu présent aux appels de son grand-oncle pour telle ou telle corvée, l'autre toujours été le fidèle conseil de sa tante restée vieille fille, avec un total désintéressement et une abnégation dignes d'éloges.

Par tradition ou parce qu'ils en ont envie, les BCBG estiment toujours que le testateur devrait, aurait dû léguer à l'un ou à l'autre tel ou tel bien. Quand les dés sont jetés les BCBG ne sont, pas plus que d'autres, de purs esprits. C'est ainsi que dans les meilleures familles naissent des brouilles style Capulet et Montaigu dans lesquelles seuls les BCBG s'enferment stoïquement.

Harpers & Queen

THE OFFICIAL

SLOANE RANGER H·A·N·D·B·O·O·K

THE FIRST GUIDE TO WHAT REALLY MATTERS IN LIFE

ANN BARR & PETER YORK

WHY IT REALLY MATTERS TO • **WEAR** NAVY BLUE • **EAT** JELLY WITH A FORK • **READ** DICK FRANCIS AND THE FT • **GIGGLE** IN BED • **CRY** WHEN YOU SING CAROLS • **NOT CRY** AT FUNERALS •

KILL SALMON • **DRINK** SERIOUSLY • **PUT** THE 'GREAT' INTO BRITAIN AND THE 'HOORAY' INTO HENRY AND **LIVE IN THE COUNTRY** *(or, failing that, Kensington Square)*

WHO SLOANES WINS

CRUCIAL DRESS CODES
SIMPLE SEX • MONEY MATTERS
SLOANES IN THE LOO
SCHOOLS FOR SLOANE GIRLS & BOYS
(ETON v. THE REST)
SLOANE TABLE MANNERS
CAROLINE'S DRAWING ROOM
HENRY'S PUBS
THE PROBLEM OF HAMPSTEAD

LETTRE SECRÈTE D'UN SLOANE RANGER

Depuis des générations et bien que les Anglais aient brûlé Jeanne d'Arc, l'anglomanie fait rage. Le thé, les meubles anglais, les mini Austin, les vestes en tweed, les cachemires, les Barbours sont en fait une véritable cinquième colonne de l'invasion anglaise. Cependant nos cousins Sloane Ranger d'outre-Manche ne nous aiment pas. La preuve ? Cette lettre, de l'un des leurs, interceptée récemment et que nous publions en exclusivité ! (Défendons-nous contre l'ennemi héréditaire, avant que nous ne soyons obligés, comme eux, d'ingurgiter le dessert avant le fromage !)

Heartthrob House,
Stalekirk,
Kirkubright.
April 23 rd 1984

Chez Jamey,

Heureusement je suis revenu sur le sol britannique après une semaine épouvantable chez mes cousins français. Tu sais que ma tante Jean s'est mariée avec un frog. La pauvre, à mon avis c'est cela qui l'a tuée, puisqu'elle mourut sept ans plus tard après avoir livré quatre enfants à la France. Mon oncle, qui ne s'est pas remarié par la suite, s'appelle Monsieur de [redacted]*. Il me raconte qu'il appartient à une famille qui était fort riche au siècle dernier mais à cause des curieux droits de succession qui existent dans ce pays barbare, ils sont maintenant réduits à un minuscule appartement dans le 16e arrondissement de Paris.*

Le 16e est réservé aux familles de bon ton, et la possession d'un appartement y est un « sine qua non » (même si c'est aussi grand qu'une armoire à balais, au cinquième étage et plein de meubles sur le point de tomber en miettes). Le quartier est bien triste. Il n'y a que des immeubles du XIXe siècle en pierre sale avec des rues désertes. On n'y trouve point cette « joie de vivre » que nous attendons de la France.

Monsieur de [redacted] a quatre enfants, et l'aîné, Louis-Antoine, fait Achesay, une espèce d'école de commerce dans la banlieue parisienne. Il faut que tu comprennes que les jeunes ici vont à l'école pour apprendre comment être commerçant. Ici tu ne peux pas entrer dans les affaires, comme nos diplômés d'Oxford, par tes relations dans la Cité de Londres, il faut faire de longues années d'études.

Louis-Antoine est aussi grave qu'un croquemort (comme la plupart des frogs d'ailleurs). J'ai fait deux gaffes en lui demandant s'il s'amusait au « party crashing », c'est-à-dire à aller à des soirées sans être invité, et si les jeunes aimaient casser les vitraux et détruire les créations d'art moderne comme chez nous. Louis-Antoine devint très blême et commença à bégayer : « Mais Piers, ici cela ne se fait pas ».

Le deuxième fils, Arnaud-William fait Sciencespot. C'est une école entièrement consacrée à des gens qui font P.P.E. (Philosophy, Politicy, Economy) à Oxbridge (Oxford de Cambridge). Quelle horreur ! Il me dit que cela ressemble à Oxford – quel culot ! Son meilleur ami, Jean-Marie fait l'école de Cavalerie à Saumur, c'est un parvenu, le fils d'un industriel. Il est très fier de Saumur car il dit que 70 % des élèves possèdent la particule – c'est-à-dire qu'ils portent les lettres « de » devant leurs noms. Mais, Jamey, à part lui, tout le monde que je rencontre ici porte ce « de ». Arnaud-William fait quand même un peu plus gaillard que son frère. Il m'avoua qu'il avait eu des expériences avec des femmes et qu'il s'enivrait de temps en temps. Heureusement que c'est sa chambre et pas celle de Louis-Antoine que je partage !

Quant aux autres enfants il y a une fille, Anne-Sophie, qui est laide comme le derrière d'un London bus. Elle est toute couverte de pustules, fait de l'Anglais au British Institute et chante dans la chorale de l'église Sainte-Clothilde. Ici les chorales sont mixtes !

Le cadet, Pierre-Olivier est toujours écolier au lycée Janson-de-Sailly, à côté. Les Français ne vont pas en pension généralement. Ils vont à l'école en ville ; le résultat est évident, ils manquent de discipline et ne savent pas jouer aux sports. Pierre-Olivier est déjà un petit bonhomme malgré ses seize ans. Il va aux rallyes où il est presque impossible de casser quelque chose ou de mettre la panique. Il y a peu à boire et si on y reste la nuit à danser, tout le monde se rend à la messe le lendemain !

Les garçons, sachant que je fais Oxford, me demandent pourquoi je ne porte pas de chemises « Oxford » comme eux. Arnaud-William en porte une. C'est une chemise à l'américaine en coton grossier et coloré bleu de Cambridge en plus !

Le soir de mon arrivée, la domestique portugaise nous prépara un dîner « soigné ». Il y avait pour commencer du saumon fumé qui sentait la nourriture pour chats, des pâtés et des petits morceaux de viande qui se trouvaient sous une couche épaisse de saindoux, du bœuf, coupé de je ne sais quelle partie de la bête avec une barde de porc autour. La viande était très peu cuite, et pire, bourrée d'ail. J'aimais mieux les pommes sautées mais les haricots verts avaient besoin d'encore quelques minutes de cuisson. Après il y avait des fromages qui puaient comme des vieilles chaussettes. Seule consolation, la tarte aux fruits fut superbe. Je trouvai trés gênant le fait qu'ils ne mettent qu'une seule bouteille de vin pour arroser tout cela. Le père but un verre, moi, je terminai la bouteille.

Le lendemain, ayant l'habitude de faire la grasse matinée le dimanche, je fus très surpris de voir Arnaud-William se lever dès huit heures et m'obliger à faire la même chose. « Il faut aller à la messe ». Tu sais aussi bien que moi, que je n'ai rien contre l'église à Pâques ou à Noël. C'est une bonne préparation pour le déjeuner après. J'aime, comme toi, un culte bien anglican avec des cantiques bien émouvants et un sermon réduit à quelques brèves paroles. Mais Jamey, tu te rends compte ! Ils voulaient dire la messe catholique. Écoute, ce n'est pas tout. Nous nous rendîmes à une vaste église sur la rive gauche de la Seine. A l'extérieur il y avait des jeunes hommes avec les cheveux plutôt rasés qui vendaient des tracts pour une organisation qui s'appelait « Action Française ». On me dit qu'il s'agissait de royalistes. Merveilleux, cela fait 150 ans qu'il n'y a plus de roi en France et il existe toujours des royalistes. Quel témoignage à l'esprit têtu des frogs.

Exactement comme la veille, une seule bouteille ornait le buffet au déjeuner. Ce fut un petit bordeaux infect. Le malheur, c'était que M. de [redacted] *avec lequel je partageais la bouteille, voulait se vanter de son excellent goût pour les bordeaux. Quand tu penses aux vins de mon père, que je vole de sa cave ! Ici ils boivent des vins âgés de deux ou trois ans maximum. Mon père est en ce moment en train de terminer ses 59 et 66.*

Le déjeuner terminé, nous allâmes au bois de Boulogne qui se trouve à côté. Dans ce milieu c'est l'habitude le dimanche s'il fait beau. Je n'aimais pas le bois, il s'agissait d'un énorme terrain vague divisé en parcelles entourées de fil de fer barbelé (ou bourré de terrains de sport). Parfois on voit des jolies filles. Je demandai à Arnaud-William d'où venaient ces filles et il ricana en disant que c'étaient des « Brésiliennes » ; elles me semblaient fort jolies et j'aurais bien aimé faire connaissance.

Après un tour du lac où mes cousins saluèrent beaucoup de monde pendant qu'ils échangeaient des commérages sur chacun, les six heures sonnèrent et je commençais à avoir soif. Nous nous rendîmes à l'appartement d'une amie de la famille dans une rue à côté du Bois. L'ambiance était très sérieuse ; que des jeunes gens graves qui buvaient du thé. Une habituée de la maison s'approcha et me dit : « vous êtes Anglais, vous voulez sûrement du thé ? » « Mademoiselle, ripostais-je, je suis Écossais, il est sept heures moins vingt, est-ce qu'il n'est pas plutôt l'heure du whisky ? »

Elle alla chercher une bouteille qu'elle croyait avoir vue quelque part. Je surveillai la pièce. Les garçons – comme mes cousins – étaient tous en blazer, souvent avec des badges que je reconnus avec peine. Ils portaient des chemises blanches avec des cravates comme ceux des public schools de chez nous. Je reconnus avec fureur un old-Etonian et avec moins de colère un old-Harrovian et un Wyckhamite. Ils portaient des flannels achetés off-the-peg, trop serrés à la cheville, des chaussettes blanches un peu sales et des chaussures genre italien dont ils étaient très fiers. Ils disaient que c'étaient des Westons. Je ne pense pas que cette maison est connue chez nous ?

Le pire, c'était les filles. D'abord je crus être dans une parodie de réveillon de la Saint-Sylvestre chez un hobereau des Highlands. La plupart des filles étaient habillées en kilt ! Il s'agissait tout simplement de la mode parmi les gens de leur monde.

La fille retourna avec la moitié d'une bouteille de whisky. Ce n'était pas une marqie que je connaissais. Cette brave Hébé qui me le trouva, me présenta également à une fille délicieuse. Comme les Françaises le sont en général, elle était petite et plutôt mignonne. Les filles ici ne sont pas construites commes les nôtres, qui sont d'ailleurs plus habituées à parler aux chevaux qu'aux hommes et normalement avec des teints de fraises à cause de tout l'alcool qu'elles boivent. Comme toute Française, Laure ne buvait pas, et son teint était comme les pêches à la crème. Elle était blonde avec des yeux bleus étincelants. Elle aussi por-

tait le kilt et paraissait aussi mal habillée que les filles des Highlands, mais je devinai qu'elle possédait de jolies formes.

Elle me plaisanta beaucoup sur le whisky : « mais vous êtes alcoolique ». Je répondai farouchement que non. C'était six heures passées et j'avais l'habitude de prendre un verre. Apprenant que j'étais Écossais, elle me demanda des mots de Gaélic. Je dis que seulement les paysans parlaient cette langue atroce et que je n'avais pas la moindre notion là-dessus. J'avais le sentiment que je ne lui déplaisais pas et elle me le confirma en chuchotant dans mon oreille : « viens dîner avec nous, nous allons chez un Chinois génial ». Je n'étais pas emballé par cette idée de Chinois génial, mais je voulais faire un peu la cour à cette fille.

Le dîner fut fastidieux. J'avais l'impression d'être le seul à vouloir boire, et je commandai à plusieurs reprises ces pichets de vin rosé avec lesquels le Français arrose les plats chinois. A table, ils parlaient des études à la fac, des emplois et des problèmes d'argent, ce que je trouvais de trop. Un garçon qui était probablement plus expérimenté que le reste, m'expliqua qu'il fallait trouver une jolie fille française pour améliorer ma connaissance de la langue. A ce point, je jetai un œil sur Laure qui me rendit mon œillade avec un joli sourire. Le dîner terminé et la voiture pleine à craquer elle me déposa chez mes cousins. Avant de fermer la porte elle me souffla « Tu peux m'appeler ». Imagines-tu Jamey, je fus séduit ! Les Françaises c'était mieux que dans Balzac qu'on nous obligeait à lire au Public School.

Arnaud William m'informa que Laure faisait son droit à la faculté d'Ass Ass. Elle y était partie quand j'appelai au téléphone et je décidai de m'y rendre – les universités étant des endroits où il est facile de trouver les gens. J'imaginais trouver des collèges comme les nôtres à Oxford et je pensais qu'il y aurait un portier bien renseigné qui pourrait me signaler où trouver Laure. Quel malheur ! J'arrivai devant un grand immeuble tout neuf et laid, couvert d'affiches devant lequel se trouvait une sculpture monstrueuse.

J'entrai dans un vaste hall où quelques milliers d'étudiants tourbillonnaient. Tout le monde se ressemblait. La plupart des filles étaient blondes, souvent aidées par des préparations chimiques. Les hommes avaient des coupes très militaires et je reconnus quelques-uns des vendeurs de tracts royalistes de la veille. Ils portaient leur chemise Oxford (sic), des cravates étroites de voyous, des blazers, etc. Personne n'avait l'air de fréquenter un tailleur. Les filles étaient en pantalon et pull-over. Tout le monde portait ces manteaux verts suisses ou des raincoats fabriqués industriellement par la maison Burberry de Londres. Chacun se saluait, soit en donnant une poignée de mains comme un francmaçon ou bien en s'embrassant machinalement sur la joue. Les filles ne s'embrassent pas sur la bouche comme elles font parfois chez nous.

J'interrogeai plusieurs étudiants sur Laure, mais personne ne la connaissait sous ce nom. Je ne savais pas son nom de famille. Ici on se présente soi-même en murmurant son nom. C'est donc impossible de les retenir. Je demandai au concierge qui me répondit sèchement qu'il y avait à Ass Ass plusieurs milliers d'étudiants en droit. Je restai collé deux heures à un pilier dans le hall quand tout d'un coup je vis Laure dégringoler les escaliers avec ses amis. Elle sortait d'une salle qui ressemblait à l'école chez nous. Elle me présenta la joue et cria « génial » m'invitant à prendre un café avec eux.

Ses amis parlaient politique. Cela ne m'intéresse pas. Je sais que je suis conservateur à cause de ma naissance, je n'ai pas besoin d'en parler. Avant de partir Laure m'invita à un dîner le lendemain soir. Retournant chez mon oncle j'achetai une bouteille de malt en chemin, je n'allais pas supporter encore une soirée en teetotaler.

Après le dîner Arnaud-William consentit à prendre un petit whisky avec moi dans notre chambre. Lui et Anne-Sophie avaient des chambres dans l'appartement tandis que les autres fils avaient les leurs dans des chambres de bonnes mansardées, comme dans cet opéra que nous vîmes avec ta mère – La Bohème. Apparemment les enfants de bonne famille ne quittent pas le foyer de leurs parents en terminant les études comme chez nous ; il y en a qui restent à la maison jusqu'à l'âge de trente-cinq ans ! Ils ont aussi tendance à faire des études dans leur ville d'origine donc ils n'ont pas notre liberté pendant le trimestre.

Le lendemain j'étais très agité toute la journée. Je demandai à Arnaud-William de me conduire à un endroit sympathique. Je pensais à un équivalent français du pub. Il m'amena à un tea-room qui s'appelait « Carrette ». C'était rempli des mêmes visages royalistes du dimanche mélangés de figures d'Ass Ass. Tout le monde buvait du thé et j'avais honte de commander une bière à la dame très stricte qui nous servait (il faut quand même avouer qu'ils faisaient des merveilles en sandwiches au concombre).

Le dîner se déroulait dans une autre partie de Paris – le 7ᵉ arrondissement dont mes cousins m'assurèrent qu'il était plus chic que le 16ᵉ. Tout de même c'était un petit appartement tout en haut d'un ancien hôtel particulier. Avant de venir, j'obtins deux bouteilles de bon vieux claret du marchand de vin. J'avais le soupçon qu'il n'y aurait pas beaucoup à boire. J'arrivai avant Laure et une fille me critiqua sévèrement pour les avoir apportées. « Nous avons tout ce qu'il faut ! » me dit-elle en me montrant les deux bouteilles sur la table. Je souris dans mon for intérieur. Laure arriva quelques minutes plus tard.

Tous les invités arrivèrent avec des petits paquets sous le bras, lesquels allaient composer le dîner. Il paraît que les étudiants sont bien tenus en laisse et n'ont pas comme nous des petites fortunes à jeter par les fenêtres pendant leurs années d'études. Le dîner fut modeste, mon vin était fort nécessaire. Non seulement je bus la dernière bouteille mais j'éliminai ensuite une bouteille de liqueur bizarre nommée « gratte-cul » que je ne trouvai guère appétissant de nom. A propos, ils ont des fromages qu'ils appellent crottins et même des crottes de chocolat, il y a un autre fromage qui se dit « suppositoire du diable » ; cette obsession ne les empêche pas de se régaler. Ayant maintenant un sentiment plutôt allègre, je m'installai à côté de Laure et j'osai laisser tomber la main sur son genou. Mon vieux tu ne peux pas imaginer la suite. Elle me traita d'insolent, m'accusa d'être ivre comme je ne sais pas quoi, et me montra la porte. Je fus confus. J'errais de bar en bar, revenant à deux heures du matin, et reçus en quelque sorte les mêmes injures de la part de mon oncle.

Le lendemain soir je téléphonai chez elle afin de m'excuser. Elle me semblait plutôt amusée mais elle me rappela quand-même ma position dans le monde. J'acceptai tout ce qu'elle me dit pour la soulager, sans comprendre un mot. Jamais on a fait autant de kilométrage pour une action si innocente. A la fin elle me dit qu'elle me pardonnerait vendredi si je l'accompagnais à la fête d'une amie.

Si cette lettre n'est pas le comble de la misère, attends que je te raconte une fête à la française. Laure exigea que je vienne la chercher chez elle. A mon arrivée, le père notifié de mes mauvaises habitudes me donna un whisky microscopique (j'étais ravi quand même). Laure apparût belle à croquer dans une robe de soie neuve.

J'imaginais une fête comme chez nous : des bonnes choses à boire, des gens à rencontrer, des crashers, breakage, un peu de folie avec des âmes complaisantes. Nous descendîmes du taxi et déjà j'entendais une musique très forte surgir d'un appartement au troisième. Même dans l'ascenseur ce fut difficile de se faire entendre. Nous sonnâmes et la porte s'ouvrit sur un vacarme épouvantable. Je pensais tout de suite à me soulager avec un verre, mais Laure qui fut charmante pour moi cette soirée-là, m'attira sans mot dire sur la piste de danse, pour ainsi dire tout l'appartement.

Laure m'entraîna dans une espèce de rock'n roll conçu pour les gymnastes et les vieux ringards du East End de Londres. En France tout le monde fait cela. Après une seule tournée j'avais marché six fois sur le pied de Laure et frappé un jeune homme triste en pleine figure. Ce dernier a failli provoquer une bagarre. Je priai Laure de m'accompagner au buffet pour prendre un verre de champagne.

Je ne peux pas mentir, il y avait quelques bouteilles et des mets soigneusement préparés (ce que je n'attendais pas, j'avais mangé avant de venir) ; ce qui me gênait le plus c'était qu'il n'existait pas un seul endroit dans l'appartement assez tranquille pour se faire entendre. Même la chambre réservée aux manteaux était horriblement bruyante. Il n'y avait qu'une seule solution – revenir danser. Laure dansa un slow avec moi et ensuite elle consentit à descendre dans la cour de l'immeuble avec moi, fumer une cigarette au calme. Là, rafraîchi par une douce brise de printemps, je sentais le désir de l'embrasser. Il n'y eut pas d'objection mais malheureusement je négligeai de mettre mon verre par terre et dans la passion de l'étreinte je versai la moitié sur sa robe neuve. Ne ris pas salaud ! elle m'injuria avec des paroles dignes d'une poissonnière et me quitta en trombe.

Le dimanche j'arrivai finalement à parler à Laure. Elle fut très froide. Elle me raconta qu'elle avait prié pour mon âme à la messe et qu'elle consentirait à me voir seulement quand je serai plus mûr et plus civilisé. Jamey, tu sais que je n'attends pas beaucoup de la vie. J'aime la société de mes bons copains autour d'une bouteille de porto millésimé. J'aime les crashing parties et les voitures super-rapides. J'aime chasser la grouse, mettre les restaurants sens dessus dessous en lançant des glaçons et des petits pains. J'ai une faiblesse pour jeter les gauchistes dans la rivière comme j'en ai une autre pour détruire les œuvres d'art modernes. J'aime plaisanter avec nos solides anglaises qui savent jouer le jeu et qui aiment boire un coup avec les garçons. J'aime un peu d'espièglerie parfois sans être méchant. Hier je savais que je ne pouvais plus supporter ces gens français qui sont aussi raides qu'un plancher. La vie en France est trop compliquée pour un être simple comme moi.

Aujourd'hui revenu sur la terre de mon père, je récupère. Je passai l'après-midi dans le pub du village avec le garde-chasse. Un peu rond, j'ai volé une bouteille de bon vieux claret de la cave et je le bois en t'écrivant. Ce soir Robbo et moi nous allons faire du crashing au bal que Lady G. donne pour sa fille. Il y aura beaucoup de fizz, des filles faciles et des bonnes blagues pour ceux qui savent blaguer,

Yours sincerely, ton ami francophobe,

Piers

DIEU ET LA RELIGION

— Vraiment, on se demande ce que fait le bon Dieu ! S'il pleut comme ça encore huit jours, il n'y aura pas un faisan pour l'ouverture.

Les BCBG connaissent bien Dieu. Ils lui parlent souvent d'une façon familière, bien qu'Il ne fasse pas toujours ce qu'ils veulent et qu'Il s'arrange pour leur compliquer singulièrement la vie, en posant des tas de questions, pour les baptêmes et les mariages par exemple.

Regardez cette pauvre Caroline : pas très BCBG et pas très fair-play de la part de l'Église d'étaler tout cela dans les journaux au lieu de lui pardonner dès le départ.

Parce que le BCBG a la foi, peu importe qu'il aille à l'église ou au temple, il est né dans sa religion qu'il n'a pas plus choisie que sa famille. Simplement, il est monothéiste. Il n'est pas dévot, pas plus qu'il n'affiche de sensiblerie pour les êtres humains ou pour les animaux.

Et puis Dieu, c'est difficile, le BCBG n'est pas théologien ; il s'en tiendra strictement au rituel, là pas d'angoisse métaphysique. S'il n'a pas choisi sa religion, il peut choisir son homme de Dieu : si celui de l'église locale ne lui convient pas il ira au village voisin (la propriété est à cheval sur les deux). Si celui de la campagne ne convient pas, on se liera plus avec celui de Paris, où là aussi on peut, pour cause d'enfants ou d'horaires, changer de lieu de culte.

HALTE AU BCBGISME !

Un BCBGiste averti en vaut deux. Vous êtes maintenant prévenu...

Il n'y a rien de plus bête, de plus moutonnier, de plus borné qu'un BCBGiste. Vous aviez une Golf GTI, un Burberrys, des rendez-vous au Harry's Bar, à 10 h 30 au cadran de votre montre Cartier, avec d'autres BCBG, pour vous raconter de bonnes vieilles histoires de BCBG. Et un beau jour, vous rencontrez dans les lieux que vous fréquentez des gens que vous ne fréquentez pas. Vous écoutez leurs conversations : vous apprenez qu'ils ont une Golf GTI, qu'ils viennent au Harry's tous les vendredis, vous les voyez sortir leur Must de la poche de leur Burberrys. Parfaite horreur ! Lui est VRP et sa petite amie (sa femme), malgré la bonne apparence de sa double rangée de perles, est vendeuse à la Samar. Où va-t-on ?

Il est temps de vendre votre Golf GTI pour acheter une voiture française, de garder votre Burberrys (pas assez élimé d'ailleurs) pour les promenades à la campagne, de ressortir la montre que vous aviez eue pour vos 18 ans, pas à quartz heureusement, bref il est temps de trouver autre chose. Maintenant vous êtes averti.

Plus BCBG que ça, vous êtes snob. Le BCBG n'est pas méchant, mais ça ne l'empêche pas d'être raciste. Plus BCBG qu'eux, beaucoup plus, ceux qui possèdent l'éducation, la distinction, la réussite sociale, en un mot la grâce, sont des snobs.

Moins BCBG que ça, vous êtes moins que rien. Moins BCBG que ça, très en deçà même, si vous n'avez pour toute panoplie que l'écharpe Burberrys (quelle rigolade que cette écharpe triste qui a l'air de sortir d'un magasin de nouveautés de province des années 50 !), vous serez simplement considérés comme vulgaire par le plus vulgaire des BCBG. Sachez donc être dans la bonne moyenne du BCBGisme. Hors de là, point de salut.

LEXIQUE

De la signification du mot « petit »

Le sens de l'économie étant l'une des vertus cardinales du BCBG, il recherche tout ce qui peut lui permettre de satisfaire ses goûts et ceux de ses amis sans déroger.

Le champagne est l'une des denrées les plus importantes de la vie mondaine. Les grandes marques : Moët et Chandon, Mumm, Laurent-Perrier, Taittinger, Piper sont chères; Charles-Henri les réservera à ses hôtes importants et ne les achètera qu'en promotion au moment de Noël dans les supermarchés. Mais ce ne sera pas l'essentiel de sa consommation. Un « petit » champagne de « petit viticulteur » du fin fond de la Marne, voire de l'Aube, approvisionnera sa table. Or il n'existe que le bon ou le mauvais champagne, ce « petit » champagne-là signifiera pour son acheteur un prix compétitif, et excusera pour les invités les marques « Jules Duplumeau » ou « Comte Raoul de la Bulle » notoirement inconnues. Ce sera cependant du champagne dont les qualités gustatives n'ont pas d'importance, mais du vrai champagne (c'est écrit dessus), ce qui est autrement plus important.

Ce qui est vrai pour le champagne l'est également pour le foie gras, le sancerre ou le costume de flanelle : le « petit » producteur ou le « petit » tailleur étant souvent la justification à priori des qualités très moyennes, qui ne pourront être contestées sans contester le maître de maison. Celui-ci s'en tire ainsi à bon compte !

Absolument : *adv.*, complètement, sans restriction. Par extension signifie, en réponse à une question, une approbation totale. « Je suis absolument désolé » marque un regret très profond.

Adorable : *adj. syn.* de mignon, charmant. Utilisé autant pour un animal que pour un enfant ou un objet. *ex. :* « son fils est absolument adorable; sa robe est adorable. »

Allez là : appel des rabatteurs pour faire fuir le gibier lors d'une chasse en battue. Aussi Ho-op*.

Ami : prononcer « Aâmii ». On dit « mes amis » et non copains, camarades, etc. « Cher Aâmii (e) » est une apostrophe usitée lorsque l'on se rencontre ; *ex.* : « Cher Ami, comment allez-vous ? ».

Arranger : *v.* usité dans l'expression « y s'arrangent pas ». Pourrait passer pour vulgaire mais ne l'est pas. Signifie ils empirent de jour en jour.

Boulot : *n.m.*, terme vulgaire : travail, expression : boulot dingue. Voir dingue*.

Baisemain : mouvement du corps consistant, pour un homme, à baiser la main d'une dame pour la saluer. Doit être enseigné dès l'enfance.

BCG : Bonne Culture Générale ou niveau de culture littéraire ou artistique permettant à un BCBG d'être reconnu tel par ses pairs. C'est en fait un vernis qui évite les plus grosses gaffes.

BCBG : Bon Chic Bon Genre.

BCBG/BF : Bon Chic Bon Genre de Bonne Famille.

BCBG/N : Bon Chic Bon Genre, de famille noble.

Bérézina : échec cuisant. Décrit une tentative de flirt avancé qui a échoué ; *ex.* : « Avec Marie-Bénédicte hier c'était la Bérézina ».

Boîte : *n.f.*, la société dans laquelle travaille Charles-Henri. « Ma boîte marche très bien en ce moment ». Plus rarement utilisé pour désigner une boîte de nuit, que l'on appelle plutôt club*.

B.M. : abréviation de B.M.W. se prononce béhème.

Brunch : mot anglo-américain, contraction de breakfast-lunch, petit déjeuner — déjeuner pris entre 11 heures du matin et 2 heures de l'après-midi, le plus souvent le week-end.

Burberrys : « La » seule marque d'imperméables anglais que l'on achète pour leur doublure.

CPCH : Collier de Perles, Carré Hermès ; abréviation employée pour caractériser les jeunes filles de 18 ans qui, chez les BCBG, reçoivent leur premier collier de perles et leur premier foulard Hermès. Voir Carré*.

Carré : appellation « noble » d'un foulard ; *ex.* : « J'ai un nouveau carré Hermès ». Voir CPCH*.

Carton : autrefois bristol ; désigne une invitation ; est parfois gravé.

Catastrophique : *adj.*, se prononce CA-TA-STRO-PHI-QUE en accentuant chaque syllabe. Signifie au pire très ennuyeux, gênant, embarrassant ; *ex. :* c'est catastrophique, je n'ai plus de porto ».

Caviar : On en parle beaucoup mais on en mange rarement. Pour le servir on utilise un bol à caviar (reçu en cadeau de mariage) ; *ersatz* : œufs de lump (fréquent dans les buffets).

Cercle : mot BCBG pour appeler un club — le Travellers Club est un « Cercle ». Le mot évoque mieux l'aspect élitiste que le mot club. Voir club*.

Chiant : *adj.*, très ennuyeux ; *ex. :* « Les Dugenou sont chiants ».

Chier (faire) : *v.*, vulgaire ; ennuyer profondément.

Chiottes : *n. f. pl.*, mot très vulgaire désignant les W.C.* Employé par les jeunes ou entre amis proches. *Fig.* : « Il a un goût de chiottes » : il a un très mauvais goût. Voir aussi Wawa, toilettes ou se laver les mains selon les circonstances.

Classe : Il y a de la lutte dans cette classe là. L'expression « Ils n'ont aucune classe » veut dire ils ne sont pas de notre milieu.

Club : Club de sport ou plus rarement boîte de nuit ; jamais Le Club. Voir aussi *Cercle**.

Conseil : Conseil d'administration *ex. :* « Il est vraiment cool. »

Décontract' : *adj.*, forme abrégée de décontracté, *syn.* de cool* ; *ex. :* « quand les parents sont là on n'est pas décontract'. »

Dehors : à l'extérieur. 1) Signifie aussi bien sur la terrasse que dans le parc ; *ex. :* « ce soir le dîner est servi dehors ». 2) à l'extérieur de chez soi, chez des amis ; *ex. :* « nous dînons dehors. »

Déjeuner : *v.*, prendre le repas de midi ; on déjeune, on ne mange* pas.

Dément : *adj.*, 1) fou, incroyable, fantastique (sens laudatif) ; *ex. :* « il habite un loft dément ». 2) *sens péjoratif* : excessif ; *ex. :* « Isabelle a un boulot dément » ; Voir dingue*.

Désolé : *adj.*, signifie confus, navré ; *ex. :* « je suis absolument désolé, mais nous sommes déjà pris ce soir là. »

Deuche : Appellation BCBG de la 2 CV Citroën, la première des décapotables.

Dîner : *v.*, prendre le repas du soir ; *ex. :* « on dîne chez des amis », mais attention : on ne mange* pas chez des amis.

Dîner-goûter : est aux familles BCBG ce que le brunch* est aux anglo-saxons. Mi goûter mi dîner, c'est un ersatz de dîner lorsque le personnel est (était ?) en congé le dimanche soir. Chacun se sert et l'on mange plutôt des gâteaux ou des croissants en buvant du chocolat. Plus frugal qu'un dîner normal.

Dingue : *adj.*, énorme; *ex.* : « Charles-Henri a un boulot* dingue ». Plus fort et plus évocateur que « J'ai beaucoup de travail ». Voir dément*.

Épouvantable : *adj.*, triste, atroce; se prononce É-POU-VAN-TABLE; *ex.* : « ce qui leur arrive est épouvantable. » Voir aussi catastrophique*.

Fauché : *adj.*, sans argent, démuni; or les BCBG ne parlent pas d'argent.

Gabardine anglaise : imperméable bleu marine utilisé par les écoliers BCBG; est aux enfants BCBG ce que le Burberrys est à leurs parents.

Génial : *adj.* , superlatif de bien; successeur d'épatant, sensass, plus fort qu'hyper sympa*.

Gens : les autres, la masse; *ex.* : « les gens sont stupides » (la foule est bête) ou « ces gens sont pas possibles » (ces gens ne sont pas fréquentables).

Golf (une) : voiture de marque Volkswagen; la GTI ou le cabriolet sont particulièrement appréciés; éviter la couleur blanche, préférer le noir.

Golf (le) : Sport consistant à frapper très fort une petite balle à l'aide d'un club; ne pas confondre avec une golf*.

Habité : bien habité signifie habité par les BCBG; contraire : mal habité

Ho-op : appel régulier des rabatteurs entre eux lors d'une partie de chasse. Destiné à se situer pour rester « en ligne ».

Job : *n. m.*, mot anglais signifiant occupation professionnelle. Charles-Henri ou Isabelle n'ont pas un travail (vulgaire) et encore moins une « place ».

Jodhpurs : *m. d'origine hindoustani*, pantalon serré aux genoux, souvent en whipcord, que l'on utilise pour monter à cheval.

Knickers : Culotte courte serrée sous le genou, en velours ou en peau de cerf, voire en loden vert; se porte avec des chaussettes longues.

Laver (se laver les mains) : *Circonlocution*, « où peut-on se laver les mains ? » signifiant « où sont les W-C* ? »; à employer lors d'un dîner en ville. Voir W-C*, Wawa*, toilettes*, chiottes*.

Loden : manteau vert d'origine autrichienne; Le Manteau du BCBG. Primitivement destiné à la campagne, se porte maintenant en ville.

Look : style de vêtements, apparence générale; *ex.* : « il a un look BCBG, mais c'est tout. »

Maison : *n. m.*, l'endroit où l'on habite ; que ce soit un petit appartement ou un château ; on dit « venez-dîner à la maison » et jamais « à l'appartement » ou « au château ».

Manger : *v.*, ne s'emploie jamais à propos d'un repas (on dit prendre son petit déjeuner, déjeuner, dîner), mais à propos d'un mets ; *ex. :* « J'adore manger du caviar ».

Manteau anglais : manteau en tweed, uni le plus souvent bleu pour les garçons, et également vert pistache ou framboise pour les filles, col de velours de la même couleur ; tenue d'hiver des enfants BCBG.

Merde : juron, souvent utilisé par les BCBG ; plus raffiné : « merde quoi » !

Meribel : la station de ski familiale BCBG ; les bonnes familles y possèdent un chalet, les autres n'y ont que des habitudes.

Mob : à l'origine la marque « Mobylette » ; par extension tous les deux roues ne nécessitant pas de permis de conduire (Peugeot, Yamaha, etc.).

NAP : abréviation de Neuilly-Auteuil-Passy ; BCBG habitant ces quartiers ; par extension qualifie quelque fois la jeunesse dorée qui s'habille avec la panoplie BCBG.

Parents (les) : *n. m. pl.*, plus adulte que « papa et maman », moins snob que « père et mère » ; désignation très BCBG (on dit aussi « les grands parents ») ; *ex. :* « les parents me demandaient hier de vos nouvelles. »

Plouc : *n. m.*, désigne, lorsqu'il est employé par les BCBG, les autres, ceux qui ne sont pas BCBG ; employé péjorativement désigne par extension les nouveaux riches, BOF (beurre-œuf-fromage).

Plouc : *adj.*, qui est l'apanage des ploucs, de mauvais goût.

Possible : *adj.*, dans l'expression « ils ne sont pas possibles » signifie pas fréquentable, pas du même monde ; *ex. :* un quartier pas possible = pas habitable.

Preppy : le BCBG « made in USA » ; les Preppys ont apporté les Dockside, les pantalons à carreaux, les chemises Oxford, les MBA à Harvard. Ils connaissent la France car ils ont passé 3 jours à Paris à l'Intercontinental (ou au Hilton) et une semaine à faire tous les châteaux de la Loire. Ils ont aussi près de chez eux un gourmet shop où ils achètent de la moutarde de Dijon et un vrai restaurant français qui vend des baguettes. Ils ne sont pas sûrs que le beaujolais nouveau ne soit pas italien, mais connaissent le chianti.
Bibliographie : *The official Preppy Handbook,* by Lisa Birnbach, Workman Publishing, New-York, 1980.

Rallye : *n.m.*, 1) ensemble de soirées mondaines, dansantes ; également rallye-bridge ou rallye-théâtre. 2) accessoirement épreuve automobile sur route.

Révérence : mouvement du corps consistant à plier les genoux, et que doivent impérativement faire les jeunes filles et les petites filles pour saluer les personnes plus âgées.

Salut ! : formule de politesse (?) des jeunes BCBG entre eux ; remplace toutes les autres ; à ne pas utiliser avec Père ou Bonne Maman. N.-B. : les Romains disaient bien « vale » !

Saint-Barth : Saint-Barthelémy ; petite île des F.W.I. (French West Indies) au large de la Guadeloupe. Il faut y passer quelques jours en janvier.

Sloane Square : c'est le centre du monde pour les Sloane Rangers* (voir ce mot). C'est la place de Londres S.W.I. qu'il faut habiter. Les distances se mesurent à partir de Sloane Square.

S.R. : abrégé de Sloane Ranger* (voir ce mot).

Sloane Ranger : vient de Sloane Square. Les Sloane Rangers (en abrégé S.R.) sont les BCBG anglais. Ils aiment Paris et le S. of F. (South of France) du Lavandou à Grasse, Val-d'Isère, Bordeaux, Biarritz et la Dordogne. Ils détestent l'odeur des billets de banque que l'on renifle à Saint-Tropez ou à Cannes et utilisent les bidets pour laver leurs chaussettes. Les S.R. trouvent l'anglomanie des BCBG caricaturale et boivent les meilleurs bordeaux et bourgognes qu'ils connaissent mieux que les BCBG, ce qui est vexant. Appellent les BCBG « Les Frogs ».
Bibliographie : *The Official Sloane Ranger Handbook*, by Ann Barr and Peter York, Ebury Press, London, 1982.

Smoking : tenue de soirée pour les hommes : veste et pantalons noirs, revers de soie noire pour la veste, galon de soie noire pour le pantalon.

Sortable : *adj.*, pas sortable ; que l'on ne peut pas sortir ou montrer tant la personne (ou l'objet) est vulgaire ; *ex.* : « sa femme n'est pas sortable. »

Sympa : *adj.*, abrégé et familier de sympathique ; mot polyvalent très employé pour qualifier des gens, un lieu, une ambiance, un objet ; *ex.* : « leur soirée était très sympa » ; contraire : pas possible.

Tenue de soirée : mention figurant sur un carton* d'invitation signifiant smoking pour les hommes et robe longue pour les femmes.

Tout à fait : exprime un accord : « oui, tout à fait » ; ou une approbation : « il est tout à fait présentable ».

TEST
ETES-VOUS BCBG ?

Peut-être êtes-vous plus BCBG que vous ne le croyez ou tout simplement l'êtes-vous sans le savoir.

1) Savez-vous faire le baise-main ou vous baise-t-on la main ?

☐ Oui ☐ Non

Si oui, passez à la question 2.
Si non, passez directement à la question 3.

2) Vous pratiquez le baise-main ou vous baise-t-on la main :

☐ a) rarement
☐ b) souvent
☐ c) souvent, même sur la plage.

3) Vous avez un oncle (ou une tante) vous l'appelez :

☐ a) par son prénom
☐ b) mon oncle (ou ma tante)
☐ c) oncle X (ou tante Z)
☐ d) tonton (ou tatie)

Si vous êtes mariés passez à la question 4.
Si vous êtes célibataires passez directement à la question 5.

4) Vous appelez votre beau-père ou votre belle-mère :

☐ a) par leur prénom
☐ b) par un surnom
☐ c) père (ou mère)

Si vous les vouvoyez, rajoutez un point.

5) Quelqu'un de votre famille proche est-il :

☐ a) ecclésiastique
☐ b) officier ou officier supérieur
☐ c) décoré de la Légion d'honneur
(plusieurs réponses possibles).

6) Dans votre enfance avez-vous eu à la maison :

☐ a) une nurse anglaise diplômée
☐ b) une jeune fille au pair

7) Pour aborder un inconnu :

☐ a) vous le vouvoyez
☐ b) vous le tutoyez
☐ c) vous vous adaptez à votre interlocuteur

8) Votre nom de famille est-il :

☐ a) en un mot
☐ b) en deux parties
☐ c) avec une particule

9) Le rallye est-il pour vous :

☐ a) une épreuve automobile
☐ b) un ensemble de soirées mondaines

10) Portez vous en ce moment des chaussures :

☐ a) Church's
☐ b) Weston
☐ c) autres
Si vous portez des Weston répondez à la question 11 sinon passez à la question 12.

11) Vous portez des Weston, parce que :

☐ a) tous les BCBG en ont
☐ b) ce sont de bonnes chaussures, solides et élégantes
☐ c) il y a un magasin Weston en bas de chez vous.

12) Vous ne portez pas de Weston parce que :

☐ a) tous les BCBG en ont
☐ b) elles sont trop chères
☐ c) vous ne connaissez pas
☐ d) vous en portiez hier

13) Le Mont-Blanc évoque pour vous plutôt :
☐ a) une pâtisserie
☐ b) un stylo de marque allemande
☐ c) le sommet que l'on voit de Chamonix

14) Si vous portez une chevalière, elle est :
☐ a) avec vos armoiries
☐ b) avec des armoiries autres
☐ c) avec vos initiales
☐ d) vous ne portez pas de chevalière

15) La voiture avec laquelle vous roulez est :
☐ a) une vieille 4 L Renault, 104 Peugeot, Golf, Fiat Panda ou Uno
☐ b) une Opel ou une Ford de couleur claire
☐ c) une Golf GTI blanche décapotable, une Mercedes ou une BMW
☐ d) une Peugeot 505 ou une Renault 25 de couleur foncée, une Volvo, une Alfetta

16) Si vous deviez choisir habiteriez-vous de préférence :
☐ a) un loft à la Halle aux vins
☐ b) 150 m² dans le XIXe
☐ c) 60 m² au Luxembourg
☐ d) une vieille maison avec jardin à Sartrouville

17) Où avez-vous passé vos dernières vacances :
☐ a) dans une propriété de famille à la campagne
☐ b) dans une maison de famille au bord de la mer
☐ c) au Club Méditerranée *
☐ d) dans une villa louée pour un mois à Juan Les Pins
☐ e) chez des amis, dans leur propriété

18) Malgré votre vie professionnelle (ou familiale)
☐ très active avez-vous le temps de déjeuner au moins une fois par semaine (ou de prendre le thé) avec des ami(e)s ?
☐ Oui ☐ Non

* Si vous avez pensé « au Club », enlevez un point

19) Vous avez un survêtement
- ☐ a) que vous mettez le dimanche matin, histoire d'être décontracté
- ☐ b) que vous mettez surtout en vacances pour être confortable
- ☐ c) réservé exclusivement au jogging matinal
- ☐ d) vous n'avez pas de survêtement

20) Doit-on dire :
- ☐ a) le nec des ultras
- ☐ b) le nec ultra
- ☐ c) le nec le plus ultra
- ☐ d) le nec plus ultra

21) Le réflexe de Davidoff est :
- ☐ a) un slogan publicitaire pour des cigares
- ☐ b) une allusion à une étude connue de psychomotricité
- ☐ c) un pataquès

22) Où habitez-vous ?
- ☐ a) à Paris 7e, 8e, 16e, 17e, et Neuilly
- ☐ b) Paris 5e, 6e, Yvelines et Hauts de Seine
- ☐ c) Ailleurs

23) Pour vous, le chiffre 52 évoque :
- ☐ a) une boîte de nuit à la mode
- ☐ b) un autobus parisien
- ☐ c) un jeu de dès

24) Si l'on vous offrait un chien, ce serait :
- ☐ a) un boxer
- ☐ b) un labrador
- ☐ c) un caniche

Calculez vos points, page 246. ▶

CALCULEZ VOS POINTS :

1)	Oui	+ 1 point	________
	Non	0 point	________
2)	a)	+ 1 point	________
	b)	+ 2 points	________
	c)	– 3 points	________
3)	a)	+ 1 point	________
	b)	+ 3 points	________
	c)	+ 2 points	________
	d)	– 3 points	________
4)	a)	+ 2 points	________
	b)	0 point	________
	c)	+ 3 points	________
		vouvoiement, ajoutez 1 point	________
5)	a)	+ 3 points	________
	b)	+ 2 points	________
	c)	+ 1 point	________
6)	a)	+ 3 points	________
	b)	+ 2 points	________
7)	a)	+ 3 points	________
	b)	0 point	________
	c)	– 1 point	________
		Total	

		Report	
8)	a)	+ 1 point	________
	b)	+ 2 points	________
	c)	+ 3 points	________
9)	a)	0 point	________
	b)	+ 2 points	________
10)	a)	+ 2 points	________
	b)	+ 3 points	________
	c)	0 point	________
11)	a)	0 point	________
	b)	+ 2 points	________
	c)	+ 1 point	________
12)	a)	0 point	________
	b)	+ 1 point	________
	c)	– 1 point	________
	d)	+ 2 points	________
13)	a)	0 point	________
	b)	+ 3 points	________
	c)	+ 1 point	________
14)	a)	+ 3 points	________
	b)	– 2 points	________
	c)	– 3 points	________
	d)	0 point	________
		Total	

Report		
15) a)	+ 2 points	
b)	– 2 points	
c)	– 3 points	
d)	+ 3 points	
16) a)	+ 1 point	
b)	0 point	
c)	+ 3 points	
d)	– 3 points	
17) a)	+ 3 points	
b)	+ 2 points	
c)	– 3 points (– 4, si vous avez pensé au Club)	
d)	0 point	
e)	+ 2 points	
18) Oui	+ 3 points	
Non	0 point	
19) a)	– 3 points	
b)	– 2 points	
Total		

Report		
c)	+ 3 points	
d)	0 point	
20) a)	– 3 points	
b)	– 3 points	
c)	– 3 points	
d)	+ 3 points	
21) a)	– 2 points	
b)	– 3 points	
c)	+ 3 points	
22) a)	+ 3 points	
b)	+ 2 points	
c)	+ 1 point	
23) a)	– 1 point	
b)	+ 3 points	
c)	0 point	
24) a)	– 1 point	
b)	+ 3 points	
c)	– 1 point	
Total		

RÉSULTATS DU TEST

Moins de 2 points :
Relisez chaque soir un chapitre de ce livre avant de vous endormir, c'est la meilleure solution pour devenir BCBG, sinon faites-en cadeau à un ami.

De 2 à 15 points :
Vous n'êtes pas du tout, mais pas du tout BCBG. Gardez cependant ce livre, son étude répétée profitera peut-être à vos petits enfants.

De 16 à 34 points :
Vous appartenez à la catégorie moyenne. Pas vraiment BCBG, pas « anti » non plus. Vous vous fondez dans la foule, mais quelques détails vous manquent. Abandonnez, Monsieur, votre gourmette et vos chaînes en or, et vous Madame, cessez de dire, Monsieur Duglumeau en parlant de votre mari. Un effort, que diable, Monsieur Jourdain faisait bien de la prose sans le savoir !

De 35 à 59 points :
Vous êtes indiscutablement BCBG, et votre famille sans doute également. Ne prenez pas tout ce que vous venez de lire au pied de la lettre et faîtes chaque matin devant votre glace l'exercice suivant : répétez 3 fois en souriant : « je suis BCBG, mais je me soigne ». Si au bout de quelques semaines, le mal persiste, consultez votre caviste habituel.

60 points et plus :
Il importe de ne pas vous cacher la vérité : plus BCBG que vous... on meurt. Votre BCBGisme est cependant très dangereux ; n'utilisez les transports en commun qu'en cas d'extrême urgence, la contagion peut gagner et il n'existe encore aucun vaccin efficace.

INDEX
DES ENCADRÉS

Remerciements :

Je remercie tous ceux qui, volontairement ou involontairement, BCBG ou non, m'ont aidé pendant de longs mois à réaliser ce guide.

Et tout particulièrement pour les idées et les textes :
Michel Aubry pour ses connaissances militaires, et ses amis Sloane Ranger à Londres ; Marie-Hélène Corbin pour son goût parfait ; Gérard Desailloud ; Anne de Fouchier pour ses connaissances mondaines et BCBgiques absolument encyclopédiques ; Pierre Juziez ; Giles Mac Donogh, Sloane Ranger parisien ; Hugues Mantoux à qui je ne rendrai jamais les jours de vacances qu'il a sacrifiés ; François Moizard aéronaute BCBG ; Bénédicte Riche ; Laurence Ricard, jeune BCBG incollable.

Pour la maquette initiale : Jean-Pierre Théreau.

Et toute l'équipe de mon éditeur pour leur infinie patience : Alix Brochen, Colette Mainguy, Marie Garagnoux et Hélène Tersac.

Ainsi que : Ann Barr, Jean Bergeron (comité Colbert), Isabelle Bleas, Gilles de Chassey, Jean-Loup Chifflet, Bénédicte Commenges, Frédérique Crestin Billet, Jean-François Dupuy, Stéphanie Ducamp, Pascale Evrard, Véronique Fustier, Anne-Marie de Ganay, Isabelle Hérail, Bénédicte Herouart, Guillaume Jonglez, Cyril Le Gallais, Louis-Henri de Lignières, Patrice Magne, Nicolas Mercier, Hugues de Molliens, Stéphanie Monmousseau, Isabelle et Bernard Prioux, Raynold Riemer, Christian de Rivière, Florence et Maxime Roux, Karina Sauval, Yves-Germain Taralon et Hugues de Vernou.

Iconographie :

Les photographies sont de Laurent Hérail, à l'exception des suivantes :
pages 16 et 194 : photos de l'auteur :
pages 37, 77, 84, 90 et 224 : droits réservés, documents de l'auteur ;
pages 36, 38 et 69 : documents Cyrillus :
pages 128 et 199 : documents Lacoste ;
page 127 : document Burberrys ;
page 142 : document Franck et Fils ;
page 149 : document Hermès ;
page 200 : photo Denis Germain ;
page 218 : photo Thibaut Mantoux.

Les dessins sont de :
Ya : pagfes 25, 31, 32, 46, 47, 79, 81, 85, 86, 96, 98, 107 à 111, 112, 122, 183, 192, 205, 208, 209, 215 et 223 ;
Stéphanie Morel : pages 41, 58, 60, 62, 63, 125, 126, 139 et 141 ;
Pascal Desmazières : pages 19, 38, 99, 114, 149, 214, 217 et 221 ;
Plantu : page 188.

Couverture : dessin de Ya et photographie de Laurent Hérail avec l'aimable participation des Cycles Peugeot.

Achevé d'imprimer sur les presses des Imprimeries AUBIN
à Poitiers-Ligugé, le 16 octobre 1985.
N° Edition : 122 — N° Imprimeur : P 13745.
Relié par la Société industrielle de Reliure et de Cartonnage,
10350 Marigny-le-Châtel.
Dépôt légal : octobre 1985.